肖邦传

[英]杰里米·尼古拉斯　著

路旦俊　王　姝　译

CNS | 湖南文艺出版社

图书在版编目(CIP)数据

肖邦传 /[英]杰里米·尼古拉斯(Jeremy Nicholas)著；
路旦俊, 王姝译.—长沙 :湖南文艺出版社, 2016.8
(欧洲音乐家传记系列)
书名原文: Chopin His Life and Music
ISBN 978-7-5404-7698-4

Ⅰ.①肖… Ⅱ.①杰… ②路… ③王… Ⅲ.①肖邦,F.(1810—1849)
—传记 Ⅳ.①K835.135.76

中国版本图书馆 CIP 数据核字(2016)第 187899 号

著作权合同登记号:图字 18-2013-249

XIAOBANG ZHUAN
肖邦传

作　　者:[英]杰里米·尼古拉斯
译　　者:路旦俊　王　姝
责任编辑:刘　贝
版权经理:唐　敏　刘诗哲
装帧设计:李　杰
出版发行:湖南文艺出版社
(长沙市雨花区东二环一段 508 号　邮编:410014)
网　　址:www.hnwy.net
印　　刷:湖南雅嘉彩色印刷有限公司
经　　销:新华书店
开　　本:710mm × 970mm　1/16
字　　数:200 千字
印　　张:20.75
版　　次:2016 年 8 月第 1 版
印　　次:2018 年 9 月第 3 次印刷
书　　号:ISBN 978-7-5404-7698-4
定　　价:48.00 元

专题网页

www.naxos.com/chopinlifeandmusic

访问“肖邦传”专题网页，您将免费：

·聆听数小时音乐

·了解肖邦同时代作曲家的音乐

·查阅肖邦生平大事记，肖邦时代的艺术、文化和历史大事年表

登录信息：

·ISBN: 1843791153

·密码：Mazurka

致 谢

我首先要特别感谢哈里特·史密斯,有你这样值得信赖的朋友做编辑确实令人欣慰——她以自己的渊博知识和对整个项目的真诚投入完美地扮演了编辑这一角色。由编辑将作者推荐给出版社的做法并非常见，但拿索斯的吉纳维芙·赫尔斯比却决定冒险一试,大致给了我一个轮廓后便放手让我撰写。这又是一大幸事。我衷心感谢她的指导,也感谢她在我需要的时候给予我的鼓励。

同样让我感到非常幸运的是我有许多朋友，他们在我撰写本传记的过程中不厌其烦地给我提供各种帮助，对我的种种问题和请求立刻用电子邮件回复:埃里森·瓦吉特像对待我之前所有书籍那样,准备了一流的索引;还有迈克尔·奎恩,路德维希·马德伦纳,卡科佩尔·米科拉斯杰夫斯基，托尼·格雷，索菲·格雷和斯拉维克·丹内克,罗杰·维格诺尔斯,安德鲁·马塞特,乔·卡朋特。当然还有吉尔和罗西,每当我将肖邦放在首位时,他们都始终如一地表现出了慷慨与宽容。

序

“肖邦提议、假定、旁敲侧击、引诱、劝说；他几乎从不断言。”

安德烈·纪德[1]

肖邦是全世界最受人喜爱的作曲家之一。对于那些将巴赫严谨的复调音乐、贝多芬超凡脱俗的表达以及勃拉姆斯日耳曼式的辉煌视为过于严肃的伴侣的人而言，肖邦是一位善解人意的朋友。他分享着你的秘密，反映着你的梦想、焦虑和欢乐。他的音乐有着独特的声音，让人立刻能识别出来，而且几乎完全为他本人独创。

他在两个主要方面与大多数其他所谓的“大作曲家”不同：他没有写过交响曲、歌剧、芭蕾音乐，室内乐作品少得可怜，而且也没有写过宗教音乐（除了他为《来吧，造物主》写的音乐，但这如今已非常遗憾地遗失了）；他的每一首作品，无论采用何种曲式，均与钢琴有关。对于肖邦而言，钢琴就是他在音乐界存在的全部理由。

许多人知道肖邦是因为他有几首曲子广为人知，而且这些曲子还都有通俗易懂的绰号——《“革命”练习

① 纪德（1869—1951），法国作家，作品多反映寻求自我与道德的矛盾，主要作品有《蔑视道德的人》《伪币罪》等，1947年获诺贝尔文学奖。——译注

曲》《“雨滴”前奏曲》《“军队”波洛奈兹舞曲》,却根本不知道肖邦其人其事。但是,在其他一些人眼中,肖邦所代表的远不止这些。他不仅是历史上最伟大、最具创新的钢琴家，而且将他的钢琴才华运用在了自己的作品中，创作出了焕然一新的音乐。他的音乐为开发钢琴的潜在表现力做出了重要贡献——而且是在钢琴这种乐器正经历日新月异发展的年代,就如同今天的家用电脑不断被更新换代一样。

他的名字还会带来其他联想:波兰爱国主义的象征;巴黎沙龙中花花公子式的音乐贵族；乔治·桑的悲情恋人；像经典浪漫主义小说中主人公一样英年早逝的肺痨病人。另外还有一些人认为——本书作者必须坦承自己对此百思不得其解——肖邦是一位庸才，除了一些钢琴小品外没有其他形式的作品,对音乐的贡献极为有限。

他的作品确实数量不多，与巴赫、海顿或李斯特的作品量相比黯然失色,但他的作品有很大一部分今天仍然频繁出现在音乐会曲目单和唱片目录中,而且从未像维瓦尔第、J.S.巴赫和莫扎特的作品那样一度淡出人们的视线。维瓦尔第在 20 世纪 30 年代之前几乎不为人所知,而莫扎特那些无与伦比的钢琴协奏曲也直到他去世一百年后才成为钢琴家们经常演奏的曲目。然而肖邦的音乐始终深受音乐家和听众的喜爱。其中一个原因在于其异常丰富的(旋律、和声、节奏和结构方面的)乐思,全都经过他极度苛刻的精雕细琢。他所发表的作品中几乎没有一首低于他自己所定下的高标准。

我们可以从一些事实中看到这一点:肖邦的圆舞曲、

练习曲、前奏曲和夜曲已经被录制了数百遍，只有极少数钢琴家的演奏曲目中不包括肖邦的作品。总而言之，有哪一位热爱钢琴的人会对肖邦的音乐无动于衷呢？

可肖邦这个人呢？啊——这才是一个谜团。毫无疑问，他是真正的天才，而且人们已经对此有大量评述。他改变了规则，用独特、新颖的方式创作出了极具说服力的作品。他也像许多有过与他相同气质的男女一样，有着复杂且矛盾的性格。就肖邦而言，他少言寡语、性格内向，各种情感和内心深处的感情全都有意无意地在他的音乐中得到表达。当然，像所有不轻易坦露自己的人一样，他也因此更具魅力。

在这样一位旷世天才的背后是一个什么样的人？有着什么样的经历？又有着什么样的情感？令人心悸的《a 小调玛祖卡舞曲》Op.17 之 4 是如何诞生的？还有《e 小调钢琴协奏曲》中的《浪漫曲》或者《c 小调夜曲》Op.48 之 1，这些作品何以出自创作出《b 小调奏鸣曲》狂喜的最后一个乐章以及《g 小调叙事曲》戏剧冲突的同一只神奇之手？

笔者希望本书能够回答上述一些问题，并且让人们对一位已经对其音乐习以为常的作曲家有所了解。最为重要的是，笔者希望本书能够激发你去聆听肖邦的音乐，并且能够让你相信肖邦之友、诗人海因里希·海涅的那几句名言：“他既不是波兰人，也不是法国人或者德国人，他来自更高贵的地方，来自莫扎特、拉斐尔和歌德的故乡。他的真正国籍是诗歌之国。”

杰里米·尼古拉斯

目 录

第一章 从农舍到宫殿

1810—1822

Chapter 1: From Farmhouse to Palace

1810—1822

From Farmhouse to Palace, 1810—1822
从农舍到宫殿:1810—1822

谁也无法确定弗雷德里克·弗朗西斯采克·肖邦的具体出生日期。年份不是问题:1810 年；地点也可以确定:斯卡尔贝克伯爵位于热拉佐瓦沃拉庄园上的一座单层农舍,墙壁粉刷过,但地面没有铺任何东西。这个小村庄坐落在乌特拉塔河畔，位于华沙以西约二十英里处。附近布罗乔夫教堂的洗礼登记显示他的出生日期为 2 月 22 日,但是正如此类记录常常遇到的问题一样,该日期很有可能是后来登记时所填写的日子,常常比真实日期晚几个星期。另外一个不确定性在于肖邦的家人和他本人一直坚称他生于 3 月 1 日。在研究肖邦的学者当中，支持 2 月 22 日的人数与支持 3 月 1 日的人数之比大约为 2 比 1,但双方均没有令人信服的证据。

肖邦具有一半法国血统、一半波兰血统。他父亲尼古拉斯历经千辛万苦最终流落到了这座波兰农舍里，而且在很长一段时间里对自己的身世也莫衷一是。弗雷德里克·尼克斯多年来一直是肖邦权威，他认为尼古拉斯·肖邦 1770 年 8 月 17 日生于法国洛林地方的南锡，并且不认同一种说法，即“他是追随斯坦尼斯劳斯·莱津斯基国王去洛林地区的一位波兰贵族的亲生儿子”。不过现在有一点已经确认无疑：尼古拉斯·肖邦的确于 1771 年 4 月 15 日出生在一个法国农民家庭，这个名为玛瑞恩维尔的村庄位于法国东北部的孚日山脉地区。一位名叫扬·亚当·韦德里奇的波兰人注意到了小尼古拉斯，他是附近一个庄园的管家。庄园的主人是一位波兰贵族——米凯尔·帕克伯爵。帕克家族有可能是在斯坦尼斯劳斯国王 1735 年成为洛林公爵后搬迁到该地区的。总之，尼古拉斯·肖邦小时候就与波兰人混得很熟，而当韦德里奇 1787 年决定返回波兰时，尼古拉斯便随他一起去了波兰。有些人说他去波兰是为了逃避在法国服兵役。在此后的五年里，尼古拉斯一直呆在华沙，以职员的身份在韦德里奇的烟草工厂工作。

在这位来自法国乡村的小男孩眼里，华沙肯定颇为壮观。一位叫科克斯的先生曾在尼古拉斯·肖邦抵达华沙前不久造访过那里，他的印象是：

> 街道宽敞，但地面坑坑洼洼；教堂和公共建筑雄伟壮观，到处可见贵族们修建的富丽堂皇的官邸；但是大多数民居，尤其是位于郊区的民居，都是寒酸简陋的小木屋。

给尼古拉斯·肖邦留下更为深刻印象的一定是华沙熙熙攘攘的街道和广场，形形色色的波兰人、立陶宛人、俄国人、德国人、犹太人和瓦拉几亚[①]人让这些街道和广场充满了活力。E.T.A.霍夫曼[②]的传记作者J.E.希泽格对华沙了如指掌,给我们生动地描绘了华沙当时的情形:

> 宽敞的街道两旁既有最高贵意大利品位的宫殿,也有随时可能在居民头顶上坍塌的小木屋……蓄着长胡子的犹太人、习惯各异的僧侣;严守清规戒律的修女戴着面纱,将自己裹得严严实实;在较大的广场上,一群群波兰少女身着色彩鲜艳的丝质衣裳,叽叽喳喳地聊着天;令人尊敬的波兰老绅士留着胡须,身着束腰长袍,腰带上挂着宝刀,脚蹬红黄相间的靴子;而青年们则令人难以置信地身着最新款的巴黎时装。不断变化的人群中总能见到土耳其人、希腊人、俄国人、意大利人和法国人。一位宽宏大量的警察对众人的嬉闹视而不见,结果广场和街道上总有大大小小的马戏团、给人跳舞的熊、骆驼与猴子,就连脚夫和最豪华的马车也会驻足片刻,目瞪口呆地观看着。

1792年,波兰惨遭俄国、普鲁士和奥地利的瓜分,韦德里奇的烟草厂也被迫关闭。命运之神再次眷顾尼古拉斯·肖邦。他突然病倒了,一时无法回法国找工作。等到他大病初愈时,1794年的起义已经爆发,这也是民众对波兰第二次被瓜分的反应。他加入了华沙国民卫队,一

① 瓦拉几亚:罗马尼亚南部一个地区。——译注

② 霍夫曼(1776—1822),德国作家、音乐家,曾在班贝克、德累斯顿等地从事音乐创作,代表作为小说《小查克斯》和小说集《谢拉皮翁兄弟》,后者尤负盛名。——译注

位于热拉佐瓦沃拉的肖邦故居

路升至上尉,却突然在战斗中受伤。六个月后,俄国和普鲁士击败了波兰军队,他再次失去了工作。这次拯救他的是他的母语。法语当时在俄国和波兰贵族当中以及在受过教育的人当中算是通用语,家中有一位会说法语的家庭教师给孩子们上课是当时的一种时尚,因此尼古拉斯·肖邦 1794 年幸运地在华沙附近富有的拉津斯基家中找到了这样一个职位。于是乎,一位法国人背离了自己的祖国,靠给波兰人教法语维持生计。尼古拉斯像许多其他移民一样,带着比土生土长的波兰人更大的热情接受了新祖国的习惯、文化和语言,比波兰人更加热爱波兰,甚至将自己的名字从尼古拉斯改为了米古拉耶。他就这样切断了与自己祖国的最后一丝联系,此后也根本没有再向自己的子女提及过他生在法国以及出生微贱的事。

六年后,自家的孩子们完成了学业,拉津斯基家将米古拉耶推荐给了他们的亲戚斯卡尔贝克,就在附近的热拉佐瓦沃拉庄园。米古拉耶在这里遇到了特克拉·尤斯蒂娜·克日扎诺夫斯卡,她是斯卡尔贝克伯爵的远方穷亲戚,自小就被送来与伯爵家人生活在一起,此后就一直是伯爵夫人尤斯蒂娜的伴侣兼管家。她与米古拉耶在 1806 年结为伉俪,时年 26 岁。他们的第一个孩子卢德维卡于次年降生,夫妇俩随即搬出了斯卡尔贝克家的主宅,住到了庄园内一处差得多的房屋里。三年后,肖邦夫妇的第二个孩子,也是唯一的儿子,就诞生在这里。他的名字取自他的教父弗里德里克·斯卡尔贝克伯爵(米古拉耶雇主之子)和他的爷爷弗朗索瓦。

肖邦父母，安布罗泽·米罗泽夫斯基绘

老斯卡尔贝克伯爵在这期间家道中落，无法再维持肖邦家的生计。在这看似走投无路的境地，命运再次垂怜米古拉耶·肖邦，使之动荡的生活重新有了着落。伯爵为躲避债主的纠缠逃到了巴黎，可他在这之前凭借一所大学官员的角色，将孩子们的启蒙老师介绍给了华沙中学。拿破仑在将波兰中部大部分地区从俄普奥联盟中解放出来后，于 1807 年建立了华沙大公国，算是法国的傀儡政权。法语老师因此立刻变得十分紧缺。米古拉耶·肖邦举家搬迁到了华沙，开始全新的生活。今天，热拉佐瓦沃拉仍然是肖邦崇拜者的朝觐之地，而实际上他只在那里度过了人生最初的七个月时光。

华沙中学成立不久，是一所专门接纳贵族之子的寄宿学校，米古拉耶·肖邦在这里教授法语和法国文学。学校位于一栋恢宏的萨克森宫殿中，里面的空间很大，足以给教师们提供宽敞的住处，而教师们也可以接受五六个寄宿生，以此增加收入。这种安排对米古拉耶和尤斯蒂娜可谓再合适不过：米古拉耶指导六个男孩的学业，尤斯蒂娜负责他们的生活。他们自己家也多了新成员：伊莎贝拉（1811 年）和艾米利亚（1812 年）。

这便是肖邦早年生活的背景。我们无法一眼看出他的音乐才华来自何处。肖邦的父亲会吹长笛，但绝对配不上音乐家这个称号，而且他似乎并不认为音乐特别重要。现有资料显示，他这个人平凡乏味，有位学生形容他“举止比较优雅，但表情异常严肃”。但肖邦的母亲却学过钢琴，而且水平过得去。钢琴此时已经成为了上流社会的象征，弹奏钢琴则是任何一位有教养的淑女必须掌握的一门技能。尤斯蒂娜成为了儿子的钢琴启蒙老师；到他六岁时，肖邦的能力已经超出了母亲能教的范围。是时候给他请一位像样的教师了。父母将目光转向了米古拉耶·肖邦的一位老朋友——名叫阿达尔伯特·兹维尼的波希米亚小提琴家，60 岁，性格古怪，声称自己曾是约翰·塞巴斯蒂安·巴赫的学生。从表面上看，他似乎根本不适合这位才华初露的钢琴神童：他不是钢琴家，只知道一些基本指法和手的移动方式，而且很快就被这位极具天赋的学生超过。但事实上，选择兹维尼却是一个明智之举，他对弗里德里克的发展产生了重要影响。他是一位魅力十足的老师，也是一位出色的音乐家，肖邦非常崇拜他。由于自己在钢琴教育方面的局限性，兹维尼允许肖邦以自己的方式弹奏，不必依赖标准教程中约定俗成的理念。他鼓励肖邦充分发挥他已经展露出的即兴演奏才华，丝毫不干预肖邦与生俱来的才能。如果认为肖邦完全是自学成才，那就大错特错了。不过，这种离经叛道的教学方法的确给他带来了独立的思考与创新，这才是惊人之处。后来，类似的没有章法的钢琴教学同样造就了另外两位键盘音乐极具创造性的思想家，驱使他们以相同的探求和无拘无束的方法对待钢琴。这两位大师便是利奥波德·戈多夫斯基[①]和费鲁乔·布索尼[②]。

兹维尼的另一项重要成就在于主要以德国古典音乐培养肖邦，而不是采用时下流行的钢琴曲，如克莱门蒂[③]和克拉默[④]的作品。他让肖邦毕生都热爱巴赫、海顿和莫扎特的音乐，并且对贝多芬的音乐持有一种健康的怀疑。胡梅尔[⑤]和莫谢莱斯[⑥]是兹维尼推崇的当代作曲家，而他非常不喜欢韦伯、罗西尼和斯蓬蒂尼[⑦]的音乐。巴赫

① 戈多夫斯基(1870—1938)，出生于波兰的钢琴家、作曲家，作品包括《53首以肖邦练习曲为素材的练习曲》《三十曲》等。——译注

② 布索尼(1866—1924)，意大利作曲家、钢琴家，其钢琴演奏技巧辉煌，作有歌剧《浮士德博士》、钢琴曲《悲歌》等。——译注

③ 克莱门蒂(1752—1832)，意大利作曲家、钢琴家，其钢琴教程《朝圣进阶》及奏鸣曲发展了早期钢琴技巧，被称为“钢琴之父”。——译注

④ 克拉默(1771—1858)，德国出生的钢琴家、作曲家，克莱门蒂的学生，作有《练习曲集》(84首)。——译注

⑤ 胡梅尔(1778—1837)，奥地利钢琴家、作曲家，克莱门蒂的学生，作有钢琴协奏曲和奏鸣曲等大量作品。——译注

⑥ 莫谢莱斯(1794—1870)，德国－波希米亚钢琴家、作曲家，曾在贝多芬指导下编写了歌剧《费黛里奥》的钢琴谱，作有8部钢琴协奏曲和大量其他作品。——译注

⑦ 斯蓬蒂尼(1774—1851)，意大利作曲家，作有歌剧《贞洁的修女》等。——译注

的音乐将对肖邦的音乐思想产生特别深远的影响。兹维尼也是一位狂热的波兰爱国主义者，我们可以肯定他一定会鼓励自己的学生探索波兰音乐家的作品。这种音乐随时可以从华沙各家的客厅中听到，其中最受欢迎的钢琴音乐曲式便是波洛奈兹舞曲。据说这种典雅高贵的舞曲源自庆祝昂儒的亨利三世 1573 年在波兰登基的队列行进仪式。很可能早已存在的一种波兰农民队列行进舞蹈——波尔斯卡——在当时被改进后在庆祝仪式上表演。这种$\frac{3}{4}$拍子的庄重舞曲吸引了许多作曲家，包括泰勒曼[①]、巴赫（《第五“勃兰登堡”协奏曲》和《第二乐队组曲》）以及莫扎特（《钢琴奏鸣曲》K.284），只是这些作品中并没有任何让人一眼就能认出的波兰风格。在肖邦出生之前的数十年中，波兰作曲家们重新开始对波洛奈兹舞曲产生了兴趣，到肖邦师从兹维尼学习钢琴时，波洛奈兹舞曲已经成为了一个流行且风格独特的钢琴音乐类型。小步舞曲和乡村舞曲虽然也比较流行，但真正激发欧洲和美国人想象力的却是圆舞曲——另一种$\frac{3}{4}$拍的舞曲。肖邦敏锐的听力及其天生的即兴演奏能力意味着这位年轻钢琴家不久便有了一群崇拜者。

师从兹维尼两年后，肖邦出版了自己的第一首作品，由肖邦家的一位朋友私下里印制，出资的有可能是他的教父——他刚刚从国外学成回国，在华沙大学谋到了一个职位。总之，这就是他的第一首作品，“g 小调波洛奈兹舞曲，

---

① 泰勒曼（1681—1767），德国作曲家，自学成才，以多产闻名于世，作品有为教会节令而作的康塔塔 12 套、耶稣受难曲 44 首、歌剧 40 部等。——译注

题献给维克多利亚·斯卡尔贝克伯爵夫人阁下，由年仅 8 岁的音乐家弗里德里克·肖邦创作”。大约就在这个时候，肖邦首次以钢琴家的身份登台表演。虽然不是莫扎特那种“神童”，但肖邦出众的才华还是成了华沙的热点话题。

正是由于这些成绩，报纸上第一次提及了他的名字。1818 年 1 月的《华沙评论》断言：

弗里德里克……确实是一位音乐天才，不仅轻松自如、极有品位地演奏了最艰难的钢琴曲，而且还写了几首舞曲和变奏曲，让专家们惊叹不已，尤其是考虑到他的年龄。如果这个男孩出生在德国或者法国，他的名声此时或许已经传遍了所有国家……

由于兹维尼教授人脉很广，肖邦不久便成了华沙城各个沙龙争相力邀的对象。佐菲娅·赞莫伊斯卡伯爵夫人成立了华沙慈善协会，通过她的赞助，她的“小肖邦”于 1818 年 2 月 24 日在法国剧院亮相，也是昔日拉吉维乌宫的一部分。肖邦演奏了阿达尔贝特·吉罗维茨（1763—1850）的一首协奏曲。吉罗维茨是一位广受尊重的波希米亚作曲家，创作过歌剧、交响曲、弦乐四重奏等作品，虽然当时极为流行，如今却已完全被人遗忘。然而由于某种原因，或许是因为身体欠佳或者要照顾病中的艾米利亚，肖邦的母亲没有出席肖邦艺术生涯中这一划时代的活动，但弗里德里克还是戴着尤斯蒂娜特意为他做的花边衣领。演出获得了巨大成功，他晚上回到家后，母亲问他观众最喜欢什么，据说他的回答是“我的新衣领”。不管真相是否如此，这则轶事预示着肖邦毕生都对自己公开举办的音乐会谨慎谦虚。无论米古拉耶有多少缺点，他从来不允许儿子将自己视为名人，而且多亏了他，肖邦才没有像其他神童那样早早地被过度开发。在另一方面，他也从不允许拿自己的爱国主义热忱去换取儿子的前程。他的这一立场意味着他仍然交际广泛，而这在很大程度上归功于他本人选择正确的人为友、避免冒犯任何权贵的能力。

这场音乐会打开了通往波兰上流社会的大门，这些人包括萨皮耶哈亲王、波托茨基伯爵、彻尔维尔汀斯基亲王、扎亚切克总督、卢贝奇基亲王、拉吉维乌亲王、索温斯基将军，尤其是扎尔托里斯基家族。肖邦一辈子都与他们当中的许多人保持着联系（确实，亚当亲王和亚历山大·扎尔托里斯基均在肖邦的葬礼上亲自扶着他的灵柩）。结识扎尔托里斯基家族是件好事：亚当亲王与亚历山大沙皇关系密切，而由于维也纳和会已经确定沙皇为波兰王国的统治者，亚当亲王因此极具影响力。不过，华沙最令人恐惧的人却是其统治者，沙皇的弟弟康斯坦丁·巴甫洛维奇大公。这位因争权夺利而精神分裂的大公将肖邦传召到了著名的美景宫。令人难以置信的是，肖邦的弹奏不仅平复了这位暴君的怒火并导致肖邦此后多次被传唤进宫，而且这还意味着肖邦必须常常与大公的私生子联袂演奏。肖邦后来与这位波兹南公国的总督建立了友好关系，而这位安东宁的拉吉维乌亲王本人也是位作曲家。

于是，我们看到肖邦很小的时候便在社会最高阶层中左右逢源，以自己的演奏与个性迷住了这些人。后来，人们无数次形容他有着“与众不同的天生气质”，“一种王子般的魅力”，“贵族般的气质”等等。但是肖邦的才华让他在社会的各个阶层都畅通无阻——波兰的社会等级不像一些国家那么死板，比如，这种受到所有人喜爱的情况就很少在英国出现。他的自然社交圈为家人和朋友，有着更多民族主义精神却比较寒酸的中产阶级。米古拉耶在学校里的同事、当地的知识分子、诗人、来自音乐学院的音乐家都是肖邦家的常客。他们在这里无拘无束地谈论与波兰有关的各种事情，而肖邦则被他们视为是波兰的骄傲，并且必须被当做波兰的骄傲来宣传。当中学从萨克森宫搬迁至 17 世纪的旧皇宫——卡西米尔宫后，他们有机会接触到了社会的另一个阶层。肖邦家接纳的寄宿生当中有几个人与弗里德里克成了密友，尤其是提图斯·伏伊切霍夫斯基、多米尼克·杰瓦诺夫斯基、扬·比亚沃布沃茨基、扬·马图辛斯基以及后来的朱利安·冯纳塔。肖邦有几个暑假是在多米尼克·杰瓦诺夫斯基位于茨法里尼亚的乡间庄园度过的。远离了华沙社交圈中那些彬彬有礼的客厅之后，他第一次在原汁原味的乡间体验到了波兰民间音乐。他立刻被玛祖卡舞曲以及克拉科维亚克舞曲的舞曲节奏以及内敛的和声所吸引，当然还有这些舞曲对自己的民族所具有的象征意义。

这至少是他人生的一个有意思的开端。肖邦那稳重、勤奋的父亲只用了 20 年的时间，就从一名教育背景有限的小职员变成了波兰最重要的中学里一名受人尊重的教师；一间寒酸的农舍变成了旧皇宫里宽敞的公寓；

约瑟夫·埃尔斯纳

还有了一位出身名门（尽管贫穷）的妻子；儿子被赞颂为“天才”和“莫扎特再世”；而且这个国家最有权有势的人家向他和他的家人敞开了大门。

1818年，玛丽亚·费奥多罗夫娜皇后，即沙皇和康斯坦丁大公的母亲，参观了肖邦的班级，年仅8岁的作曲家为她弹奏了两首波洛奈兹舞曲。然而在米古拉耶·肖邦的心中，弗里德里克无疑会成为一名专业音乐家：这可不是一位绅士应该从事的职业。因此，当兹维尼显然已经倾其所有都教给了肖邦，而且另一位音乐家被聘请来继续指导他时，音乐课只被视为课堂之外的业余爱好。但是肖邦家再次幸运地为儿子找到了一位出色的音乐导师。他便是德裔西里西亚[①]作曲家约瑟夫·埃尔斯纳（1769—1854）。他在赞莫伊斯卡伯爵夫人的资助下，于1815年在华沙创建了一个旨在促进音乐发展的协会，该协会于1821年成为了华沙音乐学院。埃尔斯纳虽然是位平庸的作曲家，却是一位才华出众的老师，教会了肖邦音乐理论与和声。如果说兹维尼是肖邦惟一的钢琴老师，那么埃尔斯纳便是肖邦唯一的作曲老师。总的来说，肖邦之所以能够以自己的方式发展，在很大程度上要归功于两位老师的洞察力。当有人责备肖邦漠视传统

① 西里西亚：中欧一地区，大部分位于波兰西南部。——译注

音乐规则和习俗时,埃尔斯纳回答说:

不要去打扰他。他的方法与众不同,因为他的才华极为罕见。他虽然不循规蹈矩,可他有自己的方法,而且他将在自己的作品中展现任何人都未能达到的原创高度。

第二章 华沙与维也纳 1823—1829

Chapter 2: Warsaw and Vienna 1823—1829

Warsaw and Vienna, 1823—1829
华沙与维也纳:1823—1829

肖邦13岁之前一直在家与父亲的那些寄宿学生一起接受教育,可是1823年,他成了华沙中学的一名全日制学生。他早已认识了班上的几名同学:提图斯·伏伊切霍夫斯基、多米尼克·杰瓦诺夫斯基、扬·比亚沃布沃茨基、扬·马图辛斯基和朱利安·冯纳塔。提图斯尤其将成为弗里德里克生活中的一个重要人物。

肖邦这个时候展现了他性格中的另外一面:顽皮,爱搞恶作剧——显然与人们后来对他的看法截然不同。人们普遍认为他沉默寡言,有些清高。尽管他掌握了社交礼仪,无论是在贵族的舞厅还是在乡绅们的庄园都如鱼得水——费迪南德·希勒[1]后来形容他"像蛇一样灵活,举手投足之间充满了魅力"——所有文字记载都表明他小时候妙趣横生。他有着用语言和音乐模仿他人的才华,喜欢讲笑话,具有画漫画的天赋——所有这些都使得他在同

① 希勒(1811—1885),德国钢琴家、指挥家、作曲家,胡梅尔的学生。——译注

龄人当中备受欢迎。据说他在模仿某位老师或者某位公众人物时能够惟妙惟肖地改变自己的外表，让人一时难以认出他。这也是后来乔治·桑、李斯特、巴尔扎克、希勒、莫谢莱斯和其他人常常评论的一个天赋，尽管这很难与肖邦在公众面前充满尊严、诚实的形象等同起来。他是父母家一切笑声的源头。波兰著名演员阿尔伯特·皮亚塞茨基常常在这些场合扮演舞台调度的角色，他认为“这个孩子天生要成为舞台大师”。持有这种看法的并非只有他一个人。多年后，当法国著名演员皮埃尔－弗朗索瓦·波卡基（1797—1863）见到肖邦时，他甚至说他认为肖邦成为音乐家纯粹是浪费自己的才华。成为班上的开心果对于一名少年来说并非什么稀罕之事，偷懒、将作业拖到最后一刻才做也是常见的事。音乐会、歌剧和聚会意味着他很少能够在午夜之前上床睡觉。

弗朗茨·李斯特比肖邦小一岁，当他正在被培养成音乐会钢琴大师时，肖邦仍然在华沙这潭文化死水中读书，安安静静地生活在他那坚定的中产阶级家庭的温暖怀抱中，父母笃信自我完善、正确的道德观和良好教育。1824 年和 1825 年暑假，他与朋友们在他们家不大的庄园内天天在户外嬉戏玩耍，其乐无穷。他的业余时间都花在了尝试玛祖卡舞曲、圆舞曲和波洛奈兹舞曲上，当然还有在慈善音乐会上演奏。他在 1825 年 4 月的一场音乐会上为亚历山大一世沙皇弹奏。在 5 月 27 日的另一场音乐会上，莱比锡《大众音乐报》驻华沙的记者写道：

中学生肖邦演奏了莫谢莱斯《f 小调钢琴协奏曲》的

第一乐章“快板”(原文如此,但最有可能是《F 大调第一钢琴协奏曲》),并且在“艾奥洛潘塔里翁琴”上进行了即兴演奏(这种乐器于 1825 年在波兰出现)。这种乐器……将“爱奥利奥梅洛迪翁”(另一种波兰人发明的乐器,外观很像脚踏风琴)与钢琴合二为一……小肖邦以充满各种乐思的即兴演奏给人留下了深刻印象,而且在他的指尖之下,这种他显然已经成为演奏大师的乐器也给人留下了深刻印象。

这个时候还发生了另外一件性质不同的音乐事件。1825 年 6 月 2 日,桦树林公司出版了肖邦的《c 小调回旋曲》Op.1,这也是他的第一首正式出版的作品。作品题献给了华沙中学校长之妻琳德夫人,因为肖邦常常和她一起演奏钢琴四手联弹。

1825 年 9 月,肖邦进入了他在中学学习的最后一年。除了学校的功课以及频繁去华沙达官显贵家的客厅演奏外,他又多了一项任务——每个星期天去维斯坦丁教堂弹奏管风琴。1826 年 7 月毕业时,他以优异的成绩通过了所有考试。7 月底,他与母亲和艾米利亚一起去了西里西亚的度假胜地莱内尔兹温泉镇,希望那里的矿泉能够治疗妹妹所患的肺结核。等他回到华沙时,他父亲已经与动之以情晓之以理的兹维尼和埃尔斯纳达成了妥协,即肖邦只要同意去华沙大学听一些历史、文学之类的课程,就可以去华沙音乐学院学习和声与对位。

结果,肖邦按照自己的实际需求又对这种安排进行了修改。他唯一选修的课程是波兰文学,以及那些与音乐相关的课程。1826年进入华沙音乐学院后，他的课程也只是每周上六节埃尔斯纳的对位课。肖邦的传记作者弗雷德里克·尼克斯对这位在肖邦成长过程中起到至关重要影响的人有如下描述：

有着较高的音乐天资和较强的音乐才能，人生目标高贵，勤奋好学，孜孜不倦，总而言之，具有“人才”一词所代表的所有品质，但是缺乏“天才”一词所代表的内涵。

他的创作涉猎广泛：清唱剧、歌剧、交响曲、钢琴变奏曲、回旋曲、舞曲以及一度非常有名的《受难曲》。或许是埃尔斯纳在他这位学生身上看到了自己那种无拘无束的气质，因为一位评论家在称赞埃尔斯纳出众的风格时写道：

……立刻原谅他在不同地方出现的违背和声原则的处理，以及他有时漠视约定俗成的声部处理原则的做法，尤其是在充满戏剧性的作品中——他在这些作品中显然将效果视为自己不懈努力的最终目标。

当布雷斯劳[①]的听众高度称赞埃尔斯纳为乐队所写的《英雄变奏曲》时，肖邦说：“你们必须听一听他的《‘加冕’弥撒曲》，然后你们才能判断他是怎样一位作曲家。”一位姓名不详的人士1841年造访华沙时如此形容埃尔斯纳：

① 布雷斯劳：波兰西南部城市。——译注

这位现代波兰音乐之父，这位肖邦的老师，这位乐坛伯乐和众多天才的小心呵护者……华沙每个人都认为弗雷德里克·肖邦走错了路，认为他的作品根本不是音乐，认为他必须步希默尔[①]和胡梅尔之后尘，否则将一事无成——就在这种时刻，睿智的潘神[②]埃尔斯纳却早已明显感觉到了这位脸色苍白的小梦想家内心的诗意，早已明显感觉到自己面前的这个孩子将开创钢琴演奏的一个新纪元，因此没有给他套上马笼头，因为他非常清楚这样一位高贵的天才确实需要小心翼翼地引导，要想让他听话就绝对不能以平常方式训练或禁锢他。

埃尔斯纳或许只会以“肖邦的老师”永载史册，但我们必须因此万分感谢这位独具慧眼的老师。

肖邦最爱的妹妹艾米利亚令人遗憾地过早夭折，给他在华沙音乐学院的第一年笼上了一层阴影。1827 年 4 月，年仅 14 岁的她因肺结核突然大出血。肖邦三个姐妹中最有才华并且已经展现出诗歌天分的艾米利亚是在咳嗽声中咽气的。人们在弗里德里克 16 岁时也注意到了他本人“虚弱的双肺”。他虽然看似瘦弱，身体却一直很健康；但妹妹的厄运时刻如影随形地笼罩着他。肖邦全家搬到了一个新的住处，位于克拉辛斯基宫的一栋附楼中。肖邦在上六年级时就有了自己单独的房间，钢琴

① 希默尔(1765—1814)，德国作曲家，作有歌剧、交响曲、钢琴协奏曲和教堂音乐等作品。——译注

② 潘神：希腊神话中人身羊足、头上有角的畜牧神，爱好音乐，创制排箫。——译注

上高高地堆满了乐谱，其中有胡梅尔、卡尔克布雷纳[①]、里斯[②]、莫谢莱斯和菲尔德[③]的音乐——当然还有他最喜爱的巴赫、莫扎特和海顿的音乐。1828 年 4 月，伟大的胡梅尔亲临华沙，他的这次来访具有特别重要的意义。

1827 年下半年和 1828 年初，肖邦已经创作了第一首钢琴与乐队作品。这是根据莫扎特的歌剧《唐璜》中那首著名的二重唱《**把手给我**》谱写的变奏曲，两年后将作为肖邦的 Op.2 出版。就钢琴部分而言，肖邦的《c 小调回旋曲》Op.1 和这些变奏曲都深受胡梅尔的影响，而 Op.2 中极为有限的乐队部分也有着胡梅尔的影子。不过，胡梅尔在当时是每一位年轻钢琴家模仿的对象，无论多么我行我素的天才最初都会无意识地模仿自己最喜欢的作曲家。尽管受到了胡梅尔的影响，这两首作品无疑有着肖邦自己的特点，早已打上了他的烙印，有着他独特的声音。肖邦当时为胡梅尔（胡梅尔本人曾是莫扎特的学生）演奏的很可能就是这两首作品，以及他刚刚完成的《第一钢琴奏鸣曲》。总之，胡梅尔对肖邦颇为赞赏，而这种赞誉对于任何一位年仅 17 岁的作曲家而言都意义重大。

1828 年的夏天是肖邦与朋友们在他们位于马佐夫舍乡间的庄园中度过的。肖邦在这里写了一首《C 大调回

① 卡尔克布雷纳（1785—1849），德国钢琴家、作曲家，著有钢琴演奏法，并作有 4 首钢琴协奏曲、15 首钢琴奏鸣曲和许多室内乐。——译注

② 里斯（1784—1838），德国钢琴家、作曲家，作有 3 部歌剧、2 部清唱剧、6 部交响曲、50 首钢琴奏鸣曲等。——译注

③ 菲尔德（1782—1837），爱尔兰钢琴家、作曲家，克莱门蒂的高足，作有 20 首夜曲、7 首钢琴协奏曲、4 首钢琴奏鸣曲等作品。——译注

旋曲》。他最初的构思是一首钢琴独奏曲，但又很快改变了主意，将它改编成了一首双钢琴作品。“我今天在巴赫霍尔茨家与爱尔尼曼一起试弹了一遍，”他在9月9日致朋友提图斯的信中写道，“效果非常好。”9月中旬，肖邦来到了柏林，第一次体验普鲁士首都丰富的文化生活。这次柏林之行归功于米古拉耶·肖邦的一位朋友雅洛茨基教授。这位教授正要去柏林参加一个科学大会，于是邀请弗里德里克随他同行，并且负担所有费用。结果，肖邦失望而归。那里的建筑、女人和科学家都低于他的期望值，就连他在那里看过的几部歌剧也让他感到失望。只有他在歌唱学院[1]听到的亨德尔的《圣塞西利亚颂》给他留下了印象，并且如他在致家人的信中所写的“比较接近我心目中的伟大音乐”。他有一次与斯蓬蒂尼、策尔特[2]和门德尔松在同一个房间里相遇，却过于腼

19岁的肖邦

① 歌唱学院：1791年由法施建立于柏林的教会歌唱队。——译注

② 策尔特（1758—1832），德国作曲家、教师，门德尔松的老师，作有清唱剧、歌剧和康塔塔。——译注

腆，没有向他们做自我介绍。

回到华沙后，他再次投入到创作中。虽然华沙音乐学院的学生们必须按大纲要求用拉丁文创作弥撒曲和清唱剧，埃尔斯纳却允许肖邦创作自己的音乐。他在这个时期又创作了两首钢琴与乐队作品（《波兰曲调大幻想曲》和《克拉科维亚克舞曲回旋曲》），以及《g 小调钢琴三重奏》和《F 大调玛祖卡舞曲风格的回旋曲》。

华沙当年最大的音乐活动是当时最杰出、最具个人魅力的音乐家尼科洛·帕格尼尼[①]的到来。帕格尼尼早已是位传奇人物，却只是一年前才首次离开祖国意大利。

① 帕格尼尼（1782—1840），意大利小提琴家、作曲家，作有小提琴协奏曲、《24 首小提琴随想曲》等作品，对小提琴艺术的发展做出了巨大贡献。——译注

他征服欧洲各个首都的历程均有详实记录。他于5月21日抵达华沙后立刻举行了第一场独奏音乐会，显然希望在5月24日之前让人们都了解他——沙皇尼古拉将于那一天在华沙大教堂加冕为波兰国王。他那天晚上确实在皇家宴会上献曲，并为此接受了沙皇赐予的一枚钻石戒指。帕格尼尼在5月至7月间总共举行了10场音乐会，而肖邦每一场都去听了。

帕格尼尼不仅能够让普通听众，而且能够让许多非常有天分的音乐家对他着迷，其中包括舒曼、柏辽兹和李斯特。肖邦也为这位意大利小提琴家出神入化的技巧及其舞台上的魅力所倾倒，但帕格尼尼给他的影响与其说是风格上的灵感，还不如说是让他对自己的能力多了一份自信。就李斯特而言，帕格尼尼的音乐与个性激发他创作出了自己的作品，在键盘上再现了帕格尼尼在小提琴上创造出的令人惊叹的效果。就肖邦而言，帕格尼尼所代表的一切都与他格格不入，而帕格尼尼对他的直接影响没有体现在他的任何音乐作品中（肯定没有体现在肖邦当时所写的淡雅的《“纪念帕格尼尼”变奏曲》中）。但是数周内，肖邦便开始创作第一首练习曲，到这年年底，他已经完成了后来成为Op.10中的四首（第8—11）——钢琴曲库中的里程碑。通过这些作品，肖邦第一次展现完全能够将不同钢琴技巧练习与充满诗意的音乐合二为一，并且证明这两者并非相互对立。

帕格尼尼给肖邦留下的是一种印象，而一位黑发美女女高音给他留下的却是另一种印象。康斯坦丝·格瓦德科夫斯卡是音乐学院的学生，但肖邦似乎直到她与其

他学生一起在一场音乐会上歌唱才注意到她。他带着任何 19 岁少年所有的迷茫激情暗恋上了她，一方面过于羞涩，不愿意让她知道他多么痛苦，另一方面看到其他情敌对她大献殷勤，他又怒不可遏。这件事恰好发生在他毕业的时候。埃尔斯纳对他的最终评语很简单："弗里德里克·肖邦；三年级学生，能力出众，音乐奇才。"7 月 21 日的考试刚一结束，肖邦便和一群朋友离开了华沙，取道克拉科夫去维也纳。

他们 10 天后抵达奥地利首都。肖邦当初在柏林时内向腼腆，到了维也纳后却一反常态地变得非常胆大。他拜访了出版商哈斯林格——他在胡梅尔的华沙之行过后便将自己的《"把手给我"变奏曲》和《c 小调奏鸣曲》寄给了这位出版商。哈斯林格承诺出版《"把手给我"变奏曲》，条件是肖邦公开演奏它。来自华沙的其他朋友将他介绍给了维也纳最杰出的两位钢琴制作大师——施泰因和格拉夫，以及坎那所剧院的经理加伦贝格伯爵。更多是由于命运女神的眷顾，抵达维也纳后不到两个星期，肖邦便在坎那所剧院举行了一场获得巨大成功的音乐会。次日，即 1829 年8 月 12 日，他在给父母的信中兴奋地写道：

昨天，星期二晚上七点，我在帝国与皇家歌剧院成功迈入了这个世界！……我刚走上舞台，观众中就响起了喝彩声；每一个变奏弹完后，雷鸣般的掌声都让我无法听到乐队的齐奏。整首曲子弹完后，他们掌声不绝，我只好再次出来谢幕。

《变奏曲》之后弹奏的是布瓦尔迪厄[1]的歌剧《白衣夫人》主题的“自由幻想曲”,用它临时替换了《克拉科维亚克舞曲回旋曲》,因为排练时乐队认为肖邦的分谱过于潦草而拒绝演奏。在这之后,观众要求弹奏一些波兰曲子,于是肖邦立刻开始即兴演奏一些波兰民歌。他回忆道:

……让所有听众目瞪口呆,因为这里的人很少听到这种音乐。观众席中帮我望风的朋友们向我保证,一些观众激动地跳了起来……可是,这里到处都有人说我的琴声太低,或者说我弹奏得过于细腻,因为这里的人习惯了钢琴家们用力敲击钢琴后发出的响亮声音。我估计报纸上肯定会出现这样的评论,因为编辑的女儿最喜欢的就是在钢琴上用力敲打一番。这并不重要,总得有一些“例外”吧,而我宁愿成为这个“例外”,也不愿意让人说我弹奏出的声音过响。

最终,当皇帝的音乐指导迪特里希·施泰因伯爵上台祝贺这位年轻的钢琴家时,就连之前满腹牢骚的乐队也与大家一起热烈鼓掌。肖邦接着写道:“就这样,我的第一场演出非常幸运,完全出乎意料。(与他一起从华沙来维也纳的同伴罗姆阿尔德·)胡贝说通过正常途径,并且在事先已经有安排的情况下,通常谁也不会有这样的

① 布瓦尔迪厄(1775—1834),法国作曲家,作有竖琴协奏曲、歌剧《白衣夫人》等作品。——译注

礼遇。这只能算命运的安排。而且正是因为听从命运的安排，我才举行了这场音乐会……今天，我在聪明才智和经验方面又长了四岁。”当他被问到怎么会在华沙成为这样出色的音乐家时，他大度地回答道：“有兹维尼和埃尔斯纳那样的老师，就连傻瓜也能学会的。”

一个星期后的8月18日，肖邦举行了第二场音乐会，这次演奏了《克拉科维亚克舞曲回旋曲》（每个分谱都重新抄写得工工整整），返场曲为《“把手给我”变奏曲》。又是一场巨大的胜利。肖邦平生第一次见到自己的音乐和弹奏方式受到了公众和评论家的一致高度评价，而他们当时对他还几乎一无所知。他再次致信父母：“我不明白这是怎么回事，但所有这些德国人都为我感到吃惊，而我则为他们为我感到吃惊而惊讶。”

1829年8月20日的《维也纳剧院报》在一篇颇有见解的评论中列举了肖邦钢琴演奏中的主要特点：

（肖邦）给人带来的惊喜在于他们在他身上发现了真正出色的才华；就他的弹奏以及作品的创新性而言，人们几乎早已可以将他列为天才，至少他那不墨守成规的曲式以及所展现的个性已经证明了这一点。他的演奏就像他的作品一样……有着某种谦逊的特点，似乎表明炫技不是这位年轻人的目标，尽管他的技术足以让他能够征服所有难点，即便是在钢琴大师辈出的维也纳，也必然会引起一场轰动……他的触键虽然干净、果断，却没有我们那些大师们在开始几小节就展露出来的辉煌；他很少刻意强调某些音，而是如同与一群智者在进行轻声细语的交流，没有那种被大师们视为不可或缺的泰然自若。他的弹奏很安静，没有那种通常立刻将艺术家与业余爱好者区分开来的活力与热忱。

同一家期刊 1829 年 8 月 1 日的第一篇评论更是充满了溢美之词：

这位年轻人我行我素，懂得如何以自己的方式取悦他人。他的演奏与创作风格与其他大师截然不同，而创作动听音乐的欲望远远高于他取悦他人的欲望。

他带着维也纳评论家的赞美之词——“一位真正的艺术家”、“一流的大师”、“天才的标志”——离开了维也纳，但他临行前还是拜访了伊格纳茨·舒潘齐格和钢琴家兼作曲家卡尔·车尔尼（肖邦认为他“比他的任何作品更为敏感”）。舒潘齐格是拉祖莫夫斯基亲王私人四重奏的第一小提琴手，曾在贝多芬的亲自指导下演奏过贝多芬的所有室内乐。肖邦途经布拉格、德累斯顿和布雷斯劳，于 1829 年 9 月返回家中。

第三章 波兰奇才 1829—1830

Chapter 3: A Polish Prodigy 1829—1830

A Polish Prodigy, 1829—1830
波兰奇才:1829—1830

华沙显然已经无法再留住肖邦。他已经从音乐学院毕业,他的朋友们也已各自散去;他无法利用自己在维也纳获得的成功——他看到相形之下波兰首都显得多么像个偏远省城,而且他在这里已经不会再引起轰动。自从亚历山大沙皇 1825 年去世后,波兰的政治形势已经发生了天翻地覆的变化。亚历山大的继位者——专制独裁的尼古拉斯二世——已经将整个波兰变成了一个警察国度,到处都是密探,咖啡馆和大学里则随处可以听到推翻政权和革命的嘀咕声。肖邦虽然是位爱国的波兰人,而且对政府的种种不公平的事以及对个人权利的压制怒不可遏,却不是政治活跃分子。他不打算参加任何政治阵营。这种与同龄人格格不入的感觉,对未来的不确定感,以及在情感生活方面的挫折感——这一切都让他陷入了压抑之中。“你都不敢相信我现在发现华沙多么沉闷,”他在 9 月份致提图斯的信中写道,“如果不是家人给这种生活带来一点乐趣,我真不想再呆在这里。”

1830年4月,他在信中写道:“收到你的来信对我这难以忍受的枯燥生活是多大的解脱啊。”

肖邦在这期间致提图斯·伏伊切霍夫斯基的信让我们看到了他的情感和创作状态。他向自己的密友所坦露的一切是那么真实,那么强烈。封存在信笺上的这些文字是具有一定意义的历史文件,但它们的文学价值不高——只相当于他如果生活在今天会通过电话或电子邮件交流的内容。在肖邦的同学扬·比亚沃布沃茨基1828年英年早逝后,提图斯成为了肖邦最亲密的倾诉对象(他将《“把手给我”变奏曲》题献给了他)。由于肖邦对提图斯无话不说,而且充满了热情,一些评论家们认为他俩之间有身体上的吸引力。“我最亲爱的生命!”肖邦每次都以这一称呼开头,然后便是“我从未像现在这样思念过你”。他在另一封信中写道,“除了你,我不会将自己的肖像给任何人。另外只有一个人我可能会赠送肖像,但肯定会先给你,因为你是我最心爱的”;“没有用,我知道我爱你,也希望你越来越多地爱我,所以才给你写这些。”尽管这些文字今天读起来像是爱情表白,但没有任何证据证明肖邦有同性恋倾向,而且我们必须记住,在他生活的年代,与男人而不是女人分享自己的情感也是比较常见的事。他写给提图斯的信反映了一位情感上缺乏安全感的青年对一位年纪稍大、更加独立的朋友的依赖。肖邦向他倾诉了任何一位热恋中的少年所遇到的烦恼和自艾自怜。

那年度假时,弗里德里克去了斯特尔兹泽沃,那是他的教母维西奥洛夫斯卡夫人的庄园。他在那里时接受

肖邦在拉吉维乌家弹奏钢琴

了拉吉维乌亲王的邀请,去他的首府安东宁做客。除了他作为波兹南大公国总督的显赫社会地位以及与普鲁士皇室所结成的姻亲关系外,这位亲王还是一位真正有天分的作曲家,外加具有一副好嗓子,拉得一手大提琴。肖邦为他和他的女儿——万达公主——写了一首《引子与华丽的波洛奈兹舞曲》,供他们弹奏。这位公主让肖邦暂时忘记了康斯坦丝。"她年纪很小(17 岁),很漂亮,"他在致提图斯的信中写道,"将她的小手指放在琴键上真令人开心。"

第二年 3 月,肖邦已经完成了《f 小调钢琴协奏曲》,并且在自己家首次演奏了缩减过的室内乐版本。出人意料的是,有几家波兰报纸报道了这一颇为隐秘的活动。这些评论充满了溢美之词,足以说服他在国家剧院的一场音乐会上演奏这首作品。这场音乐会于 3 月 17 日举行,肖邦的朋友卡罗尔·库宾斯基担任指挥。门票全部告罄——800人,是他到那时为止所面对的最大的观众群。除了埃尔斯纳、库宾斯基和帕埃尔[①]的音乐外,肖邦弹奏了刚刚完成的钢琴协奏曲和他的《波兰曲调大幻想曲》。演出获得了巨大的成功,但也有一些评论(其中包括库宾斯基)认为钢琴的声音太小,肖邦的许多音效都未能表达出来——这正是他在维也纳听到的批评。人们很快又在3月22日安排了第二场音乐会。肖邦没有弹奏自己的钢琴,而是借了一台音响较大的维也纳产钢琴("比胡梅尔的钢琴还要好,"他说)。观众这次的反应几乎是疯狂的;他演奏了《f小调钢琴协奏曲》(听众尤其喜欢其中的"柔板"乐章),然后便是《克拉科维亚克舞曲回旋曲》以及一些波兰民歌即兴曲。这两场音乐会标志着肖邦作为一位钢琴家已经获得了巨大的商业成功。

每个人都吵闹着要他举办第三场音乐会,但是他谢绝了。拒绝利用这场胜利的原因在很大程度上说明了肖邦的性格,也显示出了他未来生涯中的一些特性。挣钱确实很有吸引力,而且他也需要钱。此外,他还可以进一步提高自己的名声。可是挑选哪些音乐家来参加演出、除了他本人外还应该选择哪些作曲家的作品、甚至应该将预留座位分配给哪些朋友——这个过程太折磨人。华沙的音乐圈子很小,大家相互之间关系都很密切,因此肖邦担心自己会引起其他人的嫉妒,从而招来更多批评——当然也招来更多(在他看来)虚伪的称赞。自己对第一次获得巨大成功后的反应让他感到害怕。他对自己

① 帕埃尔(1771—1839),意大利作曲家,作有43部歌剧、一些清唱剧和大量室内乐。——译注

的创造力充满信心，却同时又缺乏自信。这一现象在他处理与其他人的关系时也暴露无遗。他喜欢人多的地方，也很容易与人结交，却很难与人建立起密切的关系。他担心遭人拒绝，怀疑别人的动机，唯恐自己有可能身处令人尴尬的境地。这一切意味着他常常与人保持一段距离。难怪他无法向康斯坦丝·格瓦德科夫斯卡表白自己的情感，反而过度依赖自己最信赖的朋友提图斯，听从他的建议。

他对这位女高音的暗恋与日俱增，最终决定创作第二首钢琴协奏曲，这次将采用 e 小调。（事实上，这首钢琴协奏曲比较早完成的《f 小调钢琴协奏曲》先出版，因而成为了肖邦的**《第一钢琴协奏曲》**Op.11。）“我不知道是否因为和你在一起，我才学会了拥有感情，”他在 1830 年 4 月 10 日致提图斯的信中写道，“可是每当我写出任何东西，我都想知道你是否喜欢它。我认为我的第二首 e 小调钢琴协奏曲在你听过之前将毫无价值。”三个星期后的 5 月 15 日，他报告说：

新协奏曲的“柔板”乐章采用了 E 大调。弹奏时声音不应太大，因为它更像一首浪漫曲，静静的，带有一丝忧愁；它应该给人一种（羊儿）静静地在一个地方吃草的印象，唤醒我们的一千种甜蜜记忆。这是一种在美丽的春天气息中的冥想，而且是在月光下。这就是我让伴奏音响减弱的原因。

这段音乐将成为《e 小调钢琴协奏曲》中的“浪漫曲”

康斯坦丝·格瓦德科夫斯卡

（慢乐章），而我们应该将它视为写给康斯坦丝的情书。这是肖邦在其艺术生涯中难得给自己的音乐提供具体内容的例子。

6月初，德国著名女高音亨丽埃特·桑塔格[①]造访华

① 桑塔格（1806—1854），德国女高音歌唱家，担任过韦伯歌剧《欧丽安特》和贝多芬第九交响曲首演时的女高音。——译注

沙。肖邦将他对康斯坦丝的炽热恋情暂时放到了一边。桑塔格于1806年出生，1823年在韦伯的歌剧《欧丽安特》首演中扮演女主角（她在去墨西哥城巡演时死于1854年的霍乱大瘟疫）。肖邦被她迷住了。“她仿佛给整个大厅带来了最娇艳鲜花的芳香，”他向身在外地的提图斯报告说，“她拥抱、抚摸、给人带来狂喜，但很少让人感动流泪。”拉吉维乌亲王介绍了他们两个人相互认识。肖邦对她一见钟情，却拙于言辞；这注定是一场无果的插曲，因为桑塔格已经于1823年嫁给了斯堪的纳维亚驻荷兰宫廷的公使罗西伯爵。因此，康斯坦丝一直是肖邦最心仪的对象，尽管两个月后他在致提图斯的信中提到了另一位吸引了他目光的姑娘；一个星期后，还有一位姑娘引起了他的兴趣。

由于已经完成了《e小调钢琴协奏曲》，也由于当时的政治形势发生了变化，肖邦精神倍增，准备投入到行动中。“只要我的健康没有问题，”他在1830年9月致提图斯的信中颇有先见之明地写道，“我希望工作一辈子。”9月22日，他在家中弹奏了这首新作品（伴奏的大概是一个四重奏组），并且将它的公开首演日期定为10月11日。“最迟在这场音乐会之后一个星期，”他在致提图斯的信中写道，“我将离开华沙……将音乐装进包裹中，将背包系紧后背在肩上，然后上驿车。”更为重要的是，他邀请了康斯坦丝和她的同学一起参加音乐会的演出。由于政治原因，库宾斯基将指挥棒让给了音乐学院的声乐老师艾瓦西奥·索利瓦。肖邦弹奏了《e小调钢琴协奏曲》，并在结束时演奏了《波兰曲调大幻想曲》。他在

1830年10月12日致提图斯的信中写道：

我最亲爱的！昨天的音乐会非常成功；我急匆匆地要将这个消息告诉你。我要告诉你，我没有感到紧张，一点都没有，只是像在自己家中一样弹奏它，结果很受欢迎。全场爆满。(事实上，只有700名观众。)首先演奏的是戈尔纳的交响曲，然后便是本人的e小调快板，我一口气将它弹完；在斯特瑞歇尔钢琴上完全可以做到。掌声雷动。

一首咏叹调过后，肖邦弹奏了协奏曲的另外两个乐章，并且在中场休息之后弹奏了歌剧《威廉·退尔》序曲。然后便是康斯坦丝演唱罗西尼的歌剧《湖泊女郎》中的一首短歌，“她唱得非常好”。最后是《波兰曲调大幻想曲》：

这一次，我明白自己该如何弹奏，乐队知道他们该如何演奏，指挥也非常清楚。这一次，最后的玛祖卡舞曲博得了雷鸣般的掌声。在这之后便是通常的闹剧——我被请上舞台。没有人发出嘘声，我总共谢幕了四次——但是姿势正确，因为布兰德特已经教会了我……我还从来没有与乐队合作得如此顺畅过……我现在满脑子想的都是收拾行装，然后在星期六或者星期三动身，途经克拉科夫。

这场音乐会似乎也终于打破了他与康斯坦丝之间的僵局，因为肖邦在10月25日去找过她，与她告别。1830

年 11 月 2 日，他告别了家人和朋友，登上了驿车。埃尔斯纳和几位朋友将他一路送到了华沙城外的第一个村子——沃拉。音乐学院的学生们聚集在那里，演唱了埃尔斯纳专门为此创作的一首康塔塔。大家嘱咐肖邦永远不要忘记波兰，无论身在何处，都要永远将波兰的各种和声铭记在心。他还收到了一个银杯，里面装着波兰的泥土。人们可以料想到，大家肯定泪水涟涟——如果当时有人知道，不到两星期之后，肖邦的生命只剩下十九年时间，那他们的泪水肯定会更多。尽管他当时没有任何理由想到这一点，但肖邦从此再也未能踏上祖国的土地一步。

第四章 维也纳
1830—1831

Chapter 4: Vienna
1830—1831

Vienna, 1830—1831
维也纳：1830—1831

肖邦原来打算周游欧洲，哈布斯堡王朝的首府只是他的第一站。然而，他不仅改变了直接去维也纳的计划，而且抵达维也纳后，在那里一呆就是8个月——全然不顾他所期待的欢迎回归局面根本没有出现这一事实。肖邦天生优柔寡断。

他这次不是独自出门，提图斯在卡利什[1]与他会合，然后两个人一路前往布雷斯劳。抵达那里后，他们碰巧赶上当地一位钢琴家在为晚上的音乐会进行排练，曲目包括莫谢莱斯的一首协奏曲。排练间歇，肖邦坐到钢琴前，开始弹奏。原先那位钢琴家听到他的弹奏后立刻退了出去。结果，观众们那天晚上没有听到莫谢莱斯的钢琴曲，却如痴如醉地听到了肖邦弹奏他的《e小调钢琴协奏曲》的两个乐章。

两位朋友从布雷斯劳出发后来到了德累斯顿。肖邦兴致很高，谢绝了一场有报酬的音乐会。“我没有时间可以浪费，”他在11月14日致家人的信中写道，“而且德累

① 卡利什：波兰一城市。——译注

斯顿既不会给我带来名声，也不会给我带来金钱。”他们途经布拉格，于 11 月 22 日抵达维也纳，信心十足，情绪高涨。这次的维也纳之行开始非常顺利，大名鼎鼎的胡梅尔第二天就来看望了他。但是那天早晨晚些时候的一件事给他在维也纳的滞留定下了基调：肖邦曾在上次造访维也纳时将自己的《“把手给我”变奏曲》和《c 小调奏鸣曲》交由出版商哈斯林格出版，然而这位出版商这次却拒绝出版刚完成的两首钢琴协奏曲，除非肖邦将版权免费授予他。肖邦对自己的商业价值向来坚信不疑，因此决定不被人剥削。这是他第一次与出版商发生冲突，此后还将有许多次。“也许（哈斯林格）认为，他只要对我的作品表现出轻视，我就会想方设法巴结他，分文不取就将自己的作品交给他？”他在 11 月 22 日致朋友扬·马图辛斯基的信中写道，“‘免费’的日子已经一去不复返了；现在必须付钱，你这动物！”“动物”还是客气用语，后来的用语将会变成“骗子和犹太佬”。

提图斯和弗里德里克租到了一个非常理想的公寓，位于科恩市场街一栋房子的四楼：三个宽敞的房间，“里面的摆设和家具非常漂亮、豪华、有品位”，房租很低。房东是一位年轻漂亮的寡妇，一再声称自己喜欢波兰人，瞧不起奥地利人和德国人。肖邦拜访了一年前结交的几位朋友，其中包括车尔尼和威廉·乌尔菲尔，并且结识了皇家医生、贝多芬的朋友马尔法蒂大夫。钢琴制作商格拉夫承诺租给他一架钢琴。一切似乎很顺畅。

肖邦抵达维也纳正好一个星期后，华沙爆发了革命。有人企图在美景宫刺杀十恶不赦的康斯坦丁大公，随后便是攻打俄国军营，但以失败告终。这些消息于 12 月 5 日传到维也纳。由于奥地利是俄国沙皇的盟国，维也纳又是哈布斯堡王朝帝国的首都，一夜之间维也纳的每一名波兰人都成了不受欢迎的人。刚刚向肖邦敞开的大门全都一一关闭了。“耶稣啊，”他在致马图辛斯基的信中写道，“今天，我在一家意大利餐厅用餐时听到：——‘万能的上帝创造波兰人真是犯了个大错误’……另一个人回答说，‘波兰什么有价值的东西都没有创造过。’这群狗东西！”

举办音乐会已经完全无望，甚至连慈善音乐会也没有可能。肖邦希望结识维也纳社交圈中权贵的梦想没有成真，发出的邀请函也没有任何回音。提图斯决定回国参加起义军；肖邦犹豫不决，但最终被提图斯说服后留在了维也纳。他在远离波兰的地方似乎能够更好地为祖国及其艺术效力。马尔法蒂也试图劝说肖邦，他说每个艺术家都以四海为家。“即便真是这样，”肖邦在给华沙的埃尔斯纳的信中写道，“作为艺术家，我还在襁褓中，可是作为波兰人，我已经开始了生命的第三个十年。”往日的情感充斥着他的心灵。

继续留在维也纳也是一个比较现实的决定：肖邦缺乏一位战士必须具备的体质和素质。于是，他要父母将亚历山大沙皇赐予他的那枚钻戒卖掉，购买了上面有波兰徽章的衬衣饰扣和手帕，与那些由于奥地利政府关闭边境而无法返回波兰的同胞们呆在一起。

1830 年圣诞节，他在致马图辛斯基的信中写道：

> 去年这个时候，我和贝尔纳丁一家在一起。今天，我独自坐在这里，身上穿着睡袍，咬着我的戒指给你写信。如果不是怕给我父亲增加负担，我一定会回来的。我诅咒离开的那一天。我现在每天都有应接不暇的晚宴、音乐会、舞会，可这些让我感到百般无聊；这里的一切都让我觉得压抑、沮丧。

几段文字过后，他问道：“我是否应该去巴黎？这里的人都在建议我等一等。我是否应该回国？还是呆在这里虚度光阴？是否应该不再给你写信？你告诉我该怎么做。”一个人独自在异国他乡过圣诞节对谁都是一件令人沮丧的事。对于 20 岁的肖邦而言，这是一个关键时期：脱离了家人的关爱和家庭这个避风港，以一个独立的成年人的身份开始全新的生活。

如果说他有时感到情绪低落的话，那么肖邦与他认识的众多音乐家在一起时却非常开心。胡梅尔“特别慈祥”，他那才华横溢的画家儿子为弗里德里克画了一幅粉笔肖像画。车尔尼将他介绍给了迪亚贝利[①]。他通过乌尔菲尔认识了约瑟夫·斯拉维克，“一位杰出的小提琴家，年纪很轻，最多 26 岁……自帕格尼尼之后，我还没有听到过任何人能够将小提琴拉得像他那样。他一次运弓能够拉出 96 个断奏音。令人惊叹”。波希米亚人斯拉维克（1805—1833）于 1825 年来到维也纳，第一个演奏舒伯特的小提琴作品。如果没有英年早逝，他无疑会在小

① 迪亚贝利（1781—1858），奥地利作曲家、出版商，出版过贝多芬、舒伯特和车尔尼的作品，本人写过轻歌剧、弥撒曲和钢琴曲。——译注

提琴演奏方面留下自己的印迹。肖邦与他一起创作了贝多芬一个“柔板”主题的变奏曲，但这首作品似乎已经遗失。另一份颇有收获的友谊来自皇家乐队的首席大提琴约瑟夫·梅尔克。肖邦对大提琴的喜爱显而易见，这是他除钢琴之外创作过有价值作品的唯一独奏乐器。他给一年前所写的大提琴与钢琴《华丽的波洛奈兹舞曲》添加了一个引子。这首作品题献给了梅尔克，并于1830年作为肖邦的Op.3出版。

除了政治因素外，肖邦在维也纳没有取得进展还有其他原因。维也纳聚集了太多的钢琴家，每个人都在竭尽全力要引起公众的注意，其中的明星无疑是西伊斯蒙德·塔尔贝格。他是皇帝音乐指导莫利茨·冯·迪特里希施泰因的私生子，母亲是冯·维特泽拉男爵夫人，这一点自然让他获益匪浅。不过，塔尔贝格确实是一位杰出的钢琴家。他师从胡梅尔和莫谢莱斯，1829年在维也纳初次登台。他不仅看上去像个一流钢琴家，而且是一位货真价实的钢琴家：技术无懈可击，音阶平稳得令人难以置信，同时又无比精确，身子在键盘前纹丝不动。据莫谢莱斯说，塔尔贝格这种自控力来自“练习时所抽的土耳其烟斗；烟斗的长度经过精确计算，能够让他一动不动地保持身体笔直”。李斯特说，“塔尔贝格是唯一能够在钢琴上弹奏出小提琴效果的人”。肖邦的反应或许有些出人意料，没有像李斯特那样给予溢美之词。他在致马图辛斯基的信中写道：

他弹得很漂亮，却不是我心目的人……他比我年轻，很讨女士们的喜欢,将《哑女》(奥柏的歌剧《波尔蒂契的哑女》)变成了一个大杂烩,纯粹靠踏板而不是靠手指来炫技,不过他还是能够像我弹奏八度一样轻松地弹奏出十度音程,而且总是戴着钻石衬衣饰扣。他不崇拜莫谢莱斯,所以如果我告诉你他只喜欢我协奏曲中的乐队齐奏部分,你千万不要感到意外。

他尖刻地补充道,“他也写了一首协奏曲”(塔尔贝格的《f 小调钢琴协奏曲》Op.5 于同一年完成)。虽然两个人之间显然存在竞争,他们之间的关系还算不错,可以同时出席一些音乐会。其中一场音乐会的主角是来自法兰克福的钢琴家阿洛伊斯·施密特,肖邦喜滋滋地报告说:“他在这里一败涂地。他虽然只有 40 岁,所写的曲子却仿佛出自一位八旬老人之手。”

由于无法举行音乐会,情感压力又过重,肖邦在这期间的创作时断时续,这是完全可以理解的。他写出了最后一首钢琴与乐队作品《辉煌大波洛奈兹舞曲》Op.22 的草稿,这首作品中的乐队部分比之前的作品更加敷衍了事,但钢琴部分却异常动人,充满了自信(我们今天很少听到这首作品的钢琴与乐队版,但它的钢琴独奏版却一直广受欢迎)。肖邦显然有写作交响音乐的能力,但另外一个现象却也越来越明显:他更喜欢只借助钢琴来表达自己的情感。

《降 E 大调华丽大圆舞曲》Op.18 是他在这个时期创作的最著名的作品,尽管它是在刻意而且嘲笑地模仿他不屑一顾的维也纳圆舞曲。“圆舞曲在这里居然能够成为作品！”他在1831年致埃尔斯纳的信中写道，“施特劳斯和兰纳仅仅因为给别人提供舞曲就被称作乐正。这并不是说每个人都这样想；的确，几乎每个人都拿这开玩笑；可是这里刊印的只有圆舞曲。”哈斯林格“只靠胡梅尔活着”，而且“只出版施特劳斯的作品”，他抱怨道。施特劳斯或者兰纳“在每一首圆舞曲结束后都能博得疯狂的掌声，如果他们将歌剧中的旋律、舞曲和歌曲混合在一起当做大杂烩来演奏，观众们更是如痴如醉。这足以说明维也纳观众的品位堕落到了什么地步”。看到他所写的这些，人们很难相信贝多芬去世才刚刚四年。

肖邦的思绪时常回到故乡、家人、朋友和“她”——康斯坦丝的身上。他在1831年春的日记中写道：“她的形象时刻浮现在我的眼前。我以为自己已经不再爱她，可她却总是出现我的脑海里。”这种情感激发他将几位波兰诗人的诗歌谱写成了歌曲，其中最著名的诗人是斯特凡·维特维茨基（1800—1847）。维特维茨基在向肖邦表达感激之情时建议他创作一部爱国主义歌剧。如果题材取自波兰历史，这样一部作品在欧洲各个首都上演时或许能够成为非常宝贵的宣传工具。肖邦思考了很久，但是钢琴对他的吸引力实在是太强了，因此创作歌剧的建议一直未能落到实处，而他也将自己对祖国的歌颂限制在了人声与钢琴作品上。

肖邦是在原地踏步不前，他自己也知道这一点。他鼓足勇气，于4月4日在著名的雷多腾音乐厅举办了一场音乐会。音乐会的广告上只写着“肖邦先生（钢琴家）”，他弹奏了《e小调钢琴协奏曲》的独奏版，参加演出的还有其他十位艺术家。这场音乐会没有引起任何反应:该动身离开这里了。当他终于决定动身去巴黎时,他却发现自己的路线被堵死了。维也纳警察想不起来将他的护照放在了什么地方。由于从法律上说他此时是俄国臣民,警方要他向俄国大使馆重新申请一本护照。尽管他的旧护照被找到了,但俄国人拒绝批准他的巴黎之行,因为那里是波兰革命分子和流亡者的中心。朋友们建议他假装取道巴黎去伦敦,这一招果然奏效了。

肖邦在一位名叫诺贝特·库梅尔斯基的青年陪伴下,终于在 1831 年 7 月 20 日离开了维也纳。他们沿着多瑙河谷穿过林茨一路来到莫扎特的出生地萨尔茨堡,然后再从那里抵达慕尼黑。他在别人的劝说下,于 8 月 28 日在爱乐协会音乐厅举办了一场音乐会,弹奏了自己的《e 小调钢琴协奏曲》和《波兰曲调大幻想曲》。这是他离开波兰后的第一场成功演出。但是他的兴奋很短暂。

他一个星期后抵达斯图亚特,却听到了华沙政府倒台的消息。1 月,波兰人宣布自己为一个独立国家,不再与沙皇有任何联系。作为回应,尼古拉一世派出了 20 万人的大军,将他的统治烙印打在华沙的 4 万名波兰爱国志士身上。结果无可避免。华沙在帕斯基维奇将军无情的枪口之下沦陷,同时伴随着骚乱与霍乱瘟疫。6 个月后的 1832 年 2 月,当波兰变成俄国的一个省时,就连 1815 年第四次瓜分波兰以来波兰人保持的部分独立性也荡然无存。波兰一直要到 1919 年才重新获得独立,但这种独立也只维持了短暂的 20 年。波兰还要等到 1990 年,当莱赫·瓦文萨成为波兰第一位民选总统之时,肖邦的祖国才终于获得真正的独立。

肖邦在其一段令人难忘的日记中表达了他在听到华沙命运的消息后的极度悲愤：

郊区完全被毁，变成了一片灰烬。天哪，维鲁斯大概已经在战壕中牺牲。我看到马切尔锒铛入狱！看到好兄弟索温斯基落到了那些残暴之徒的手中！帕斯基维奇！莫斯科统治整个世界！啊，上帝啊，您真的存在吗？您在那里，却没有为此复仇。您还想见到俄国人再犯下多少滔天罪行？或许——或许您也是俄国人！!？我可怜的父亲！母亲可能买不到面包，我亲爱的老父亲可能会挨饿！也许我姐姐已经惨遭俄国乌合之众的蹂躏。啊，父亲——这就是您晚年的遭际吗！母亲，可怜的母亲，您当初曾亲眼目睹自己的女儿夭折，而俄国人现在却跨过她的尸骨来压迫您！他们放过她的坟墓了吗？他们践踏她的坟墓，再在上面覆盖上一千具尸体。她(康斯坦丝)怎么样了？她在哪儿？可怜的姑娘，或许已经落到了俄国人的手中——某个俄国人勒死了她，杀死了她，谋杀了她！啊，我的生命，我独自一人在这里；来到我身旁吧，我将擦干你的眼泪，我将治愈你的伤口，我将让你沉浸在过去的回忆中——那些没有俄国人的日子……或许我已经没有了母亲，或许某个俄国佬已经杀死了她，谋杀了她——我的姐姐们，怒吼着竭力反抗——父亲绝望却无能为力——我在这里，爱莫能助！我在这里，两手空空！我有时只能痛苦地呻吟，忍受着一切，在钢琴上倾诉我的绝望！上帝啊，翻天覆地吧，让大地吞噬这个时代的人们，让最严厉的惩罚降落在法兰西身上吧，因为它没有来拯救我们……

……我上床睡觉——也许曾有尸体在这张床上停留过，而且是长久地停留——可是今天我不会为此感到恶心。难道尸体比我还要糟糕吗？尸体不会知道父亲、母亲、姐姐或者提图斯；尸体不会有心上人，它的舌头无法与周围的人交流——尸体会像我一样苍白，会像我现在对一切那样冰冷……

……斯图加特钟塔上的钟敲响了，夜幕已经降临。这一短暂的时刻，这个世界上又会新添多少尸体？母亲失去孩子，孩子失去母亲——为逝去的人痛不欲生，又会让另一些人乐不可支！……父亲！母亲！你们在哪儿？已经变成了尸体？或许某个俄国佬耍了花招——哦，等等——哦，等等——可是眼泪——它们并没有流出来，因为我已经没有了泪水——多么高兴——多么痛苦……孤独一人！孤独一人！——我的痛苦无以言表；我如何能忍受这种感觉……

这则日记中透露出的愤怒与绝望体现在了肖邦当时正在创作的12首练习曲（Op.10）最著名的几首中。虽然没有任何直接证据能够证明这一点，但《c小调“革命”练习曲》的灵感据说就来自华沙的沦陷。无论事实是否如此，波兰人当时（以及今天）对此深信不疑。在右手高傲、蔑视一切的旋律背景之上，左手痛苦地奔流而出的旋律正是华沙军营中的肖邦。这首两分半钟的简短作品是发自肺腑的倾诉，也让它的作者成为了祖国苦难的象征。

尽管发生了所有这一切，也尽管他短暂对法国人表示了轻蔑，肖邦几天后开始了巴黎之行，并于 1831 年 9 月中旬抵达那里。巴黎从此将成为他的家园。巴黎（而不是华沙）将见证他最重要的创作年份，见证他所有最辉煌的胜利。具有讽刺意味的是，肖邦对父亲的身世以及自己的法国血统依然一无所知，不过他很快就将自己的名字改成了具有法国味道的弗雷德里克·肖邦。他将在法国创作出一连串象征着波兰灵魂、情绪与民族情怀的不朽之作。命运已经注定，这位年轻流亡者身上流淌的法国和波兰血液将在他的音乐中合二为一。

第五章 巴黎
1831—1833

Chapter 5: Paris
1831—1833

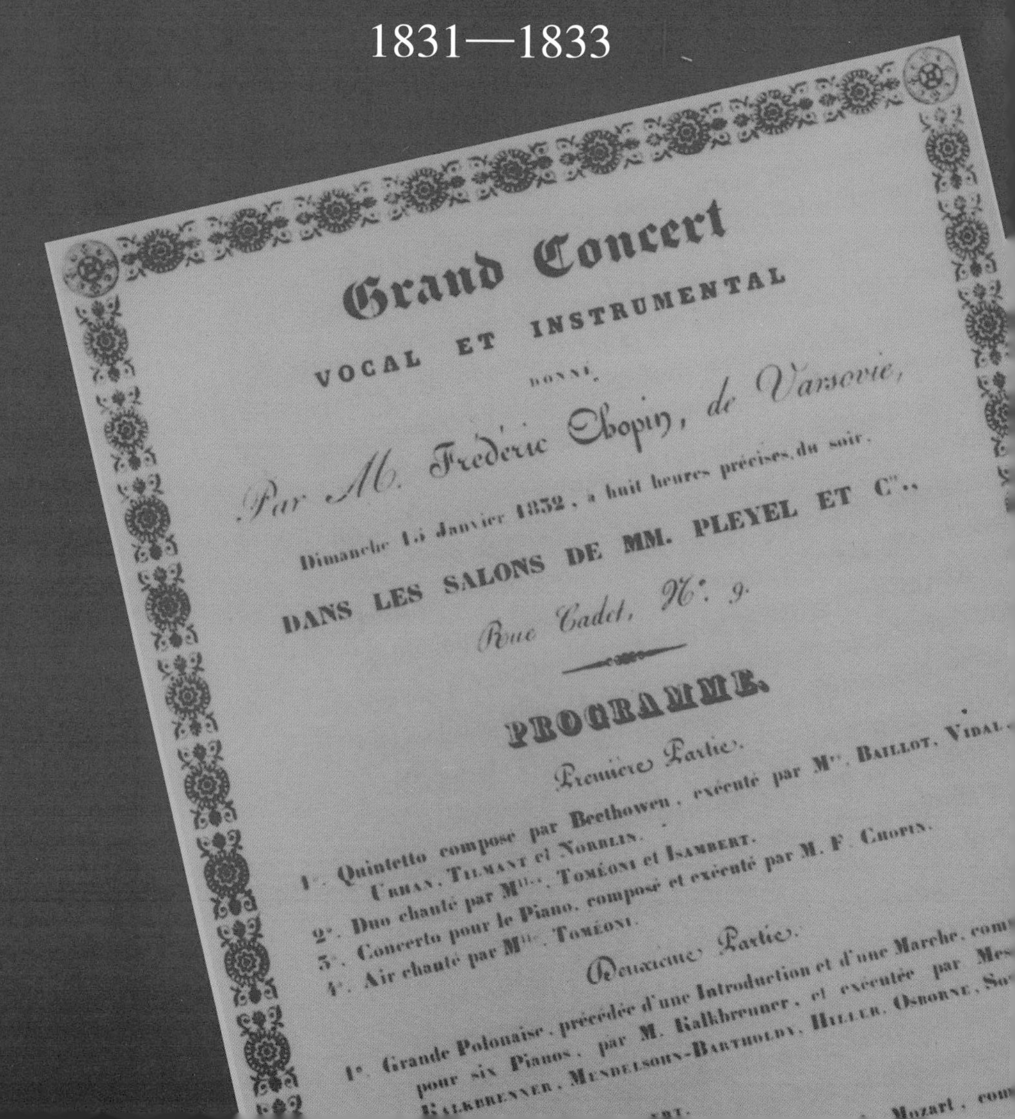
Grand Concert
VOCAL ET INSTRUMENTAL
DONNÉ
Par M. Frédéric Chopin, de Varsovie,
Dimanche 15 Janvier 1832, à huit heures précises du soir.
DANS LES SALONS DE MM. PLEYEL ET Cie.,
Rue Cadet, N°. 9.

PROGRAMME.

Première Partie.

1°. Quintetto composé par Beethowen, exécuté par Mrs. Baillot, Vidal, Urhan, Tilmant et Norblin.
2°. Duo chanté par Mlles. Toméoni et Isambert.
3°. Concerto pour le Piano, composé et exécuté par M. F. Chopin.
4°. Air chanté par Mlle. Toméoni.

Deuxième Partie.

1°. Grande Polonaise, précédée d'une Introduction et d'une Marche, com
pour six Pianos, par M. Kalkbrenner, et exécutée par Mes
Kalkbrenner, Mendelsohn-Bartholdy, Hiller, Osborne, So
Mozart, com

Paris，1831—1833
巴黎，1831—1833

肖邦来得正是时候，这里所发生的各种事件恰好让21岁的他进入了一个理想环境，能够使他的艺术全面发展并得到认可。各个领域的大师云集巴黎，人数之多史上罕见：雨果、海涅、拉马丁[①]、夏多布里昂[②]、波德莱尔[③]、巴尔扎克、德·维尼[④]、德·缪塞[⑤]、大仲马、乔治·桑、安格尔[⑥]、德拉克洛瓦[⑦]，以及大批钢琴家兼作曲家，如李斯

① 拉马丁（1790—1869），法国浪漫派诗人、政治活动家，代表作为《沉思集》。——译注

② 夏多布里昂（1768—1848），法国早期浪漫主义作家、外交家，写有《墓畔回忆录》和小说《阿塔拉》。——译注

③ 波德莱尔（1821—1867），法国诗人，法国象征派诗歌的先驱，现代主义的创始人之一，代表作为《恶之花》。——译注

④ 德·维尼（1797—1863），法国诗人、小说家、剧作家，法国早期浪漫主义文学代表，作品有诗集《古今诗稿》和《命运集》以及历史小说《桑－马尔斯》等。——译注

⑤ 德·缪塞（1810—1857），法国诗人、剧作家，主要作品有抒情诗《夜歌》、剧本《罗朗札齐奥》等。——译注

⑥ 安格尔（1780—1867），法国古典主义画派画家，画法工致，重视线条造型，名作有《浴女》、《泉》等。——译注

⑦ 德拉克洛瓦（1798—1863），法国浪漫主义画家，对印象派和后期印象派均有影响，代表作有《自由领导人民》《但丁和维吉尔在地狱里》等。——译注

特、卡尔克布雷纳、皮克赛斯[1]、希勒和阿尔康[2]。巴黎音乐圈的泰斗为年迈的凯鲁比尼[3]、帕埃尔和勒絮尔[4];除了法国本土作曲家奥柏和埃罗尔[5]的作品外，法国各大歌剧院的曲目中又多了几位外国大师的作品：贝利尼、罗西尼、迈耶贝尔。即将主宰贝多芬、舒伯特和韦伯去世后半个世纪的新一代作曲家尚未留下他们重要的印迹：威尔第和瓦格纳还只有十来岁,李斯特刚满 20 岁,舒曼和肖邦 21 岁,门德尔松 22 岁,柏辽兹 28 岁。

因此,巴黎这座“19 世纪的世界之都”在 1831 年无疑是个充满活力的地方。尽管攻打巴士底狱的事件已经过去了近半个世纪,1789 年法国大革命的精神却仍未消退。拿破仑的统治结束之后,接踵而至的是恢复君主制,统治法国的人变成了路易十八以及他那带来更多灾难的弟弟查理十世。在肖邦抵达巴黎 14 个月前,查理政府在一场革命中被推翻，取而代之的是奥尔良公爵路易·菲利普——“公民国王”。巴黎的政治与艺术活动之热烈是任何其他地方无可比拟的。这也是一个巨大变革的时期,一个向旧秩序挑战的时期,一个各种新的文学、绘画

① 皮克赛斯(1788—1874),德国钢琴家、教师、作曲家,写有歌剧、交响曲、钢琴协奏曲等作品。——译注

② 阿尔康(1813—1888),法国钢琴家、作曲家,为钢琴所写的作品包括了许多超越当时时代的变化和声,因此一般均极难弹奏。——译注

③ 凯鲁比尼(1760—1842),意大利作曲家,作有歌剧《美狄亚》《阿邦塞拉热人》等。——译注

④ 勒絮尔(1760—1837),法国作曲家,作有歌剧《保罗与维尔日妮》等。——译注

⑤ 埃罗尔(1791—1833),法国作曲家,作有歌剧《泽姆帕》和芭蕾舞剧《没有监护的女郎》等。——译注

和音乐表现形式层出不穷的时期。

波兰与法国之间一直存在着密切的联系，但波兰的局面所带来的一个后果便是大量波兰难民涌入了巴黎，其中最重要的是肖邦在华沙认识的那些有钱有势的贵族家庭。他们当中的一些人早在起义之前就已经定居巴黎，绝大多数人的财产毫发无损，包括扎尔托里斯基家族、拉吉维乌家族、萨皮耶哈家族、普拉特家族和波托茨基家族。肖邦学生时代的几位朋友也来到了巴黎，如克兹米尔兹·沃津斯基和朱利安·冯纳塔，后者将成为肖邦的挚友之一。波兰人发现自己在巴黎就像他们在维也纳一样不受欢迎。

巴黎是最时尚的城市，钢琴又是所有乐器中最时尚的一种。到1830年，这种乐器已经与我们今天所熟悉的钢琴大体相同（只是交叉排弦和铸铁架要到19世纪50年代才成为标准）。在之前的十年中，音锤的结构、键盘的运动原理、琴架及琴弦有了重大改进，因而能够发出更为丰富、更加响亮的乐音。许多钢琴制造商应运而生，每一家制造商都有自己的设计和专利，如同今天的电脑不断升级换代一样。到1845年，据说巴黎有6万架钢琴(它当时的人口为100万)。钢琴不仅是浪漫派音乐家们最喜爱的乐器，而且变成了一个社会现象。就像我们今天借助CD和iPod来聆听新创作的音乐一样，19世纪的钢琴是大多数音乐传播的方式。一首新创作的交响曲、歌剧或室内乐会立刻被改编成钢琴独奏或者钢琴四手联弹缩编谱。例如，巴黎音乐学院的1838年音乐会演出季只上演了几首交响曲。如果你想听贝多芬或海顿的某首交响曲，你通常是听人在钢琴上弹奏它,或者你亲自弹奏它。钢琴家们自然也云集在了这座都城。肖邦确实是在正确的时间来到了正确的地方。

在他生命剩下的18年中,肖邦将在巴黎不同的地方居住——昂坦路5号和38号,特隆舍街5号,皮加勒街16号,奥尔良广场5号,夏约街74号,以及旺多姆广场12号——并最终安葬在拉雪兹公墓。不过他的第一个住处是在普瓦松尼埃尔大道27号的六楼。他在9月18日致库梅尔斯基的信中写道:

你简直不敢相信这个住处多么怡人……我有一个小房间,里面摆放着红木家具,阳台俯瞰着下面的大道,我在这里可以从蒙马特区一直看到远处的先贤祠,以及整个时尚区;许多人都对这景色羡慕不已,但对我的楼梯不敢恭维。

他还告诉这位朋友,许多"仁慈的女士"对他颇有兴趣,但他无法接受她们的善意。这或许是由于他在维也纳一次艳遇后染上的性病。我们从他的信件中得知,她名叫特蕾莎(原文如此)。

来自巴黎的第一封信充满了活力和乐观精神,与他十天前那则悲愤痛苦的日记形成了鲜明对比。他在这封信中还写道:

(我)很高兴留在这里;这里有世界上最杰出的音乐家,也有世界上最优秀的歌剧。(……)这里有无尽的奢华，也有无尽的浮夸；到处都有人提醒你当心染上性病；这里的喧闹声、吵闹声、热闹与诽谤超乎你的想象。

马尔法蒂大夫为肖邦写了一封信，将他介绍给了费迪南多·帕埃尔。帕埃尔是巴黎宫廷剧院的指挥，也是当时最具影响力的音乐家之一。12 月，肖邦找到了提图斯·伏伊切霍夫斯基的下落（他在波图尔金），他在一封信中兴奋地表达了自己如释重负的心情：

巴黎绝对是你的首选：你在这里可以得到乐趣，可以百般无聊，可以放声大笑，可以痛哭流涕，可以想做什么就做什么，谁也不会观望你，每个人都忙着自己的事。我通过帕埃尔认识了罗西尼、凯鲁比尼、巴约[①]等——还有卡尔克布雷纳。你都不敢相信我对赫尔茨[②]、李斯特和希勒等人多么好奇——可他们与卡尔克布雷纳相比根本算不了什么。我承认我可以弹奏得像赫尔茨一样出色，可我仍然希望自己能够弹奏得像卡尔克布雷纳那样。如果说帕格尼尼代表着完美，那么卡尔克布雷纳同样完美，只是风格非常不同。很难向你描述他的冷静、他那迷人的触键、他那无与伦比的平稳以及他弹奏每个音时所表现出来的大师风范。他是一位巨匠，远远超越赫尔茨和车尔尼等人——也超越我。我能怎么办呢？我被引荐给他时，他让我随便弹点什么。我本希望先听他弹奏的。

① 巴约（1771—1842），法国小提琴大师、作曲家，写有 9 首小提琴协奏曲和 3 首弦乐四重奏，著有《小提琴的艺术》。——译注

② 赫尔茨（1803—1888），奥地利作曲家、钢琴家，作有 8 部协奏曲。——译注

我弹奏了e小调(钢琴协奏曲),当初莱茵兰德人……以及所有巴伐利亚人曾那么喜欢这首作品。我的弹奏让卡尔克布雷纳颇感意外，他立刻问我是不是菲尔德的学生，因为我的弹奏方式很像克拉默，但触键又像菲尔德——我听他这样说之后心里非常高兴。更让我高兴的是,卡尔克布雷纳坐到了钢琴前,想在我面前展现他最出色的技巧,结果弹错了一个音,突然中断！可是当他重新从头弹奏时,你真应该听一听,那是我做梦都没有想到过的情形。自那之后,我们每天见面,有时他来我这里,有时我去他那里。

弗里德里希·(威廉迈克尔·)卡尔克布雷纳(1785—1849)是名噪一时的德国钢琴家和作曲家。"等我死后,"他对肖邦说,"或者等我不再弹琴,这一伟大的钢琴流派将后继无人。"他的这种自负也让他成了其他钢琴家的笑柄。海涅讽刺他为"掉在泥浆里的棒棒糖"。他的许多钢琴作品效果突出，尽管采用的是当时肤浅的沙龙风格。其中最有意思的是他的钢琴演奏法(Op.108,1830年前后出版)中所包含的练习曲。从技术的角度来说,卡尔克布雷纳的弹奏流畅、精确、灵活,手指与琴键的接触距离很近。据奥斯卡·比厄说:"还有那种独特的感官上迷人的触键,而正是这种触键才使得巴黎流派与维也纳流派的华丽演奏以及英国流派的情感风格区别了开来。"

肖邦为卡尔克布雷纳的技术和名气所倾倒，甚至考虑接受他的建议,跟他学三年琴。肖邦的父母对此感到疑惑不解,埃尔斯纳惊呆了,而门德尔松——肖邦12月

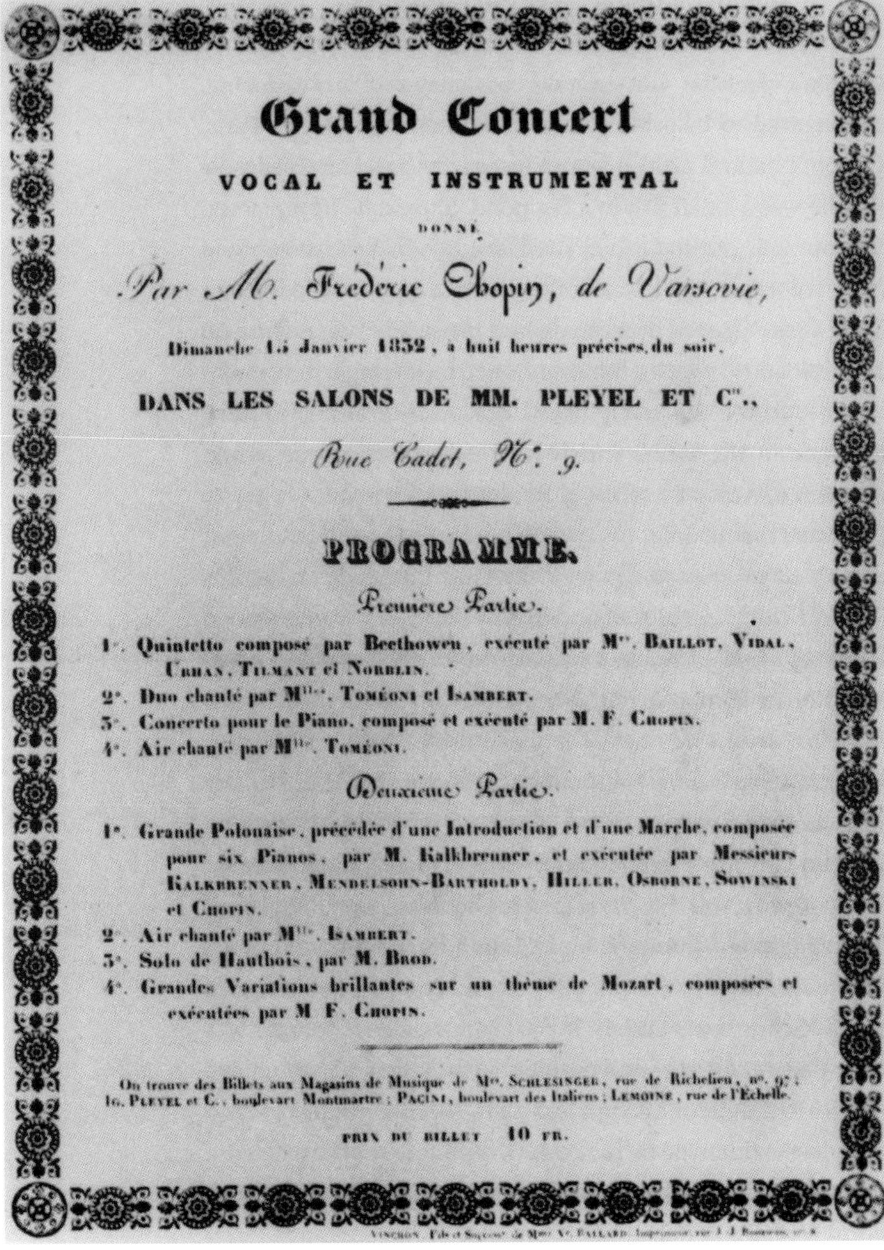

Grand Concert

VOCAL ET INSTRUMENTAL

DONNÉ

Par M. Frédéric Chopin, de Varsovie,

Dimanche 15 Janvier 1832, à huit heures précises du soir,

DANS LES SALONS DE MM. PLEYEL ET Cie.,

Rue Cadet, N°. 9.

PROGRAMME.

Première Partie.

1°. Quintetto composé par Beethowen, exécuté par M^rs. Baillot, Vidal, Urhan, Tilmant et Norblin.

2°. Duo chanté par Mlles. Toméoni et Isambert.

3°. Concerto pour le Piano, composé et exécuté par M. F. Chopin.

4°. Air chanté par Mlle. Toméoni.

Deuxième Partie.

1°. Grande Polonaise, précédée d'une Introduction et d'une Marche, composée pour six Pianos, par M. Kalkbrenner, et exécutée par Messieurs Kalkbrenner, Mendelsohn-Bartholdy, Hiller, Osborne, Sowinski et Chopin.

2°. Air chanté par Mlle. Isambert.

3°. Solo de Hautbois, par M. Brod.

4°. Grandes Variations brillantes sur un thème de Mozart, composées et exécutées par M F. Chopin.

On trouve des Billets aux Magasins de Musique de M^rs. Schlesinger, rue de Richelieu, n°. 97; Pleyel et C., boulevart Montmartre; Pacini, boulevart des Italiens; Lemoine, rue de l'Echelle.

PRIX DU BILLET 10 FR.

肖邦在普莱耶尔沙龙的巴黎首秀曲目单(这场音乐会原定于1832年1月15日,却由于卡尔克布雷纳生病而推迟到了2月26日。)

份刚刚与他认识——则告诉他，他的琴技已经在卡尔克布雷纳之上。幸运的是，这个想法很快就被抛掉了一旁。按照哈罗德·勋伯格的说法："（卡尔克布雷纳）差一点毁掉了19世纪最具创新的钢琴天才。"不过，肖邦还是将自己的《e小调钢琴协奏曲》题献给了卡尔克布雷纳。"我当时在巴黎可谓初来乍到，"肖邦数年后多少有点不诚实地向他的学生伦兹解释说，"卡尔克布雷纳具有至高无上的地位；必须向他表示一点敬意。"

与此同时，卡尔克布雷纳非但没有因为肖邦决定不跟他学琴而生气，反而主动想方设法帮助他这位年轻的朋友在巴黎站稳脚跟。肖邦现在只是大池塘里的一条小鱼，因此他天生的沉默寡言和缺乏安全感开始日趋明显。他是否应该成为钢琴家？可是巴黎已经功成名就的钢琴家多如牛毛，这一点让他犹豫不决。他是否应该成为作曲家？可他缺乏经验和知识，而且迄今为止成功的作品少得可怜，这一点又让他举棋不定。他开始创作第三首钢琴协奏曲，但后来又放弃了（其中的单乐章将成为今天很少听到的《音乐会快板》）。相反，他坚守自己驾轻就熟的曲式，继续创作一系列钢琴独奏练习曲。

在几个月的时间内，三个重大事件彻底改变了肖邦的命运。1831年7月，罗伯特·舒曼在莱比锡的一家音乐书店里见到了肖邦的《"把手给我"变奏曲》乐谱。他还从未听说过肖邦，但这首作品还是给他留下了深刻的印象，驱使他在颇具影响力的《大众音乐报》上发表了一篇评论文章。舒曼认为这是现代钢琴音乐应该努力的一个方向。"Hut ab, ihr Herren, ein Genie！"（"脱帽吧，先生们，向一位天才致敬！”）如今已经成了一句著名的预言，所有舒曼和肖邦传记作家都将这举例为舒曼发现肖邦才华的时刻。这篇评论文章上只署有舒曼的名字字母缩写。事实上，该报纸的编辑手记中对舒曼的介绍仅仅提及他是维克教授的一名年轻学生。舒曼与肖邦不同，虽然比肖邦小几个月，当时还完全不为人所知。舒曼在这篇评论中为肖邦的这首作品的每一个变奏设计了一个充满诗情画意的戏剧情节，却没有意识到这种配有详尽说明的标题音乐与肖邦的美学理想完全格格不入。难怪肖邦在得知这番恭维之后像往常一样对此进行了讥讽。他在致提图斯的信结尾处写道：“这位德国人的想象力把我逗死了。”不过，许多人都看到了这篇评论。

接着，在经历了数次推迟之后，肖邦迎来了自己在巴黎的首场演出，给他做后盾的是卡尔克布雷纳。这位德国人同时还是卡米尔·普莱耶尔公司的一位合伙人，而普莱耶尔如当时的一则笑话所言，“因他的钢琴和他妻子的种种历险而为人所知”。演出地点定在了普莱耶尔的沙龙，时间为1832年2月26日。演出曲目包括贝多芬的《钢琴五重奏》Op.29，一组歌剧咏叹调，肖邦的《e小调钢琴协奏曲》（由一个弦乐四重奏协奏），以及《“把手给我”变奏曲》，压轴的则是卡尔克布雷纳为六架钢琴而作的《带引子与进行曲的大波洛奈兹舞曲》。与肖邦一起弹奏最后这首作品的人是卡尔克布雷纳本人、乔治·昂斯洛（英法钢琴家）、阿达尔伯特·索温斯基（一位二流的波兰钢琴家）、卡米尔－玛丽·斯塔马蒂（意大利人）以及费迪南德·希勒。希勒曾是胡梅尔的学生，后来是肖邦的密友，曾担任过贝多芬《第五钢琴协奏曲》的巴黎首演。

听众包括李斯特、门德尔松、赫尔茨和皮克赛斯，他们报以狂热的掌声。肖邦的朋友安东尼·奥洛夫斯基在家书中写道："我们亲爱的弗里奇[①]举办了一场音乐会，应该能有一点收入。他让所有其他钢琴家相形见绌，全巴黎都惊呆了。"李斯特数年后仍然对这场音乐会记忆犹新，回忆说："肖邦丝毫没有因这场巨大胜利而陶醉或者沾沾自喜。他真诚而又谦虚地接受了这场胜利。"更为重要的是，当时最令人不寒而栗但又备受尊重的评论家弗朗索瓦－约瑟夫·费蒂斯在《音乐评论》上颇有先见之明地写道：

> 这里有一位年轻人，完全凭借自己的天性而不是模仿他人，寻找到了钢琴音乐的部分革新，至少是我们一直在徒劳寻找的那部分钢琴音乐，即一种任何其他地方都未见到的充沛的原创乐思……我在肖邦先生的灵感中见到了各种曲式的革新迹象，或许从此将对这一艺术分支产生重大影响。

随后便是另一场音乐会安排，肖邦5月份在音乐学院音乐厅举行的一场慈善音乐会上弹奏了《f小调钢琴协奏曲》的第一乐章。这次给他伴奏的是欧洲当时最优秀的乐队——可是华沙的恶咒——乐队淹没了他那轻柔的琴声，而《音乐评论》则认为他的配器很糟糕。肖邦再次陷入了绝望的深渊中。他思考自己是否应该去英国，

① 肖邦的昵称。——译注

甚至去美国。他是否还应该继续自己的音乐会生涯？

或许正是因为这次经历，他彻底认定在大庭广众下演奏的这种钢琴家兼作曲家的传统道路并不适合他。他认为这些音乐会的听众缺乏品位，他的演奏也不适合大音乐厅，而且他那种亲密的风格更适合于富人和名人的高级沙龙。他向李斯特坦承道：

我不适合举办音乐会；人群让我害怕，他们急切的呼吸让我感到窒息，他们好奇的目光让我动弹不得，而他们那一张张怪异的脸让我发不出声来；可是你，你却是为音乐会而生，因为你即便无法吸引住听众，至少也有能力让他们口瞪目呆。

作为钢琴家，他仅仅取得了一场胜利；作为作曲家，只有一位评论家称赞他为天才；这些远远不够。他的父亲仍然在给他提供经济资助，但是自俄国人关闭了华沙的中学和音乐学院以来，米古拉耶·肖邦的收入已经急剧减少。随着巴黎爆发了霍乱瘟疫，雄心受挫、经济拮据的肖邦完全有可能去其他地方，但一次偶尔相识改变了他的命运。瓦伦汀·拉吉维乌亲王带他去了雅克布·罗斯柴尔德男爵的府上，这是19世纪欧洲最重要的银行家族最小的儿子。罗斯柴尔德富可敌国，而且影响力巨大，他热烈欢迎肖邦的到来。于是，通往巴黎所有名门望族的大门突然全部向肖邦打开了。

仅仅数月间，肖邦就搬进了一个豪华公寓，有了一名男仆，也有了自己的马车，衣服全部来自巴黎最著名

的店铺。“我进入了最高的社交圈,”他在 1832 年致多米尼克·杰瓦诺夫斯基的一封未署日期的信中写道:

我的身边坐着公使、亲王、部长,而我甚至都不知道这一切是如何发生的,因为我没有为之努力……虽然这是我与当地艺术家们认识的第一年,我却赢得了他们的友谊与尊重。一个证据就是连那些声名显赫的人(皮克赛斯和卡尔克布雷纳)都将他们的作品题献给了我,而我还没有来得及将自己的作品题献给他们……莫谢莱斯、赫尔茨和卡尔克布雷纳的学生——总而言之,已经功成名就的艺术家——跟我学琴,并且将我的名字与菲尔德相提并论。如果我没有保持清醒的头脑的话,准会认为自己处在事业的巅峰,可我知道要想实现完美,我还有很长的路要走。当我生活在一流艺术家当中,知道他们每个人的缺点所在时,我对自己的情况也看得更为清楚。

肖邦在写这封信的那一天给人上了五节课,而他大多数时候都会每天上五节课。“你认为我赚了大钱?马车和手套的价格更贵,而如果没有马车和手套,别人会认为我没有‘最高的品位’”。他的收费标准特别高——可是当你的老师已经被推崇为天才、举止文雅、道德方面无懈可击(因而别人可以放心地将妻子和女儿交给他),他当然可以每节课收取 20 法郎,上门上课的收费更高。相比之下,普通巴黎工人当时的日平均工资仅为一法郎。歌剧院最佳座位的门票约为 10 法郎,最昂贵的男款大衣为150法郎。与大多数同时代的音乐家相比，肖邦很快就过起了舒适的生活。

巴黎首场演出后的次日上午，一位名叫法伦克的小出版商提出要购买肖邦手头所有作品的版权：两首钢琴协奏曲、《克拉科维亚克舞曲回旋曲》《波兰曲调大幻想曲》以及钢琴三重奏，全部以现金支付。肖邦十分清楚巴黎有更好的出版商，可他当时迫切需要钱。到11月，他仍然没有将任何修改过的乐谱交给法伦克。与此同时，他狡猾地与法国最著名的出版商莫里斯·施莱辛格谈成了长期协议，由他出版肖邦的所有作品，包括已经预售给法伦克的那些作品。施莱辛格还得到了3首夜曲、8首马祖卡舞曲以及12首已经完成的练习曲，同时精明地将德国版权转授给了莱比锡的普罗波斯特公司，因为他知道这些较短的作品能够很快给他带来回报。其他作品将同时在法国、英国（威瑟尔公司）和德国（吉斯特纳公司，后来为布赖特科普夫与黑泰尔公司）出版。米古拉耶·肖邦1833年3月致信肖邦，告诉他德国版的玛祖卡舞曲和夜曲已经运抵华沙，三天便销售一空。法伦克是否要回了自己的预付款，我们不得而知。估计是没有：肖邦在花钱方面向来大手大脚。

抵达巴黎后不到一年，肖邦的高收入便将他与其他波兰流亡艺术家区分了开来。他很少去那些每次弥撒时都为波兰得到拯救而祈祷的教堂（肖邦是少数几位从未写过宗教音乐的作曲大师之一）；他也没有被人说服去创作一部伟大的民族歌剧，或者运用自己的地位来宣传祖国的苦难——他为同胞的诗作谱写的艺术歌曲非常平庸，采用的是他所不熟悉的曲式；他从不直接参加任何政治活动，却通过巴黎的波兰文学协会（他是成员之一）时刻了解事态的发展。1833 年，沙皇颁布了对流亡者的大赦，肖邦可以回国去看望家人。但是他从来没有接受这份大赦，而随着时间的流逝，返回波兰的想法渐渐淡去。

他的朋友奥洛夫斯基带着几分不解写道："肖邦身强力壮，让所有女人神魂颠倒，也让所有做丈夫的充满了妒忌。他很时尚。我们不久便会人人戴上肖邦式的手套。只是他有时会思念故乡。"

第六章 “具有独创性的天才”

Chapter 6: ‘An Original Genius’

‘An Original Genius’
“具有独创性的天才”

我们先打断一下,回到1833年初。肖邦在奥地利大使馆的新年聚会上看到了罗西尼、卡尔克布雷纳以及李斯特。虽然年仅20岁,李斯特却早已是个名人,不过他那些数不清的大作品尚未问世, 而他作为19世纪最伟大的钢琴大师的艺术生涯仍处在襁褓中。第一位不需要其他音乐家协助而举办独奏音乐会的钢琴家、第一位完全凭记忆弹奏的钢琴家——这些成就仍然是未来几年的事。当他刚刚认识肖邦时,他的脑子里装满了刚刚吸收的欧洲文学、艺术和哲学,以及帕格尼尼、柏辽兹和舒曼的音乐。

肖邦与李斯特之间爱恨交加的关系始于他刚到巴黎的日子。这种矛盾心理让我们清晰地看到了肖邦个性与性格中独特的方面。我们现在应该详细分析一下这些方面,以及让他同时代的人痴迷的他的演奏及创作的方方面面。

肖邦身高一米七左右,有着灰蓝色的眼睛、富有光泽的深黄色头发、凸出的鹰钩鼻子。1840年,他的体重不

肖邦侧面肖像,阿尔伯特·格里夫勒作

到44千克。李斯特觉得：

> 他那细腻、透明的皮肤令人着迷……他的仪表与众不同，他的举止天生带有贵族气质，每个人都将他当做一位亲王来对待。他的姿势优雅、自然，说话的声音低到了仿佛窒息的地步。

作家、诗人和剧作家欧内斯特·勒果夫（1807—1903）第一次见到肖邦时，认为他很像“韦伯的亲生儿子，而他母亲有可能是位伯爵夫人”。

肖邦和李斯特住得很近，时常见面。他们表面上看似有许多共同之处。除了都是超一流的钢琴家外，他们还都喜欢歌剧，都深爱着自己故乡的音乐（只是李斯特尚未认真研究自己故乡的音乐），两个人还都侨居异乡，都与富裕贵族的沙龙有着天然的亲和力。尽管两个人出身微贱，却都有着贵族般的气质与优雅：那些最恶劣的势利小人通常其家庭背景都不值得炫耀。

李斯特的迅速蹿红、高超的钢琴技巧、翩翩的风度以及惊人的外表足以让任何对手心存嫉妒。肖邦不久便意识到自己在这些方面永远无法与李斯特相提并论，更不用说李斯特那匈牙利人特有的体魄和外向的演奏风格。李斯特对他的狂热崇拜让他感到无所适从。尽管他在社交场合看似轻松自如，但他私下里却非常内向，对亲密关系疑神疑鬼，而且少言寡语。李斯特准确地捕捉到了这一点：“（肖邦）愿意奉献一切，却从来不坦露心迹……性情温和，和蔼可亲，与所有人保持良好的关系，总是笑容可掬，很少让人洞察到令他焦躁不安的内心悸动。”

李斯特完全被肖邦所吸引，因为他本人当时还缺乏肖邦所具有的儒雅与个性。肖邦的音乐特点此时已经完全成形，虽然以后还会有所改进，但本质上不会再发生任何变化。李斯特对肖邦的音乐可谓佩服得五体投地，而肖邦对李斯特本人的创作也产生了深远的影响。40 年后的 1872 年，李斯特在致威廉·伦兹的信中写道：

我认为您夸大了巴黎沙龙对肖邦的影响。他的灵魂一点也没有受其影响，而作为一位艺术家，他的创作一直是透明的、神奇的、天籁般的，只属于一位无与伦比的天才——完全游离于任何一个流派常见的错误以及沙龙中那些愚蠢的琐事之外。他就像一个天使、一个仙女；而且还远不止这些，他拨动了充满英雄气概的琴弦，它产生的共鸣只有在他的波洛奈兹舞曲中才能让人见到其辉煌、热情和全新的力量。

肖邦也被这位魅力十足的匈牙利人无与伦比、无所不能的钢琴技巧以及他那不可思议的即兴演奏能力所吸引。“我情不自禁地提笔给你写信，”肖邦在 1833 年 6 月致费迪南德·希勒的信中写道，“因为李斯特此刻正在弹奏我的练习曲，让我完全心旷神怡。我真想将他弹奏我练习曲时的那种方式据为己有。”肖邦很难对李斯特（或者任何其他人）如此赞赏有加。“李斯特比任何人都更明白一切。”数年后，当他们的关系趋于冷淡后，肖邦写道，“（……）他是位出色的装订工，将别人的作品装订在他自己的封面与封底之间……他是一个聪明绝顶的工匠，却没有任何才华。”肖邦的音乐丝毫没有受到李斯特音乐的影响。“李斯特完全可以成为一位公使，甚至可以成为阿比西尼亚[①]或者刚果的国王，”他在致朱利安·冯纳塔的信中写道，“可是就他作品的主题而言，它们会静静地躺在报纸上。”李斯特有一次曾经决定就肖邦的一首协奏曲为《音乐杂志》写一篇评论。欧内斯特·勒果夫告诉肖邦，一位艺术家如果能得到李斯特的评论，那将意义重大，因为“李斯特将为你创造一个精美的王国”。“不错，”肖邦酸酸地说，“却是在他自己的帝国之内。”

有一则轶事虽然编造的可能性很大，却更好地反映了肖邦与李斯特之间的差异。他们在1843年共同出席了一场社交聚会，李斯特弹奏了肖邦的一首夜曲，并且添加了大量花哨的装饰音。“按我写的去弹，”肖邦对他说，“要么就干脆别弹。”“那你自己弹呀，”李斯特也不甘示弱。于是，肖邦弹奏了这首曲子。李斯特最终拥抱了肖邦，并且为自己刚才的表现向他道了歉。他说：“像你这样的作品是不应该乱来的。”让我们希望这段轶事是真的吧。

伟大的匈牙利钢琴家亚瑟·鲁宾斯坦以其对浪漫主义音乐的诠释而著名，他有一次将肖邦和李斯特的音乐对弹奏者的技术要求进行了比较。

① 埃塞俄比亚的旧称。——译注

即便是肖邦音乐中技术难度最大的音型也属于独创的音乐。李斯特过分强调技术上的矫揉造作，他所设计的难度只是伪装，希望靠这些难度来实现更大的效果。肖邦只对乐思感兴趣，因此他作品中的难度与他的乐思之间存在着合乎逻辑的内在联系……我可以弹奏李斯特一首令人眼花缭乱的奏鸣曲，而且长达四十分钟，可弹完后站起来时没有任何疲惫感。但是，即便是肖邦最短的练习曲，也会让我全身心地去投入，并且让我精疲力竭。

肖邦的父亲在几封信中责备儿子将一些音乐名人称作“牛屎”。肖邦虽然与众多音乐泰斗保持着良好关系——包括门德尔松、柏辽兹、舒曼和李斯特——他却发现自己很难称赞他们的音乐，以回报他们对他音乐的推崇。他认为灵感来自文学作品的音乐以及具有自传性质和标题解释的音乐令人讨厌。为感官愉悦而感官愉悦，这有悖于他的天性。肖邦是位古典主义者：曲式、品位和风格代表着一切。难怪他不喜欢别人称他为浪漫主义作曲家。

事实上，除了他所崇拜的巴赫与莫扎特（后来还有他朋友贝利尼的歌剧）外，肖邦极少称赞其他作曲家的音乐。就他本人的演奏曲目而言，他更喜欢胡梅尔，而不是贝多芬，因为他的“激情常常接近于灾难”。他认为贝多芬的《降 E 大调奏鸣曲》Op.31 之 3“非常粗俗”，对贝多芬的晚期钢琴作品毫无兴趣（不过他偶尔会弹奏《降 A 大调奏鸣曲》Op.26）。肖邦的评论是：“（贝多芬）晦涩朦胧，似乎缺乏统一性……其原因在于他违背了一些永恒的原则;莫扎特从来不这样做。”他所喜欢的极少数“现代”作曲家之一是韦伯:他让自己的学生练习韦伯的《音乐会曲》Op.9、《邀舞》Op.65(他本人曾在不同场合弹奏过该作品)以及 e 小调和降 A 大调奏鸣曲。他也喜欢菲尔德的《降 A 大调钢琴协奏曲》和他的夜曲。

令人颇感惊讶的是，舒伯特居然没有能够打动他，他只是偶尔与学生们一起弹奏舒伯特的几首四手联弹进行曲和波洛奈兹舞曲。他也不太喜欢门德尔松的音乐,但是认为《无词歌》Op.19 中的第一首是“一首有着少女般纯洁美丽的歌曲”，并且至少辅导一位学生（卡米尔·杜博伊斯夫人)弹奏了门德尔松的《g 小调钢琴协奏曲》。舒曼更是难以打动他:“《狂欢节》根本称不上为音乐。”他对朋友斯蒂芬·赫勒说(这组作品包括一首对肖邦的描绘)。虽然肖邦将自己的《第二叙事曲》题献给了舒曼,但上面的题词“致罗伯特·舒曼先生”似乎表明这只是礼节性的回报,因为舒曼将自己的《克莱斯勒偶记》题献给了他。柏辽兹让他感到困惑。他曾说:“(柏辽兹)将笔掷到手稿上,然后将一切交给运气。”柏辽兹则认为肖邦的旋律之所以迷人动听,是因为它们的“怪异性”。不过,他在 1833 年 12 月 15 日的《革新报》上撰文时又补充道:

遗憾的是，除了肖邦本人外，几乎没有任何人能够演奏他的音乐,并且给它以峰回路转的感觉,这种出人意料之感正是肖邦的音乐最优美的地方。(……)作为诠释者和作曲家,肖邦是自成一体的艺术家,与我认识的任何其他音乐家没有任何相似之处。

现存有几十篇当时对肖邦演奏的报道，几乎无一例外全是溢美之词。其中一篇的作者是年轻的卡尔·哈勒(1819—1895)，这位德国钢琴家和指挥家后来将成为著名的查尔斯·哈勒爵士，英国曼彻斯特哈勒乐团的创建人。这位时年17岁的少年在1836年12月2日致父母的信中写道：

……我听到了——肖邦。对他的演奏，我可谓词穷语拙。我的感官已经完全离我而去。我恨不得跳进塞纳河里。我到目前为止听到的一切都黯然失色，我真希望自己从未听到过它们。肖邦！他不是凡人，他是天使，是上帝(否则我还能说什么呢？)。肖邦弹奏他本人的作品！那是无法超越的欢乐……与肖邦相比，卡尔克布雷纳简直是个孩子！我这样说是因为我对此坚信不疑。在肖邦弹奏的过程中，我能够想到的只有翩然起舞的精灵和仙女，这就是他的作品给我留下的奇妙印象。没有任何东西能够让人想到这些音乐出自一位凡人之手。它仿佛从天而降——那么纯洁，那么清晰，那么富有灵性。我每次想到它都会激动不已。

6年后，又长了几岁的哈勒回忆起了那天晚上的情景：

我可以断言，没有人能够如他那些神奇的手指那样再现(他的作品)。你在听他演奏时会失去所有分析力；

你根本不会有片刻的停留，去思考他多么完美地处理了这个或者那个难点；你仿佛是在听一首即兴创作的诗作，在它没有结束前完全沉浸在它的魅力之中。

并非肖邦每次出现在巴黎的沙龙中都是为了演奏严肃音乐，或者让人轻轻地发出“噢”或者“啊”的惊叹声。肖邦年轻时的模仿和逗趣才华从未消失过，只是学者们几乎总是忽略他那热情的幽默感，只关注肖邦作为一名伟大作曲家额头上的皱纹。（肖邦的书信还有待全部被翻译成英语后，人们才能全面地了解这位波兰天才的风趣与幽默。）塔尔诺夫斯基伯爵回忆说，肖邦非常喜欢在钢琴上表达他极具个性化的特点，而且经常通过弹奏这些音乐肖像画而取乐自己：

他先不说出心中所想的是哪个人，而是直接描绘房间中的几位或多位人物，而且描绘得那么清晰、那么细致，听众们总能正确地猜出他所描绘的是谁，并且对描绘的相似性推崇备至。

（埃尔加[1]在75年后运用相同的手法，将他为一些朋友描绘的音乐肖像集合在一起，创作他的《“谜语”变奏曲》。）李斯特经常会成为描绘的对象，而肖邦也乐于以这种方式来取笑自己的这位朋友，尤其是当他本人也在场的时候。李斯特当然不甘示弱，也非常聪明地以音

① 埃尔加（1857—1934），英国作曲家，20世纪复兴英国音乐的先驱，代表作有管弦乐变奏曲《谜》和清唱剧《吉伦舍斯之梦》。——译注

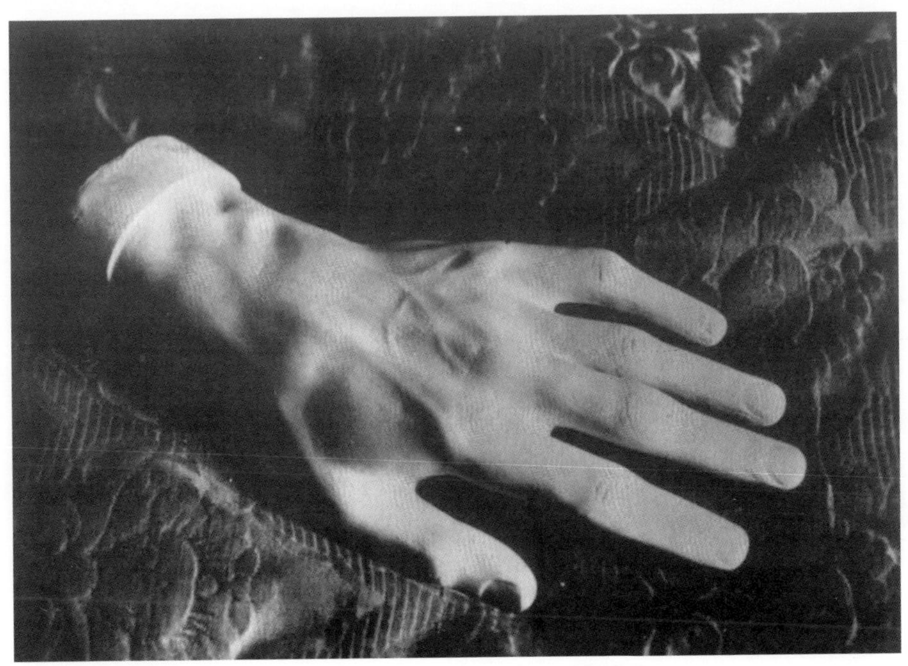

肖邦左手的石膏模型

乐来描绘肖邦。

当周围环境适合肖邦弹奏时，就连最才华横溢的专业音乐家也会觉得他们是在经历一次独特的体验。1834年5月，门德尔松与肖邦和希勒在钢琴前度过了一个上午。“作为钢琴家，肖邦可谓最伟大的人之一，”他在给母亲的信中写道，“他能够像帕格尼尼在小提琴上那样在钢琴上弹出全新的东西，创造出谁也不敢相信能够在钢琴上创造出的奇迹。”虽然门德尔松感到肖邦和希勒都有着“巴黎式过度渲染激情与绝望的倾向，经常看不到宁静、谨慎和纯音乐”，他还是通情达理地承认“相反，我在这方面或许远远做得不够”。

在15个月后的另一封信中，门德尔松描述了他和肖邦一起度过的一天。他姐姐范妮显然不像他那样兴奋，这一点从他致她的信中可以清楚地看到：

> 亲爱的范妮，我无法否认，我最近发现你对他的判断有些不太公平；也许你听他弹奏的那次他恰好没有心情，而这在他身上是常有的事。可是，就我而言，他的演奏让我耳目一新，我相信如果你还有父亲能够听到他像为我弹奏那样演奏一些他更好的作品，你一定会有相同看法。他的演奏具有独创性，同时技艺超群，完全可以被称作完美大师；由于我在音乐方面喜欢并且赞颂各种完美的风格，所以那一天完全令人陶醉。能够再次与一位真正的音乐家在一起真是件痛快的事，他绝对不是那种半吊子的大师或者古典派……

真正吸引住这位爱挑剔、有修养的门德尔松的是风格和技术与独创、真正的音乐的理想结合。在肖邦的音乐和弹奏中，人们见不到任何为技巧而技巧的痕迹，这与皮克赛斯、赫尔茨、卡尔克布雷纳以及塔尔贝格等大师那些华而不实的音乐相比是一种焕然一新的变化。人们必须记住，从纯商业的角度来看，如今已经被人遗忘的亨利·赫尔茨是当时最成功的作曲家。在 12 年当中，直到 19 世纪 30 年代后期，他的作品销售量无人可以匹敌。

肖邦奉献给人们的是一种新型的音乐与技术键盘美学，将影响此后数代人。其他钢琴家或许在灵巧性、触键的平稳性以及发音的清晰度方面可以与他相比，可他所代表的却是克莱门蒂－胡梅尔流派精致的优雅。但是，真正让肖邦与众不同的却是他在键盘上创造出的广泛的表现力，再加上他与生俱来的忧郁，足以从他那个时代直至今天一直能打动听众的心。由于身材比较矮小，也缺乏体力，他必须将钢琴的如诉如泣的弱音发挥到极致。据说，有史以来还没有任何人能够像他那样完美地控制力度的细微变化。莫谢莱斯说“他的 *pianissimo*（很弱）轻如呼吸”。“他已经发现如何以最轻柔的方式演绎（他的玛祖卡舞曲），轻到极致上，从而变得更为有趣”，柏辽兹写道：“音锤仅仅轻抚琴弦，以至于听者希望自己能走到钢琴旁，将耳朵贴在钢琴上，仿佛在聆听精灵们举办的一场音乐会。”如果一晚上都是这样，那么一些人显然会受不了。塔尔贝格有一次在听完肖邦的独奏后一路喊叫着回家：“我需要一些噪音，因为我一晚上只听到了 *pianissimo*（很弱）。”除了这种独特的音色控制外，还有借助非常柔软的身体以及伸缩速度的创造性使用所取得的即兴感和自然流畅感。据他的学生兼朋友阿道尔夫·古特曼说，“他可以像小丑那样将双腿架到肩膀上”，有几个学生说他的手指几乎像没有骨头一样，“像完全用橡胶制成的”。另一些人也提到过肖邦修长的双手（并不是特别大）令人震惊的灵活性。斯蒂芬·赫勒描述道，它们会“突然张开，覆盖三分之一键盘，就像一条巨蟒的大嘴，准备一口吞下一只兔子”。

肖邦最重要的一个技巧就在于这种伸缩速度的使用。这个术语来自意大利语，意为“被夺去的”，代表着一种节奏上的自由。李斯特这样向自己的一位学生解释：“看着那些树！风吹动树叶，给它们带来活力，可是树本身没有任何变化。这就是肖邦式的伸缩速度。”肖邦的一位学生卡罗尔·米库里（1821—1897）回忆道：

肖邦在保持速度方面非常刻板，许多人在得知他的钢琴上永远放着节拍器时都会非常惊讶……他的一只手，提供伴奏的那只手，总会弹奏严格的速度，而另一只手——那只歌唱的手，要么犹豫不决，要么提前进入，带着一丝不耐烦的激情快速向前，仿佛在进行充满激情的演讲——则将音乐表现完全从节奏限制中解放了出来。

这里的法则似乎是：节奏或许会变化，但背后的节拍律动永远保持不变。

他的弹奏在节奏上非常自由，以至于一些人认为他的伸缩速度是不稳定的节拍处理。当迈耶贝尔坚持说肖邦在弹奏自己的一首玛祖卡舞曲时采用了$\frac{2}{4}$拍而不是$\frac{3}{4}$拍时，很少高声说话或发脾气的肖邦冲着迈耶贝尔喊叫了起来。查尔斯·哈勒数年后注意到了相同的事，只是他显然碰到肖邦正处在心情比较好的时候。作曲家起初矢口否认自己弹奏的是$\frac{4}{4}$拍，而不是$\frac{3}{4}$拍。当哈勒数出肖邦所弹的拍数时，肖邦承认哈勒是对的，然后放声大笑，说这是“一种天性”，但是他在其他时候永远不会承认自己弹奏时节拍有问题。阿什利·佩卢奇夫人是俄国驻美国总领事之女，她在1838年前后经常在私人聚会上听到肖邦弹奏：

我认识他的时候，他正饱受痛苦，只是偶尔在公共场合中弹奏。他会将钢琴安置在普莱耶尔家房间的中央，他的崇拜者们则会围坐在钢琴周围。他的独特之处在于他的极度细腻，而他的 pianissimo（极弱）非常独特。每个音都像一个铃声，非常清晰。他的手指仿佛没有骨头，但是他却能够非常灵活地弹奏出某些效果。如果有人说他不按节奏弹奏，他会非常生气，称自己的左手为他的"教堂执事"，同时让他的右手随意地弹奏。

肖邦的练习曲以及他的许多更为抒情的作品都对指法和踏板的运用提出了新的思路。他的练习曲含有数不清的至少十度音程；经常运用拇指来弹奏黑键，以及让某些手指跨越其他手指——这些技巧在肖邦的年代都被视为离经叛道的激进之举。米库里作为非常靠谱的渠道，给我们留下了他对老师先进技术的仔细观察记录：

在指法说明方面，尤其是对他非常独特的指法说明，肖邦记录得非常详尽。钢琴演奏的许多技法都要归功于他的创新，而这些创新由于简易明了很快就被大家采用，尽管像卡尔克布雷纳这样的权威起初对它们惊恐万状。比如，肖邦毫不犹豫地运用拇指弹奏黑键，甚至让拇指从小指下面穿过（这是真的，而且手腕会明显向内弯曲），只要这种指法有助于他的演奏并且能够带来更多停顿与平稳。他常常用同一根手指弹奏两个连续键……而别人根本注意不到整个过程有任何中断的现象。他经常在不动用拇指的情况下，让食指、中指和无名指相互交叉(见《练习曲》Op.10 之 2)……依据上述原则而为三度音程的半音进行所定的指法(如他在《练习曲》Op.25 之 5 中所标明的),远比当时人们通常采用的指法更好地带来以最快速度弹奏出的最优美的连奏,并且手的动作极少。

肖邦更喜欢弹奏的是普莱耶尔的钢琴,尤其是因为——如李斯特所说——“它们有着清脆的音色,能够让他从中提取出……水晶与水相结合般的银铃声”。如果他要在某位波兰或法国朋友家的聚会上表演,而这家人恰好没有一架普莱耶尔钢琴,他常常会派人将自己的钢琴搬过去。“如果我感到身体不舒服时,”肖邦说,“我会弹一架埃拉尔牌的钢琴,并且会轻而易举地找到现成的音色。可是当我感到自己有了情绪,而且有足够的力气寻找到自己想要的音色,我就必须有一架普莱耶尔的钢琴。”

肖邦的力气和健康这个问题将越来越引起我们的关注,因为它不仅影响到他的生活方式,而且影响到了他所创作的音乐以及他弹奏这些音乐的方式。德高望重的钢琴家兼作曲家伊格纳茨·莫谢莱斯概括了一切。“肖邦的长相如何?”他问;答案是:“如他的音乐。”

第七章 朋友、恋人与学生

Chapter 7: Friends, Lovers and Pupils

Friends, Lovers and Pupils
朋友、恋人与学生

到 23 岁时，肖邦已经是世界音乐之都一位功成名就的明星。然而，在整个 1833—1834 年间，他没有举办一场公开音乐会，只是在 12 月 15 日的慈善音乐会上露了个脸，与李斯特和希勒一起演奏了巴赫的三钢琴协奏曲。希勒将肖邦介绍给了来自意大利西西里的歌剧作曲家温琴佐·贝利尼，他是 1833 年秋天来到巴黎的。发现贝利尼“永无止境的旋律”对肖邦至关重要。他已经开始将美声的一些元素运用到自己的创作中，最明显的是运用在他已经开始创作的梦幻般的夜曲中。肖邦绝对不是创作夜曲的第一人。这种曲式，至少就钢琴而言，是由英格兰—爱尔兰钢琴家兼作曲家约翰·菲尔德发明并推广开来的。

肖邦一直非常推崇菲尔德，终于在菲尔德于 1832 年在巴黎举行音乐会时听到了他的演奏。可是，酗酒以及缺乏练习此时已经让菲尔德才华尽失，因而他的弹奏让肖邦感到极为失望；不过菲尔德在键盘上弹奏出悠长的抒情短歌的概念还是激发了他的想象力。将一种打击乐器的声音改编成人声的想法正是肖邦创作观的核心，这一想法如今又因为他与贝利尼的友谊而得到了进一步的巩固。肖邦将自己的第二组夜曲，Op.15 题献给希勒是再恰当不过的事，因为希勒是当时最接近肖邦的音乐家。“我认为我可以说肖邦喜欢我，”希勒后来回忆说，“但我深爱着他。”

另一位成为肖邦生活中一个重要部分的朋友是年轻的大提琴家奥古斯特·弗朗肖姆[①]。他们一见如故，这位谦逊的大提琴家不久便天天去拜访肖邦，而且总是由李斯特相伴（正是李斯特介绍他俩认识的）。出版商施莱辛格已经委托肖邦写一首以迈耶贝尔的歌剧《恶魔罗勃》中的一些主题为素材的作品，因为这部歌剧正风靡一时。结果便有了为钢琴和大提琴而作的《大二重奏》，这是弗朗肖姆和肖邦合作的结果，于 1833 年出版。

温琴佐·贝利尼

此时的他已经有了众多朋友和熟人。“（肖

① 弗朗肖姆(1808—1884)，法国大提琴家，1846 年起在巴黎音乐学院任大提琴教授，作有大提琴协奏曲和其他大提琴曲。——译注

邦)不喜欢无人做伴,”希勒写道:

……这种情况也很少出现。他早晨喜欢独自在三角钢琴前呆上一个小时;可是当他练习时——我该如何形容呢——即便是他晚上在家弹琴时,他也需要身边至少有一个朋友。

肖邦的生活中明显缺少一个元素:与异性的关系。康斯坦丝·格瓦德科夫斯卡结婚的消息似乎并没有让他垂头丧气。“这并不妨碍建立一种柏拉图式的爱情”,他在致提图斯的信中提议道。他那浪漫的爱情理想焦点已经随着过去一年中的所有兴奋事而渐渐淡去。在他抵达巴黎之前至少有过一次性生活,但是肖邦虽然让女士们神魂颠倒,却很清高,不屑与他们发生乱七八糟的亲密关系。这一点表现在了他的音乐中。正如希勒所说:“他很少向人敞开心扉,可是在钢琴上,他却比我听过的任何其他音乐家更加彻底地坦露自己。”

肖邦究竟在多大程度上复制了李斯特那些臭名远扬的绯闻(后文还将详细介绍),他给提图斯的一封信反映了出来(1831 年12 月)。他应邀拜访了钢琴家皮克赛斯。皮克赛斯当时 45—46 岁,金屋藏娇,一直与一位 15 岁的美丽姑娘秘密生活在一起,并且希望能与之结婚。肖邦来访时皮克赛斯正好不在家。正当肖邦解释自己的来访目的时,皮克赛斯气喘吁吁地上楼来了。肖邦与皮克赛斯之前在斯图加特见过一面,但是皮克赛斯没有认出他,反而嫉妒得勃然大怒,责问肖邦与那位姑娘之间到底发生了什么：

那老家伙终于醒悟了过来：——咽下了这口气，挽起我的胳膊，将我领进了他家的沙龙，不知道应该让我坐在哪里，非常担心我会生气……后来，他亲自送我下楼，看到我仍在哈哈大笑——(我实在忍不住这种玩笑给我带来的乐趣，居然有人怀疑我会干那种事)——他随后去找门卫，想知道我是何时以及如何上楼的，等等。从那天起，皮克赛斯便向所有出版商大肆吹捧我的才华。……你觉得怎么样？我居然会被人当做引诱女性的色鬼！

曾经有谣传，说肖邦与黛尔菲娜·波托茨卡伯爵夫人(1807？—1877)有染，这位伯爵夫人对性生活的贪得无厌以及她数不胜数的绯闻给她赢得了一个绰号——“绝代妖姬”。她风姿绰约，据说有着当时最优美的歌喉；肖邦像许多其他人一样当然为她所倾倒。但是没有任何证据能够证明肖邦曾经与她同床共眠。1945年，一组据称是肖邦致黛尔菲娜的书信以很令人怀疑的方式出现。如果这些书信是真的，那么它们将会比肖邦书写过的任何书信都更加直白地充满了色情，而且与克制、优雅、情感上内向的肖邦格格不入，因而最终被认定为彻头彻尾的伪造之物。

在另一方面，肖邦将灵感最初来自康斯坦丝的《f小调钢琴协奏曲》题献给了黛尔菲娜，这是一个意味深长的举动。肖邦还将他那首著名的《“小狗”圆舞曲》题献给这位伯爵夫人，使她成为了极少数肖邦题献次数多于一次的人之一。她对他投桃报李，一直是他的挚友。在他生命的最后几天，她从尼斯赶到他身旁，在他的临终床边为他歌唱。

在他侨居巴黎的最初 6 年中，肖邦的性生活完全空白。任何谣言都是推测。他喜欢向女人献殷勤，也喜欢有女人作伴，但情况似乎仅此而已。有可能重复他在维也纳与“特蕾莎”一夜风流后的后果，这种风险阻止了他与任何人随意发生性关系，哪怕这是他天性的一部分。当李斯特的情妇达古伯爵夫人 1833 年邀请肖邦去她庄园避暑时，他谢绝了。他更愿意去弗朗肖姆位于图尔市附近的老家，与他以及他贫寒的家人为伴。

肖邦在其整个艺术生涯中，总共举办过不到 30 场公开音乐会，然而这些音乐会给人们留下的印象却足以让他的演奏成为一种传奇。由于不再像数不胜数的其他音乐会钢琴师那样追求演出，肖邦的收入几乎全部来自教学和音乐作品销售。我们很难想象肖邦怎么有时间进行创作。他觉得创作——这里指动笔将音乐记录下来——是一个颇为累人的活。我们只需看一眼肖邦的手稿，就会发现大量修改、补充和重新思考的痕迹。由于他天生懒惰，再加上忙碌的教学和社交活动安排，他觉得再创作一批作品出售给施莱辛格是个巨大挑战就不足为奇了。尽管如此，在此后一年左右的时间里，相继问世的作品包括他在维也纳就已经动笔的两首作品（《辉煌大波洛奈兹舞曲》，他又给它添加了一个名为《平滑的行板》的引子，以及《g 小调叙事曲》）、第一组《练习曲》（扉页上写着“由弗雷德·肖邦创作并题献给他的朋友 F. 李斯

特”)、第一首《谐谑曲》Op.20、《四首玛祖卡舞曲》Op.24、《两首波洛奈兹舞曲》Op.26以及《两首夜曲》Op.27。

一些更有远见卓识的评论家在这些作品中看到了贝多芬之后最具创造性、最激进的音乐天才之一。这些作品中的和声结构、非同寻常的和声、惊人的转调、钢琴的弹奏方式、民间元素的运用、装饰音被融入到乐曲中而不是被应用在乐曲中的方式、伸缩速度的自由使用、音乐个性与独特旋律天赋的结合——所有这些以及更多的元素都在表明一点:巴黎人当中有一位天才作曲家。

可是据他的学生玛丽亚·冯·哈德尔说,他也是一位天生的老师。这或许是从他父亲那里继承来的另一个天赋:

> 表情与概念、手的位置、触键、踏板的运用——没有一样能够逃过他那敏锐的听觉与视觉;每一个细节他都极为关注。他全身心地投入在教学中,上课的时候就是一位老师,一位心无旁骛的老师。

在此后数年中,他作为钢琴教师声名远扬,学生不仅来自法国和波兰,而且来自立陶宛、俄国、波希米亚、奥地利、德国、瑞士、英国、瑞典和挪威。

一般来说,肖邦会将夏季几个月用来进行创作,然后将10月或11月至次年5月这6个月用来教学。一切都严格进行。钢琴课上午8点钟准时开始,肖邦会衣冠楚楚地正襟危坐。这些课程通常会持续一个小时(如果学生特别有天赋,时间也会拉长)。学生会弹奏一架普莱耶尔三角钢琴，肖邦在旁边一架竖式钢琴上给学生伴奏或者示范。壁炉架上放着 20 法郎。学生每周上课的次数介于一次到三次之间，这要视肖邦的时间，每个学生的才华、需求和经济能力而定。

“作为老师，李斯特无法与肖邦相提并论”，少年时期的卡尔·费尔奇写道。他于 1841 至 1843 年间师从肖邦。“我不是说李斯特是个坏老师；他在你幸运地遇到肖邦之前绝对是最好的老师，可是就教学法而言，肖邦远在所有其他老师之上。”费尔奇（1830—1845）是一位音乐神童，这位出生于特兰西瓦尼亚[①]的钢琴家兼作曲家在巴黎、伦敦和维也纳举办了一系列轰动一时的音乐会之后，在威尼斯英年早逝。“我的上帝啊，这是您的孩子！”肖邦惊叹道：

这是我见过的最奇特的孩子，他的领悟力超群……他都没有听过我弹琴，也没有看我示范，就几乎能弹出我的所有作品——不完全像我（因为他有自己的风格），但同样出色。

肖邦的教学方法与卡尔克布雷纳截然不同。卡尔克布雷纳会建议他的学生在练习各种技巧时看一份报纸，强调纯技术学习的重要性，几乎总是在强调手指的动作。为了帮助学生做到这一点，卡尔克布雷纳使用了一种引导器——一根小棍，固定在键盘前，略高于键盘。学生将前臂搁在上面后据称能够减轻手腕的紧张度，让手

① 特兰西瓦尼亚：罗马尼亚中西部地区。——译注

指摆脱所有重量，以促进手指的独立性。卡尔克布雷纳的格言是：只用手指和手腕，不能使用前臂和上臂。肖邦取笑道："这就像为了出去散步而学习用手爬着走路一样……无论谁也无法像卡尔克布雷纳所称的那样，仅仅用手腕就能弹奏一切。"肖邦本人的音乐足以证明这一点。

肖邦的学生会首先练习含有多个黑键的音阶。他说B大调音阶最容易，C大调音阶最难。他推荐学生们练习克拉默的《练习曲》、克莱门蒂的《朝圣进阶》、莫谢莱斯的一些《风格练习曲》、巴赫的键盘组曲以及（最重要的）《十二平均律》中的一些选曲。谱架上按难易程度小心摆放着克莱门蒂、莫扎特、巴赫、亨德尔、斯卡拉蒂、杜塞克、菲尔德、胡梅尔、里斯和贝多芬的协奏曲与奏鸣曲，以及韦伯、莫谢莱斯、门德尔松、希勒、舒曼和他本人的作品。触键与句法便是一切。肖邦不鼓励学生在触键还没有达到完美地步就使用延音踏板（常常被错误地称为"音响踏板"）。这也进一步加深了他的信念，即必须由手指来制造音色，而不是借助踏板这种人为手法。他公开宣称，句法处理应该像人们说话一样自然、有效。如果学生们无法明白这一点——甚至在他们已经明白时——他会要求他们去歌剧院，仔细聆听当时那些大明星的演唱，以理解他的目的。"如果你想弹琴，你就得歌唱。"这便是他的口头禅。

肖邦对待学生彬彬有礼、耐心十足但又不依不饶，在这方面可谓典范。但他在上课时也会大发雷霆。这种情况在初期极为罕见，但随着他身体状况越来越差，这种情况发生的次数也在增加。他会勃然大怒——据乔治·桑说:“肖邦发怒的时候样子十分可怕。”当他生病或者心烦意乱时,男学生特别容易引发他的怒火。他的一位学生乔治－阿梅迪－圣克莱尔·马蒂亚斯(1826—1910)回忆说,曾亲眼看到肖邦因为一名学生不用心将一个乐段弹得糟糕透顶而砸烂了一把椅子。头发会被扯下来,铅笔会被折断后扔在地上,起因都是弹得太糟或者弹错了音。“毫无疑问,”大钢琴家阿尔弗雷德·科尔托说,“(这些充满暴力的攻击)源自于肖邦急需休息,而由于需要维持日常生活中永无止境的物质需求，他根本无法休息。”肖邦对他最有前途的学生弗雷德里卡·施特赖歇尔(娘家姓穆勒,1816—1895）所说的一番话似乎证明了这一点。施特赖歇尔在1849年结婚后放弃了自己的艺术生涯。“我发脾气,”他说,“是因为我没有时间生病！”

具有讽刺意味的是,尽管他作为钢琴老师声名显赫而且收入颇丰,肖邦运气不佳,绝大多数学生天资平庸。其中一些真正有才华的学生又因为自己的社会地位而无法开始职业生涯。他的三位最有才华的学生——费尔奇、卡洛琳·哈特曼和保罗·贡斯贝尔格——均英年早逝。在他所教过的大约150名学生当中,只有两人后来成为了名噪一时的钢琴老师:马蒂亚斯和米库里。后者从1844年起跟肖邦学琴，并且编订了肖邦作品最早的全真版本。他的学生当中最著名的是莫里兹·罗森塔尔和拉乌尔·克扎尔斯基。有着德国和波兰血统的马蒂亚斯1838年前后开始师从肖邦,最终于1862年去了巴黎音乐学院,在那里任教30余年。他的学生当中比较出名的有特蕾莎·卡雷诺、伊希夫·菲力普、拉乌尔·普格诺和欧内斯特·谢林，以及作曲家埃里克·萨蒂[①]和保罗·杜卡[②]。

遗憾的是，肖邦的学生中没有一人留下任何录音，尽管他们当中有三个人一直活到了录音技术已经问世的年代：卡米尔·杜博伊斯 1907 年去世，保莉娜·维亚尔多 1910 年去世，而默默无闻的亨利·佩鲁——最后一位——不管他是否师从过肖邦，一直活到1922 年。

他的“徒孙”们（罗森塔尔、克扎尔斯基和普格诺）录制的肖邦音乐以及卡雷诺制作的自动钢琴曲均无法保证其真实性，尽管这些钢琴家因为师从肖邦的学生而受益。阿尔弗雷德·科尔托、亚历山大·米卡沃夫斯基、娜塔莉亚·扬诺塔、弗朗西斯·普兰特（录制肖邦音乐的钢琴家中最年长者）和弗拉迪米尔·德·帕赫曼都接受过肖邦的学生或门徒的指点。这些人都是伟大的艺术家，完全有能力决定自己如何诠释；他们的录音是我们现有最接近肖邦本人弹奏方式的资料，因而弥足珍贵。我们在聆听这些录音时，会情不自禁地相信他们的权威性。

不过，肖邦事实上并没有像胡梅尔、车尔尼、亨泽尔特[③]或李斯特那样创立一个全新的钢琴演奏流派。“他身

---

① 萨蒂（1866—1925），法国作曲家，超现实主义的先驱，对 20 世纪现代音乐有很大影响，作有芭蕾舞剧《游行》、交响戏剧《苏格拉底》和钢琴曲等。——译注

① 杜卡（1865—1935），法国作曲家，主要作品有歌剧《阿里安娜与蓝胡子》、芭蕾舞剧《仙女》、交响谐谑曲《魔法师的弟子》等。——译注

③ 亨泽尔特（1814—1889），德国钢琴家、作曲家，作有钢琴协奏曲、练习曲等。——译注

上的贵族和诗人气质太强，他无法成为一名领袖，”音乐学家让－雅克·艾戈尔丁格尔这样认为，“肖邦满足于提出建议和暗示，没有努力去说服学生。这样一种态度很难导致他的学生对他的建议进行分析。”

第八章 玛丽亚 1834—1837

Chapter 8: Maria 1834—1837

Maria, 1834—1837
玛丽亚,1834—1837

1834年5月,希勒说服肖邦暂时离开巴黎和他的学生,与他一起动身去德国亚森,参加门德尔松组织的"下莱茵河音乐节"。三位朋友聚在一起时非常高兴。门德尔松对自己的母亲说:

我们自然会一起弹钢琴,而这是让我最开心的事……音乐节过后,我们一起去了杜塞尔多夫,在那里度过了最快乐的一天,又是弹奏音乐,又是讨论音乐;然后,我昨天陪他们去了科隆。他们今天一大早就坐轮船去了科布伦兹,我刚好和他们不同路,这场愉快的聚会就此结束。

欧内斯特·勒果夫留下了一句名言:"午夜之前的肖邦是位不错的钢琴家,而午夜之后的肖邦却是无与伦比的巨匠。"希勒讲述的一则轶事准确地解释了为什么会对肖邦有上述评论、肖邦的行事方式以及肖邦的演奏在陌生人身上产生的效果。他回忆道,大约在这个时候,这三位钢琴家兼作曲家登门拜访门德尔松的朋友——大画家威廉·冯·沙多(1788—1862)。当时在场的还有其他几位年轻画家，于是大家在晚餐桌上随意地开心聊了起来——除了肖邦,“他沉默寡言,坐在角落里,没有引起大家的注意”。希勒回忆道：

> 我和门德尔松都知道他肯定会为此报复我们，于是我们快乐地等待着。终于有人打开了钢琴,我弹了一会儿,然后是门德尔松。可是当我们请肖邦也弹一会儿时,每个人都惊讶地回过头来望着他。他刚弹了几小节,每个人（尤其是沙多）都开始以不同的眼神望着他——他们以前从未听到过这样的琴声。他们疯狂地一而再再而三地请求他弹下去。

回到巴黎后，肖邦搬到了昂坦路一座豪华公寓里，离他原先的住处隔着几户人家。房租由他和他的朋友扬·马图辛斯基分摊，后者已经在医学高等学校谋到了一个教师职位。12月,他在公开场合演奏了三次:黛尔菲娜·波托茨卡组织的一场私人音乐会；在柏辽兹音乐会上演奏了他的《e小调钢琴协奏曲》的一个乐章和刚刚完成的《平滑的行板》;圣诞节,与李斯特一起在普莱耶尔音乐厅演奏了几首二重奏和钢琴四手联弹作品。

1835年,巴黎爆发了流感,肖邦因此得了支气管炎,并且咳出了血块。他还没有完全康复便又面临着三场音乐会:3月22日与希勒同台献艺;4月4日，一场波兰慈善音乐会，他极为罕见地在一个完整乐队的伴奏下演奏

玛丽亚·沃津斯卡

了自己的《e 小调钢琴协奏曲》;4 月 26 日,他在音乐学院演奏了《平滑的行板与辉煌大波洛奈兹舞曲》。

随后,他收到父母的来信,说他们离开华沙去卡尔斯巴德旅游。肖邦立刻离开巴黎,于 8 月 15 日赶到了这个温泉小镇。“我们的欢乐难以言表!”肖邦写道,“我们一刻不停地相互诉说着多么思念对方……我们一起喝酒、吃饭,相互拥抱,相互责备;这是我最幸福的时刻。”当时居住在卡尔斯巴德的还有图恩 - 霍恩施泰因伯爵,他的儿女以前跟肖邦学过钢琴。伯爵邀请肖邦一家去他位于易北河畔特申镇的城堡做客,结果肖邦全家在那里一直呆到 9 月 14 日米古拉耶和尤斯蒂娜动身回波兰。他们当时根本想不到这竟然是他们的诀别。肖邦本人 5 天后动身回巴黎,图恩 - 霍恩施泰因伯爵的一个儿子正好要去德累斯顿,便与肖邦结伴而行。

仿佛是命运的安排,肖邦在德累斯顿碰到了费力克斯·沃津斯基,他以前是肖邦父亲的一个寄宿生。沃津斯基全家在 1831 年华沙起义期间离开波兰,定居在了日内瓦。他们全家都是肖邦的老朋友,此刻正好在德累斯顿避暑。沃津斯基家有一个女儿，名叫玛丽亚，肖邦最后一次见到她时还只有 11 岁，如今却已经是个16 岁的大美女。两个人几乎是一见钟情。

玛丽亚的钢琴已经弹得相当不错（后来在华沙的一场音乐会上演奏了肖邦的一首叙事曲），也写了一些作品。自康斯坦丝以后，肖邦第一次全身心地投入到热恋之中。他在德累斯顿停留了两个星期，计划来年春天再次回到这里，然后便动身去了莱比锡，因为他已经承诺在莱比锡与门德尔松会合。另一次历史性的见面发生在德高望重的钢琴家兼教师弗里德里希·维克位于莱比锡的家中，肖邦被介绍给了一直在为他做宣传的罗伯特·舒曼。当时在场的还有维克的女儿克拉拉，她后来嫁给了舒曼，并且是最早在公共场合演奏肖邦作品的钢琴家之一——她早在 1832 年 7 月就在莱比锡演奏过肖邦的《“把手给我”变奏曲》。让罗伯特和克拉拉喜出望外的是，肖邦亲自弹琴，甚至成功迷住了脾气急躁、一直半信半疑的维克。随后弹奏的便是克拉拉，肖邦惊呼：“她是德国唯一能够正确弹奏我作品的女人。”

这段怡人的插曲过后，肖邦动身去海德堡，结果他在春天患上的支气管炎再次复发。10 月底回到巴黎后，他立刻陷入了社交活动的漩涡中，并且接待了玛丽亚·沃津斯卡的哥哥安东尼，安排了一场音乐会来帮助他的小提琴家朋友卡罗尔·利平斯基，在各种慈善活动中演奏。

由于在海德堡时重病缠身，关于肖邦已经去世的谣言开始传播，并且在 1835 年 12 月传到了华沙。就连那些明知这是谣言的人也感到不安起来。沃津斯基夫妇知道

肖邦肖像，玛丽亚·沃津斯卡绘制

女儿对肖邦的恋情，因而非常担心。肖邦家同样焦急万分，米古拉耶在给肖邦的信中敦促他照顾好身体，同时担心这会影响他对“某个人”的计划。马图辛斯基同样建议肖邦不要太辛劳，冬天外出时要穿厚靴子，好好照顾自己。肖邦对这些提醒置若罔闻，结果3月份再次病倒。

肖邦没有如约在1836年春重返德国，而是留在了巴黎。这个决定背后的原因耐人寻味。为什么不去拜访沃津斯基一家,并且见自己的心上人?如果他确实身体状况非常不好,那么不愿意出门旅行也就情有可原了:他当然不愿意让玛丽亚一家看到一位病人。可这并不是原因。相反,他去了巴黎以北不到两小时路程的昂吉安湖,几乎可以肯定是为了呆在黛尔菲娜·波托茨卡的湖边别墅中。一年后,肖邦和他朋友约瑟夫·贝尔佐夫斯基驾车经过这里。贝尔佐夫斯基在日记中写道:"他指给我看一望无际的湖面,以及湖畔的一座小别墅,他去年在那里度过了整个夏天。他的脸上洋溢着幸福的回忆;那一定是他一生中非常幸福的时期。"

1836年夏天究竟发生了什么事?如果他所呆的地方果真是黛尔菲娜的别墅,那么她当时是否也在那里?如果真是这样,难道是她在照料他,让他恢复健康?或者肖邦只是接受他那位大夫朋友马图辛斯基的建议,去那里接受水疗?湖对岸是另一个吸引人的地方:同性恋德·屈斯蒂纳侯爵佛罗伦萨风格的漂亮别墅。他的家向一群密友敞开,其中包括夏多布里昂、司汤达、海涅、雨果、迈耶贝尔、柏辽兹,如今又添加了肖邦。我们知道这位慈祥的侯爵特别欢迎肖邦,可这种愉快的聚会以及奢华的接待显然不会是肖邦对昂吉安怀有美好情感的唯一理由。

但是,7月初,沃津斯基家请他前去相聚,于是肖邦在7月底与沃津斯基太太及其两个女儿一起来到了玛丽安巴德。这是卡尔斯巴德附近的另一处波希米亚温泉。与玛丽亚的关系在整个8月突飞猛进——长时间在乡间散步,一起创作音乐,她给他画了一幅水彩肖像,他给她写曲子。第二组《练习曲》中第一首优美的《**降A大**

调练习曲》、一首名为《戒指》的歌曲都是在这里创作的。当沃津斯基母女三人启程回德累斯顿时，肖邦随她们一同前往。两个星期后的9月9日，在那“灰色时刻”(黄昏)，肖邦正式向玛丽亚求婚。她接受了，可是她的家人却比较谨慎。“灰色时刻”(这立刻在沃津斯基家成为了求婚的代名词)这件事被暂缓了下来。沃津斯基夫人嘱咐肖邦不要熬夜，并且叮嘱他一定要注意身体。“身体健康。一切都取决于此，”她在致未来女婿的信中写道，“你必须意识到现在是一个考验期。”

肖邦在回巴黎的途中再次在莱比锡拜访了舒曼。尽管他为这位德国人对他音乐真诚、啰嗦的激情感到不安，肖邦还是觉得自己对他有所亏欠，便将一本新出的《g小调叙事曲》送给了舒曼。舒曼刚刚用弗洛雷斯坦这个笔名写了一篇称赞肖邦音乐的长文，声称如果沙皇“知道一个危险的敌人在(他的)作品中、在他那些玛祖卡舞曲淳朴的旋律中对他构成威胁，他一定会封杀他的音乐。肖邦的作品，”舒曼写出了那句名言，“是掩藏在鲜花中的大炮。”他最后写道：“我们在每一首作品中都能见到他那优雅的笔迹，‘弗雷德里克·肖邦所作’；我们甚至在他的停顿中、在他急促的呼吸声中都能认出他来。他是当今最大胆、最骄傲的诗人。”

肖邦回到巴黎后，再次深陷各种社交活动之中。李斯特与其情妇达古伯爵夫人在瑞士度过了16个月后也返回了巴黎。达古伯爵夫人原名玛丽·德·弗拉维尼，1805年出生在德国，父母均为法国人。她是当时的绝代佳人，1827年嫁给了达古伯爵。她与李斯特1835年6月的私奔变成了一个丑闻：她的长女夭折后仅仅6个月，她就抛弃了丈夫、宫殿般的豪宅和小女儿，与李斯特一起私奔，并在当年12月生下了他们的女儿勃朗蒂娜。他们的次女柯西玛生于1837年圣诞节，后嫁给了钢琴家兼指挥家汉斯·冯·彪罗，但后来与理查德·瓦格纳私奔，并最终与瓦格纳结为伉俪。

这位伯爵夫人在法兰西饭店安顿下来后，带着一丝挑战心情，着手创建名噪一时的沙龙。在她的聚会上能够见到音乐、文学、艺术及科学界的任何人：巴尔扎克、德拉克洛瓦、拉马丁、迈耶贝尔、海涅、柏辽兹、男高音阿道尔夫·诺列、波兰诗人亚当·密兹凯维奇、李斯特（这是缺不了的）、肖邦以及10月24日搬进同一家饭店一个较小房间的作家乔治·桑。玛丽·达古将以乔治·桑为榜样，用一位男性笔名丹尼尔·斯特恩创作小说。

肖邦并不特别喜欢晚上在这家饭店里举行的活动，尤其是当谈话内容转向政治、哲学和学术问题时，或者当音乐不合他的口味时。他的少言寡语并不符合这场永无止境的聚会气氛。他只有坐到钢琴前才会光芒四射。他与乔治·桑的最初几次见面均未给对方留下印象。他根本不是咋咋呼呼的李斯特、柏辽兹、迈耶贝尔和密兹凯维奇的对手，乔治·桑认为密兹凯维奇是“歌德和拜伦的大表弟”。反过来，乔治·桑也没有打动肖邦，因为她身材矮小、体型偏胖，身着男人衣服，抽着雪茄，以男人的笔名写作。有天晚上，肖邦在与希勒一起离开法兰西饭店时评论说：“乔治·桑一点魅力也没有。她真的是女人吗？”

与玛丽亚·沃津斯卡的关系继续通过给母女俩的书

信维系着;但是在此后的数月里,肖邦对沃津斯基一家人的兴趣明显在减退。他当然没有听从他们要他注意身体的建议,结果随着冬季的到来,他的健康更加糟糕。他在写给玛丽亚家人的信中承认“医生要我去埃姆斯疗养,可是我不知道什么时候应该去,也不知道应该去哪里”,可这样的内容显然于事无补。到1837年1月,双方都不再提及5月或6月见面的事。沃津斯基家开始以各种托辞搪塞。玛丽亚给肖邦的信曾经充满了希望与爱慕,不久便缩减成了悲伤的“再见。我希望你不要忘记我们”。希望成了肖邦唯一剩下的东西。

1837年头几个月,巴黎迎来了几场音乐会,弗朗茨·李斯特和西伊斯蒙德·塔尔贝格这两位对手都试图在键盘上确立自己至高无上的地位。塔尔贝格会举办一场音乐会并且博得高度称赞,但一周后李斯特的音乐会又会让他黯然失色——如此这般。非凡的贝尔吉奥乔索公主——侨居法国的意大利人(据说她将自己以前的一位恋人制作成木乃伊后藏在衣柜里)——成功说服这两位钢琴家在她的沙龙中为慈善联袂演出。她对这两个人的评价如何?“塔尔贝格是世界上最出色的钢琴家,李斯特独一无二。”这场竞争的一个副产品是公主委托李斯特创作一首作品。在一场为意大利难民募捐的明星云集的慈善音乐会上,李斯特、塔尔贝格、肖邦、车尔尼、赫尔茨和皮克赛斯将分别弹奏自己根据一个固定主题(来自贝利尼的歌剧《清教徒》)创作的变奏曲。这场音乐会未能举行,但李斯特将大家的作品汇集在一起,以《六日》为标题将其出版。肖邦对该主题极为敏感的处理构成了其中的第六变奏。

随着他对李斯特逐渐冷淡，肖邦开始进一步远离法兰西饭店。他不喜欢这位匈牙利人时刻吸引人们眼球的做法，厌恶李斯特将肖邦的住处用作他与玛丽·普莱耶尔做爱的场地，也为李斯特在报纸上攻击塔尔贝格的恶毒方式感到震惊。肖邦虽然也为塔尔贝格在音乐厅中受辱而开心，但看到李斯特喜欢往别人伤口上撒盐时，他还是惊呆了。

由于沃津斯基家没有任何回音，此后的数月便花在了教学、创作、社交、在巴黎与昂吉安之间的奔波上，偶尔还会被迫躺在床上，如玛丽·达古所述："极其优雅地咳嗽。"屈斯蒂纳邀请他去威斯巴登，玛丽·达古邀请他去乔治·桑位于诺昂的庄园，但他都谢绝了。终于，他再也不愿意无休止地等待沃津斯基家的来信了，决定随普莱耶尔一起去伦敦，并且由朱利安·冯纳塔的一位波兰朋友斯坦尼斯拉夫·克兹米安担任向导。

他们于 1837 年 7 月 7 日抵达伦敦，维多利亚女王加冕刚好过了两个多星期。肖邦坚决要求隐姓埋名，于是每到一处总被介绍为弗里兹先生。他的身体状况很糟，而且正因为此，不愿意见任何人。伊格纳茨·莫谢莱斯在日记中写道："肖邦在伦敦呆了几天，在这次随行的外国艺术家中，只有他一个人既不想见任何人，也不想任何人见他，因为他只要一开口说话，胸口就会疼痛不已。他出席了几场音乐会，随后就不见了人影。"

事实上，上述记载并非实情。克兹米安透露，普莱耶尔和肖邦下榻在一家最豪华的饭店，雇了一辆马车，尽情享受了三天疯狂的活动。"（他们）只是在寻找花钱的方式。我们有一天去了温莎，另一天去了布莱克沃尔，还有一天去了里士满……我还没有去看歌剧《希尔吉贡德》，因为肖邦不想听无聊的音乐”。但是，弗里兹先生有天晚上做出了让步，同意与普莱耶尔的英国同事兼朋友詹姆士·布罗德伍德度过一个晚上，后者邀请他们去他位于布莱恩斯顿广场的家中用晚宴。只要肖邦不碰钢琴，别人就不会知道他的身份。可是晚宴过后，他却坐下来弹琴：人们立刻对他的身份产生了怀疑，然后便是真相大白。

尼克斯在他所写的肖邦传中摘录了《音乐世界》1838年2月23日刊登的一篇评论，对肖邦的夜曲和谐谑曲推崇备至。这篇评论的作者很可能是J.W.戴维森：

> 如果他不是所有健在作曲家中最不善社交、最无功利之心的一位，他一定会因为创作了一种新风格或者新流派的钢琴作品而扬名天下。在他上一季简短造访伦敦期间，只有极少数人非常荣幸地聆听到他那出神入化的即兴演奏。那么有幸听到的人肯定对此记忆犹新。他或许无可争议地是客厅中最令人愉悦的钢琴家。他的风格平淡如水，温柔之处充满了优雅，忧伤之中透着温柔，所有细节都系统地仔细研究过，整体效果完美无瑕，显然是精雕细琢与最高品位的结果，一旦出现在大音乐厅或者人群拥挤的沙龙中，必然无法打动大众。

普莱耶尔和肖邦在7月最后一个星期回到了巴黎。肖邦曾希望在伦敦之后能够去荷兰，然后再从那里去德国拜访玛丽亚及其家人；但是他在伦敦时收到了一封来信（未能保存下来)。沃津斯基夫妇显然认定他们的女儿不能嫁给一位体质如此脆弱的男人。玛丽亚的生活和各种事务完全受其父母控制。双方不必再为此争论或者讨论。玛丽亚的母亲特蕾莎·沃津斯卡无疑真心喜欢肖邦,肖邦也同样非常喜欢她,可是肖邦没能通过考验期。玛丽亚将和康斯坦丝一样,成为一个未能触及无法获得的浪漫理想。

肖邦接受了自己的命运。他将玛丽亚的所有来信和纪念品包裹在一起,用一根丝带将它捆扎好,然后在上面写下了"*Moja bieda*"。这个短语通常翻译成"我的悲伤"。然而,这个短语还有更具诗意却很难翻译的含义(表明肖邦在使用语言时同样富有创造性)。最接近的英文翻译为"我是个可怜的男孩"。这包东西一直保存在他的随身物品中,直至他生命结束。

肖邦向玛丽亚·沃津斯卡的求爱过程很难被形容为炽热。的确,考虑到他的年龄、相貌和才华,他对她(或者任何这种女人)的求爱似乎都缺乏激情。但是所有这一切即将发生变化,而且以最不可思议的方式。

肖邦包裹起来给玛丽亚的书信,上面写着"*Moja bieda*"(我的悲伤)。

第九章　乔治·桑与马略卡岛 1838—1839

Chapter 9: Sand and Majorca 1838—1839

Sand and Majorca, 1838—1839
乔治·桑与马略卡岛,1838—1839

肖邦全身心地投入到创作中，以此来排解心中的失望。年底到来时,又是一轮慈善音乐会以及为各种波兰事业筹款的活动。2 月,他应召为路易 - 菲力普国王及其他皇室成员演奏。这场独奏音乐会举行数天后的 1838 年 3 月 3 日,年轻的钢琴家夏尔 - 瓦朗坦·阿尔康也举办了一场极为出色的音乐会，肖邦及其学生阿道尔夫·古特曼与阿尔康及其老师皮埃尔·齐默尔曼联袂弹奏了阿尔康改编的双钢琴、八手联弹贝多芬的《第七交响曲》。“肖邦坚持了下来,” 阿尔康的传记作者罗纳德·史密斯写道,“但是几年后却声称自己没有足够力气,请求不再参与这首改编曲的演出。”

肖邦自 19 世纪 30 年代初起就与阿尔康亲密无间。他们有着相同的艺术理想,同样一丝不苟,而且喜欢相同的消遣方式。阿尔康只比肖邦小 3 岁,却成了肖邦毕生的朋友,是他最真诚的知己之一。李斯特认为在他所认识的人当中,阿尔康的技巧最为超群。这番话出自李斯特之口可谓很高的赞誉，不过对于任何熟悉阿尔康作品的人而言，李斯特的这番恭维并不让他们感到意外。他的《钢琴协奏曲》《“人生四个阶段”奏鸣曲》或者《三首大练习曲》Op.76 都是技巧难度令人望而却步的作品。

1838 年 5 月 8 日，肖邦应邀去他朋友德·屈斯蒂纳侯爵府上赴宴，其他宾客包括几位贵族、维克多·雨果、诗人兼政治家阿道尔夫·拉马丁、乔治·桑、男高音路易·杜普雷以及携带了大提琴的弗朗肖姆。最后轮到肖邦为大家演奏了。听着他在半明半暗的房间里即兴弹奏，乔治·桑爱上了他。

数周后，她给阿尔伯特·戈尔吉马拉写了封信。戈尔吉马拉是位富有的波兰爱国志士，是肖邦值得信赖的朋友和知己（他自肖邦在华沙的孩提时代起就认识他），也是乔治·桑的密友。乔治·桑在这封信中坦露了自己的感情：

我必须说，这个小家伙在我身上产生的效果让我困惑，也让我惊讶。我仍然沉浸在这份惊奇之中。如果说我曾经自视孤高，那么我应该为自己如此屈从于情感而感到羞愧，尤其是在这个我以为自己已经不会再有任何改变的人生阶段。

那么这位身着男裤、抽着雪茄、以男人名字为笔名的女人究竟是什么人？她是巴黎最时尚沙龙的座上客，也是巴黎达官显贵的朋友，到本书这个时刻还只是肖邦生活中的一位听众。乔治·桑生于 1804 年，受洗时的教名为阿芒迪娜·奥罗尔·露西·迪潘。她本人的四卷本自传《我的生活》于1855年出版，据她自己在书中所说，她近亲家族内的阶级冲突塑造了她的生活和社会觉悟。她的父亲莫里斯·迪潘是拿破仑骑兵团的一名军官，是马歇尔·德·萨克赛的私生女的儿子。马歇尔是波兰国王兼萨克森选帝侯弗雷德里克·奥古斯特二世（1698—1704）与其情妇奥罗尔·德·科恩尼格斯马克的亲生儿子。奥罗尔·迪潘的名字因此来自一位18世纪的交际花。她母亲索菲·德拉伯德是一位巴黎鸟贩子的女儿，可谓一贫如洗。她在与莫里斯·迪潘结婚之前就生过一个私生子，她的婆婆（德·霍恩伯爵夫人，娘家姓玛丽－奥罗尔·德·萨克赛）因为这件事一直未能原谅她。

1808年，奥罗尔的弟弟奥古斯特去世。仅仅一周后，她父亲终于被多年前从马背上摔下来时所受的伤夺去了生命。索菲与婆婆之间的敌对情绪进一步升级，于是索菲回到了巴黎，丢下奥罗尔由她奶奶在祖屋带大。祖屋是一座18世纪豪宅，位于法国贝里地区的诺昂，距离巴黎近三百公里。奥罗尔在这里度过了童年时光，很少见到自己的母亲。

祖母1821年去世后，她继承了位于诺昂的祖屋。次年，18岁的她嫁给了杜德望侯爵之子卡西米尔。夫妇俩生有两个孩子：莫里斯（1823）和索朗热（1828）。卡西米尔枯燥乏味、缺乏想象力、对音乐毫无兴趣，与奥罗尔这位热爱生活、独立自强、具有波希米亚精神的女人格格不入。她虽然竭尽全力去讨好他，但仍然无济于事；于是，在与他共同生活了9年之后，她离开了他，带着孩子来到巴黎，决定以写作为生。他则与女仆让娜·达利亚一起搬到了他们家位于吉耶里的庄园去生活。

奥罗尔一长串情人中的第一位是作家于勒·桑杜，她的笔名就源自他的名字（他们在1831年共同创作了长篇小说《粉红色与白色》）。随后，她接连与普洛斯珀·梅里美、阿尔弗雷德·德·缪塞（他们关系破裂后，他喜欢上了苦艾酒）、米歇尔·德·布尔日、皮耶特罗·帕杰罗以及（几乎可以肯定）李斯特发生了关系。1837年，在战胜塔尔贝格之后，李斯特这位魅力十足的匈牙利钢琴家趁着他那位神经质的伯爵夫人生病留在巴黎，与乔治·桑去诺昂一起生活了几个月。“如果说乔治·桑没有充分利用这种机会，那是对她的诽谤，”撒切维雷尔·西特维尔说，“她习惯于整夜写作，从晚上十点直至凌晨五点；他们在同一个房间里进行各自的创作，抽着同一盒雪茄。”

乔治·桑的头三部长篇小说——《安蒂亚娜》（1832）、《莱丽娅》（1833）和《雅克》（1834）——在色情描述方面非常露骨，造成了“丑闻的成功”，不仅广受欢迎，而且确立了她的名声。其中一些作品甚至被改编成了舞台剧。她在英国被视为具有邪恶影响——反对婚姻，破坏家庭团结。从外表上看，她不是传统意义上的美人——身高不到一米五，体型偏胖——但是她的吸引力弥补了她外表上的不足。有位埃杜阿德·格勒尼耶先生对她那张脸印象很深：

（它）吸引了我所有的注意力，尤其是那双眼睛。她的双眼或许相距较近，却很大、很迷人，乌黑却没有光泽，反而有着厚实的眼帘，让我想起未经抛光的大理石或者天鹅绒，给她的面容增添了一种怪异、乏味乃至冷漠的表情。她那细长的眉毛以及那双平静如水的眼睛使她多了一份坚强与尊严，但她那张脸的下半部却截然相反。她的鼻子相当厚实，形状欠佳；嘴巴比较粗糙，下巴很小。她说话言简意赅，举止文雅。

乔治·桑的肖像，奥古斯特·卡尔庞捷1832年绘制

肖邦与乔治·桑1836年秋刚刚认识时，她的名气远远在肖邦之上，因为许多人当时认为肖邦只是个钢琴家。李斯特带她一起来肖邦家，参加那里的一场聚会。作曲家约瑟夫·贝尔佐夫斯基记录了当时的情形：

乔治·桑女士，皮肤黝黑，傲慢，拒人于千里之外……她的装束很怪异（显然是为了引起大家的注意），白色连衣裙配深红色腰带，外加牧羊女式样的白色装饰花朵，再点缀几颗深红色纽扣。她那乌黑的头发从中间对分，卷曲着耷拉在脸颊两旁，额前系着一条丝带。她若无其事地坐到壁炉附近的沙发上，淡然地吐出一团团雪茄烟雾，简短但认真地回答着坐在她周围的那些男人提出的问题……李斯特和肖邦弹了一首奏鸣曲之后，肖邦请客人们享用冰淇淋。乔治·桑牢牢地坐在沙发上，一刻不停地抽着雪茄。

肖邦起初对乔治·桑很不以为意，如今却身不由己地被她吸引住了。一边是缺乏性生活经验、身材瘦小、内向腼腆的花花公子，一边是声名狼藉、出言不逊、喜欢猎奇的两个孩子的母亲，这种结合似乎令人难以置信。可是这位女人久经世故、聪明绝顶，让他感到和她在一起时非常舒心，并且足以让他向她吐露自己的情感，甚至承认失去玛丽亚·沃津斯卡后他时刻感受到的绝望。总而言之，乔治·桑代表着一个母亲的形象，在外表上吸引着他；而他现在惊讶地发现，他也吸引着她。据说，乔治·桑在所有关系中都扮演着男性的角色，可是当她一旦打定主意要征服并占有肖邦时，她无疑多了一份柔情。她将像母亲一样照顾他。从他们的关系开始那一刻起，她就称自己这位新情人为“小家伙”。只是事后看来，我们才能说她将肖邦用作“文学创作的玩具”（赫尼克），“一旦获得了她所需的各种情感之后”便抛至一旁。乔治·桑在此后的9年中将成为肖邦的基石，成为进入到他生活中最重要、最具影响力的人。

乔治·桑此时已经与丈夫正式离婚，却仍然深陷一段恋情的痛苦之中，这次的恋爱对象是剧作家费利西安·马利费勒。肖邦像往常一样举棋不定（玛丽·达古说，“就肖邦而言，唯一靠得住的就是他会咳嗽。”），为与任何人开始一段情感纠结的前景感到焦虑，更不用说是有着乔治·桑这种经历的女人。他还得考虑性生活这一难题。他向戈尔吉马拉征求意见,完全不知道戈尔吉马拉早已是乔治·桑所征服的男人名单中的一员。戈尔吉马拉致信乔治·桑,敦促她不要玩弄肖邦的感情。乔治·桑在回信中询问戈尔吉马拉,她是否能够让肖邦幸福。到6月初,经过新一轮的犹豫不决之后,肖邦和乔治·桑终于走到了一起。

马利费勒回到巴黎后对乔治·桑已经移情他人的事一无所知。肖邦在夏洛特·马里亚尼伯爵夫人的一次聚会上进行了表演,引得这位剧作家将肖邦捧上了天:“为了证明我对您的喜爱以及对您那英勇祖国的同情……我躲在房间昏暗的角落里,一面沉浸于您在我脑海里显现的一个个凄凉的画面中,一面流泪。”在他写这段话的时候,乔治·桑与肖邦正由他们的朋友欧仁·德拉克洛瓦在其画室里绘制他俩在一起的肖像画。这是一幅令人称奇的肖像画。乔治·桑充满幸福地低头凝望着肖邦没有出现在画中的双手,左手拿着一条手绢,右手拇指和食指夹着雪茄烟蒂;画中的肖邦极其浪漫,头和肩膀位于画布的右下角,与乔治·桑的形象比例失调。或许这就是这幅画未能完成的原因所在。德拉克洛瓦去世后,这幅画拍卖后被切割成大小不同的两块。乔治·桑那部分流落到了丹麦,肖邦那部分则进了卢浮宫。这大概是肖邦最著名的肖像画(见扉页)。

乔治·桑打发马利费勒带上她的儿子莫里斯去诺曼底,然后自己全心全意地与肖邦呆在一起。她在9月份致德拉克洛瓦的信中写道:“我依然沉浸在你上次见到我时的幸福中。我们这片晴朗的天空没有一丝云朵,我们的湖水中没有一粒沙子。我正开始相信有些男人就是乔装打扮的天使。”

有两个人对这种两性之间幸福的吸引力不太开心。德·屈斯蒂纳侯爵(他本人可能已经迷恋上了肖邦)在给朋友的信中写道:“这可怜的人没有看到这个女人有着吸血鬼般的爱情。”另一位便是被抛弃的马利费勒,他开始跟踪这对情人。有天晚上,他在街上与乔治·桑搭讪,手中居然握着手枪。乔治·桑其实早已计划去意大利度过秋冬两季,为她15岁的儿子莫里斯的身体着想,因为他有严重的风湿病。意大利后来被换成了马略卡岛,于是10月18日这天,乔治·桑带着莫里斯、索朗热和一位女仆离开了巴黎。肖邦一定要坚持社交礼节,因此单独出行,于10月25日离开巴黎,随身携带了几本他所珍爱的巴赫作品、一堆稿纸以及各种尚未完成的作品(包括《**24首前奏曲**》中的17首)。他于1828年开始创作这些前奏曲,已经以2000法郎的价格将它们出售给了被题献的对象——普莱耶尔,并且已经收到了500法郎预付款。为了给这次看似会比较长的停留再筹集一些资金,肖邦从他的银行家朋友奥古斯特·列奥那里借了1500法郎,又从另一个秘密渠道筹借了1000法郎。

CD2 2、3

一行人在佩皮尼昂[①]会合。肖邦在驿车上过了4个晚上后,如乔治·桑在致夏洛特·马里亚尼的信中所描述的那样,“像玫瑰般新鲜,像萝卜般绯红”。这是肖邦第一次见到莫里斯和索朗热(索朗热当时还只是一个“非常任性的9岁女孩”)。由于内战的原因,陆路交通已经中

① 佩皮尼昂:法国本土最南端的城市。——译注

断，他们5个人只好从旺德雷港坐船去巴塞罗那，再从那里登上小汽船“艾尔马约奎恩”号，抵达帕尔玛。旅客登记簿上的记录为：头等舱——杜德望夫人（已婚）；其子莫里斯先生，未成年；其女索朗热小姐，未成年；弗雷德里克·肖邦先生，音乐家。二等舱——艾米丽小姐，夫人的女仆。他们于11月7日下午5点离开帕尔玛，次日上午11点30分抵达目的地。

尽管携带了给岛上一些显赫家庭的介绍信，一行人还是未能找到住处。所有住处显然都住着来自大陆的难民。不过，正如岛上最重要的银行家妻子乔萨特·德·卡努特太太所指出的那样，他们无法找到住处的原因或许还在于“一位孤身女人，抽着雪茄，身边的男孩留着长发，女孩穿着男孩的衣服，而且谁都不去教堂”。岛上的大多数居民都很穷，主要靠酿酒、种田或者开采大理石和铜矿为生。马略卡岛居民那平静、田园般的生活方式数百年来几乎从未改变。他们已经习惯了来自北非巴巴里的海盗，却还未能习惯这样的游客。

肖邦和乔治·桑一开始租了个房间，楼下是个制作酒桶的作坊，非常吵闹。一个星期后，他们在离市区约5公里处的一个名叫“风之屋”的住宅区租了栋小房子。11月19日，肖邦兴奋地给身在巴黎的朱利安·冯纳塔写信道：

我在帕尔玛，周围到处都是棕榈树、柏树、仙人掌、橄榄树和石榴树，植物园在其温室中种植的一切。绿松石般的天空，青金石般的大海，翡翠般的山丘，天堂般的空气。整日阳光灿烂，气温很高；每个人都穿着夏日衣服;到了夜晚,吉他声和歌声会持续数小时。巨大的阳台上爬满了葡萄藤,摩尔人式的墙壁。这里的一切都像那座镇子一样,面朝非洲。你去找一下普莱耶尔,钢琴还没有运到。他是怎么运送的?我很快就会将一些前奏曲寄给你。我可能会搬到一个怡人的修道院里去居住,那可是世界上最美丽的地方;大海、山丘、棕榈树、一个墓地、一个十字军教堂、清真寺废墟、古树、已有千年树龄的橄榄树。啊,我亲爱的,我已经有了一点活力——我快要得到最美丽的东西了,身体也好了一点……

这封信于12月28日到达巴黎的冯纳塔之手，可此时马略卡岛上的一切已经发生了彻底变化。这里的天气最初确实有助于肖邦的健康，他与乔治·桑以及她的两个孩子在乡间和海滨长时间地散步。然后,冬天突然袭来。有一次在散步回去的途中,一阵劲风从海面刮来,不停地吹打着肖邦,他的肺部受到了影响。狂风暴雨蹂躏着他们居住的别墅，石膏墙壁因湿度的增加而鼓了起来,唯一的热源来自一个没有烟囱的火炉。肖邦开始咳嗽。他在致冯纳塔的第二封信(1838年12月3日)中尽量对这一情景轻描淡写:

我在过去两个星期里大病了一场;虽然气温还有18度,周围有玫瑰、橙子、棕榈树和无花果,我还是感冒了。岛上最有名的三位大夫都来过了。一位闻了闻我吐出的痰,一位轻轻叩了叩我的胸口,第三个在我身上到处乱捅,然后听我咳嗽的声音。一位说我已经死了,一位说我已奄奄一息，还有一位说我离死期不远。

事实上，三位大夫都已诊断出了肺结核，并且按照政府对他们的要求，向当局报告了此事。房东得知消息后立刻要他们搬家，并且狮子大开口，要他们给一大笔钱重新装修整个屋子——按照当地的法律，肺结核病人接触过的任何东西都必须烧掉。他们只好临时安身在（如今已经拆毁的）法国领事馆内"避难"。

肖邦和乔治·桑其实早已有了另一个住处：位于瓦尔德莫萨的一座已经废弃的旧天主教加尔都西会修道院——名为"加尔都西会隐修修道院"，是他们早些时候散步时发现的。唯一住在里面的只有一位年迈的女仆、一位充当勤杂工的教堂执事、一位西班牙政治难民及其妻子。在谈妥了住进难民夫妇的屋子之后，肖邦他们于12月15日带着全部家当（包括肖邦租来的钢琴）来到了山坡上。尽管遭此挫折，乔治·桑在写给友人的信中仍然非常乐观：

（肖邦）正在慢慢康复，我希望他很快就能比来这儿之前还要好。他无比善良，无比耐心。我们与周围大多数人和物差异太大……我们的家庭纽带因而得到了进一步的加强，大家更加亲密、更加幸福地相互依赖。

这里的景色非常壮丽（乔治·桑写道："大自然在这里创造了诗人和画家可能梦想到的一切。"），但它所处的位置也意味着阳光很少照到这里，频繁光顾这里的只有狂风和从大海上飘来的浓雾。住处的情况非常简陋，只有几件藤制家具，黏土地面上铺着蒲席。肖邦进行创作的小屋如他在致冯纳塔的信中所描述的那样：

形似一个高大的棺材，布满灰尘的大穹顶……屋门比巴黎任何一对大门还要大。你可以想象我的样子，头发未经打理，没有戴白手套，像往常一样苍白……我的床边有一张方桌，摇摇欲坠，我根本无法在上面写东西。桌上有一个铅质烛台（在这里是奢侈物），上面插着蜡烛，旁边放着我的巴赫乐谱，我自己的草稿和废纸，这里寂静无声，你可以尖叫，可仍然寂静无声。我确实是在一个怪异的地方给你写信。

这地方确实怪异、偏僻——而且充满了敌意。乔治·桑发现自己必须同时扮演母亲、情人、护士、厨子和作家的角色（她当时正在创作新的长篇小说《斯皮利迪翁》），这还不包括从轻蔑她的当地人那里购买食品。瓦尔德莫萨的农民明显不喜欢他们这些标新立异的客人——他们不与人来往，不去教堂，轻视一切社会习俗。肖邦的健康虽然有所好转，却仍然不得不呆在修道院里。他现在已经疯狂地爱上了乔治·桑，而且只要一个人呆着的时间稍微一长，就会变得越发急躁不安。按照乔治·桑的说法，瓦尔德莫萨在肖邦的眼里已经变成了一个"充满了隐形恐惧和幽灵的地方"。

这种心境驱使肖邦创作出了一些最感伤、最催人泪下的音乐。1839 年 1 月 22 日，他完成了《24 首前奏曲》

Op.28，其中许多在他动身去马略卡岛之前已经写成，但至少有 4 首是在岛上完成的，包括《e 小调前奏曲》和《b 小调前奏曲》（这两首前奏曲在肖邦的葬礼上由人用管风琴演奏），可能还有如今被称作《“雨滴”前奏曲》的《降 D 大调前奏曲》。在写有《e 小调前奏曲》的同一张谱纸上还有忧郁的《a 小调前奏曲》和 Op.41 中的《e 小调玛祖卡舞曲》。更多小调杰作也在这个时期完成——与他动身去马略卡岛之前创作的乐观向上的《A 大调波洛奈兹舞曲》形成强烈对比的《c 小调波洛奈兹舞曲》，以及有着众赞歌般第二主题的《升 c 小调谐谑曲》。

这种突如其来的创作力爆发的一个原因是普莱耶尔的钢琴终于到了，尽管它在帕尔玛海关那里躺了三个星期——经过协商后，对方终于同意降低高得离谱的关税。肖邦只有在手头有一架普莱耶尔钢琴的情况下，才给这些新作品定了稿，然后将其中一些手稿寄给冯纳塔誊写。他给冯纳塔下达了一连串具体的指令后，在书信结尾处报告说他有可能要到 5 月份才会回巴黎。

然而，2 月 11 日，肖邦和乔治·桑突然收拾行李离开了马略卡岛。他们究竟为何突然改变主意，我们无法确定。虽然两个人合在一起的资金确实日渐减少，但天气已经转暖，肖邦也终于有了他心爱的钢琴。或许是因为乔治·桑再也受不了了。当地农民对这位傲慢、缺乏耐心的女人的行为非常不满，因为她从不去教堂，却胆敢与一位不是她丈夫的男人一起住在修道院的修行室内。“只有上帝才知道，”教区神父说，“她究竟犯下了多少罪孽！”乔治·桑记录下了自己在马略卡岛上的历险，并于

1841年以《马略卡岛上的一个冬天》为名将其出版：

礼拜天早晨，山下村子里的海螺号发出响亮的声音，路上的海螺号也随即响起，催促着已经迟到的信徒赶紧去教堂，却无法打动修道院中的我们。我们对此充耳不闻，因为我们不知道它的含义；而当我们知道它的含义后，我们对它更加充耳不闻。他们想出了一个最没有基督教仁慈之心的办法来取悦上帝：他们结成了同盟，不卖给我们鱼、鸡蛋或蔬菜，除非是天价。

当地人对待他们的态度、肖邦羸弱的身体、对马略卡岛厨艺的厌恶、缺乏合适的设施来照料他、整个这趟旅行的负担、在这种情况中照料两个孩子所带来的压力、仆人们的态度……所有这些因素让乔治·桑的忍耐到了极限：

我有生以来第一次会为一些微不足道的事情勃然大怒，为汤里面胡椒过多或者被仆人偷工减料而大发脾气，同时又担心是否能够买到新鲜面包……如果我能活到100岁，我将永远不会忘记食品每次(从帕尔玛)运到修道院来时带给我的喜悦。

回家的旅程简直是场噩梦。由于无法雇到弹簧马车(谁也不愿意冒被肺结核病人感染后丧生的风险)，他们只好雇了一辆农家马车，一路颠簸近15公里，将肖邦送到帕尔玛。等他终于抵达他们过夜的住处时，他已经出现了肺出血现象,不由自主地咳嗽、吐血。普莱耶尔钢琴的"出口税"简直是个天文数字,于是他们决定当场将它出售。他们再次登上"艾尔马约奎恩"号后(航行日记表明他们2月13日下午3点登船),惊恐地发现他们这次的旅伴居然是满满一船生猪。与上次不同,海面上这次波涛汹涌,肖邦在密闭的船舱内大口喘气,而空气中弥漫着那些晕船后大小便失禁的生猪散发出的恶臭。轮船终于抵达巴塞罗那时,肖邦已经"吐出一碗碗的鲜血"。

肖邦和乔治·桑在旅店休息了一个星期后,动身去马赛,并于2月24日抵达那里。他们在马赛一直呆到肖邦5月份康复为止。他可能身体有病,但他写给冯纳塔的一连串书信却显示他的脑力没有任何问题,他那精明的生意经也没有问题——同时显示他多么迫切需要金钱。肖邦正越来越多将他这位朋友用作总管和抄谱员,而且用作他不在巴黎时的全权代理。他给冯纳塔下达了杂七杂八的令人生气的指令,告诉他如何用一位出版商来对付另一位出版商,每一件作品应该开价多少,以及保底应该是多少。

我们有大量证据证明肖邦多少鄙视出版商——背着他们时称他们为"猪"、"一群犹太佬"、"骗子"、"蠢货"、"混蛋"和"恶棍"。下面便是他对普莱耶尔拒绝为《第二叙事曲》支付1000法郎以及为《两首波洛奈兹舞曲》Op.40再支付1500法郎后肖邦的反应:

我从来没有料到普莱耶尔也会像个犹太佬那样对我,如果真是这样,请将这封信交给他。我认为他不会为这首叙事曲和这两首波洛奈兹舞曲与你讨价还价。可如果情况果真相反，那就先从普罗波斯特那里为叙事曲拿到五百法郎，然后再拿着它去找施莱辛格。既然要与犹太佬打交道，那至少也应该是与货真价实的犹太佬打交道……因此，如果普莱耶尔对你有任何刁难，你就去找施莱辛格，告诉他，我将这首叙事曲的法国和英国版权给他，价格是 800 法郎（他不会给 1000 法郎的）；再将那两首波洛奈兹舞曲的德国、英国和法国版权以 1500 法郎的价格卖给他（如果他不愿意，那就降到 1400 法郎或者 1300 法郎，甚至 1200 法郎）。

肖邦对自己的商业价值向来心知肚明。马赛对于两位情人而言象征着一段幸福时光，乔治·桑在 4 月致夏洛特·马里亚尼的信中写道：

肖邦是个天使……他的善良、柔情和耐心有时让我感到焦虑；我觉得他过于精致、过于高雅、过于完美，不会在这个粗俗、凝重的凡人世界生活太久。在马略卡岛上，甚至在他奄奄一息时，他仍然写出了散发着天堂气息的音乐。可是我已经习惯看到他在天堂，因而并不认为生与死对他有任何意义。他并不知道自己究竟生活在哪颗星球上。他根本不知道我们所思考、所感受的生活。

至于肖邦，他相信戈尔吉马拉“如果能像我现在这样了解她，一定会更加爱她”。

唯一令人遗憾的是肖邦的朋友、男高音阿道夫·诺列的死讯。他一时绝望，在那不勒斯自杀身亡，遗体被运回马赛并被安葬在那里。肖邦出席了葬礼，并且在管风琴上弹奏了一首充满柔情的舒伯特的歌曲。

5 月，肖邦和乔治·桑短暂地去了趟热那亚，然后便开始返回贝里乡间的缓慢之旅。1839 年 6 月 1 日，肖邦第一次看到了诺昂。在此后的 8 年中，这个地方将在他的生活中扮演至关重要的角色。

第十章 音乐会、创作与咳嗽 1839—1841

Chapter 10: Concerts, Composing and Coughing 1839—1841

Concerts, Composing and Coughing, 1839—1841
音乐会、创作与咳嗽 1839—1841

乔治·桑位于诺昂的卧室嵌板上刻着一个日期——“1839 年 6 月 19 日”。这个涂鸦刻于他们从马略卡岛的恐怖之旅回来之后一个星期内，可是今天谁也无法确定它的含义；但是它出现在乔治·桑的卧室内，而且诺昂再也没有任何其他涂鸦，只能说明它对于肖邦和乔治·桑具有重要意义。难道是为了纪念他们成为情人一周年？

在另外一方面，乔治·桑许久以后在一封信中向戈尔吉马拉承认，鉴于他的身体状况，她和肖邦已经不再有任何性关系。但是，到她给戈尔吉马拉写那封信的时候，她已经有许多秘而不宣的动机来强调这一点；总而言之，人们很难相信乔治·桑会连续 8 年过贞洁的生活(我们将看到，这种事也从未发生过)。

重要的是两个人之间关系的性质。两个人都深爱着对方，也都忠诚于对方，这一点毋庸置疑。乔治·桑给肖邦提供了稳定的家庭生活——这是他自离开华沙后第一次体验家庭生活。他越来越依赖她来安排自己的一切所需,从而为自己营造出理想的创作环境。乔治·桑也乐于放弃她在认识肖邦之前的那种无节制的生活,摈弃她那狼藉的名声。她知道自己接纳的是一位天才,但同时接纳的还有天才所蕴含的所有缺点和弱点(身心两方面的弱点,尤其是身体上的)。她的母性本能以及她让心爱之人开心的强烈欲望——她在与卡西米尔·杜德望结婚后就显露了这一特点——都是重要的因素。乔治·桑致密友的书信中布满了诸如"小家伙"、"弗里克－弗里克"、"我亲爱的男孩"、"小肖普肖普"、"小肖邦"之类的昵称。"我像照顾孩子一样照顾着他,"她写道,"他像爱自己的母亲那样爱我。"

庄园有着宽大的花园,一座古老的钟塔上栖息着一群吵闹的鸽子,树林里到处都是野草莓,周围的乡间一片宁静,附近还有安德尔河。所有这一切深深地迷住了初来乍到的肖邦。他在很短的时间里完成了《G大调夜曲》Op.37之2、《升F大调即兴曲》和最为重要的**《降b小调第二钢琴奏鸣曲》**——这也是浪漫主义钢琴作品中最伟大的杰作之一。它的三个乐章均在诺昂完成,但肖邦又将较早前完成的《葬礼进行曲》(1837)添加了进去,用作它那著名的第三乐章。乔治·桑在《我的生活》中写道:

CD2 4

他的创作纯粹是自发的,而且是奇迹般的……他没有刻意寻找,也没有任何预见性就有了灵感。音乐突然在他的钢琴上出现,完整且超凡脱俗,要么就在他散步时在他的头脑中歌唱,而他会急不可耐地要将它弹奏出来。然后便是我见过的最令人揪心的辛劳。那是一系列

肖邦《葬礼进行曲》的手稿

的努力，犹豫不决，为捕获他所听到的那个主题的某些细节而焦躁不安；对于他整体构思的东西，他在将它写出来时却分析得太多，而他后悔未能再次将它准确表达出来，让他陷入到某种绝望之中。他会一连数天将自己关在房间里，哭泣，来回踱步，折断铅笔，将某个小节反复弹奏上百次，写下来后又将它擦掉上百次，第二天带着不屈不挠的劲头重新开始。他在一页乐谱上花六个星期，最终落笔写下来的却与他刚开始时记录下来的一模一样。

这段文字完全揭示了肖邦那焦躁不安、追求完美的天性。夏末，他开始渴望回到巴黎——回到他的朋友、他那些流亡的同胞当中，也回到巴黎那社交圈中。早在7

月，乔治·桑便告诉戈尔吉马拉，她担心诺昂的生活会让肖邦感到枯燥乏味，因为他不习惯与世隔绝的简朴生活。“我准备做出任何牺牲，也不愿意看到他郁郁寡欢。请一定过来，”她恳求道，“看看肖邦的真实心态。”（他数周后来到了诺昂。）不过，乔治·桑自己也有着返回巴黎的缘由：她的剧作《柯西玛》即将在巴黎上演；索朗热已经进了寄宿学校；莫里斯已经展露出了绘画天赋，希望能进入某个画室，进一步提高自己的水平。朱利安·冯纳塔接到指令，为肖邦和乔治·桑各找一个住处。两个人更愿意给外界造成一种假象，即他们是艺术界的同仁，而不是生活在一起的情人。就连肖邦父母都不知情。

在此后的7年中（除了1840年），肖邦和乔治·桑将他们的生活分为巴黎和诺昂两地。冬季被用来教学和享乐。夏季在乡间，更多地被用来进行创作（肖邦此后数年内的作品几乎全部在诺昂完成）。他从1839年10月至1842年5月期间的巴黎住处是特隆舍街5号，正好在玛德莲教堂背后；她的住所是皮加勒街16号，离玛德莲教堂较远。

冯纳塔急不可待地执行着肖邦细致入微（也有些杂乱）的指令，为主要房间挑选一种边上有着深绿色狭窄条纹的墙纸，客厅则选用不同的墙纸（“我喜欢珠灰色，既不那么耀眼，又不那么平庸”）；挑选家具；告诉威瑟尔（肖邦的伦敦出版商）将有6首新作品待售，每一首300法郎；他的席梦思床需要修理；椅子等都要认真掸灰——这一切都是一封信的内容，信的结尾处是兴高采烈的“你的老伙计，鼻子比以往更长”。他在一星期后的另一封信中写道：

将我书房钢琴旁的灰色窗帘挂到客厅里，将卧室里的窗帘挂到新卧室里，但是将淡色的平纹细布窗帘挂在灰色窗帘后面……如果餐厅里的红沙发能够换成与椅子相同的白色沙发套，就可以将它放在客厅里……给我找一个男仆……把你与普罗波斯特打交道的情况写信告诉我……别忘记威瑟尔……告诉古特曼我很高兴他问候我……你自己可以好好洗个澡，为我办了这么多事后美美地休息一会儿；我之所以将这些事托付给你，是因为我知道你有时间，而且会很乐意为我做这些事。等你结婚时，我也会很高兴为你做这些事。

冯纳塔从中得到什么回报，我们不得而知。他住在特隆舍街期间无需交房租，而且多亏了肖邦，他也有稳定的学生。可是他需要完成如此众多的任务也将他们之间的友谊推到了极限。10 月 4 日，肖邦列出了他想购买或者请人缝制的衣服清单：

给我订一顶帽子……让（我的裁缝）立刻给我做一条灰色长裤。你可以挑选深灰色；冬季长裤，质量要好，不要腰带，要平整、笔挺……还要一件黑色天鹅绒背心，上面要有不太显眼的花纹，就是不太扎眼却非常优雅的那种。如果他没有合适的布料，随便什么黑色的料子都可以，只要料子质量好而且不花里胡哨就行。我全依靠你了。背心的开口不要太大；就这些……

哦——还得给乔治·桑找一个住处。他在下一封信中甚至为乔治·桑住处的理想布局画了张草图，并且补充说那地方应该安全、安静(没有妓女和铁匠),没有邻居，也没有异味(尤其是没有煤烟味),而且孩子和仆人应该另有一个入口。

在离开巴黎一年之后,肖邦于 10 月 10 日回来了。消息刚一传开,学生便蜂拥而至,没过多久他便每天上起了八节课。一位名叫弗里德里克·穆勒的新学生在日记中形容他的老师:“身体虚弱,皮肤苍白,常常咳嗽,时不时地服用加了糖的鸦片滴剂或者饮用止咳糖浆,用古龙香水擦拭额头,但他教学时非常耐心、充满激情、一丝不苟,令人称奇。”

不到两星期后，肖邦第一次见到了伊格纳茨·莫谢莱斯。莫谢莱斯是当时最著名的音乐家之一,比肖邦仅仅年长 16 岁（还比他多活了 30 年）。他是一位精力旺盛、才华出众的钢琴家,自 14 岁在他的出生地布拉格首次登台以来就一直是全欧洲推崇备至的人物。他在 25、26 岁时就因为编写了贝多芬的歌剧《菲岱里奥》的钢琴谱而名噪一时。他的一些作品直到最近才被人们重新挖掘出来,算是对他去世后这么多年所遭受的默默无闻的不公待遇的一个补偿。肖邦早就对他崇拜不已,尽管莫谢莱斯一直对肖邦有些看法。莫谢莱斯也是一位了不起的即兴演奏家，并且对舒曼和门德尔松的音乐极为推崇。由于触键和指法独特,他很难弹奏肖邦和李斯特的音乐。他在 1833 年对肖邦的《练习曲》评论时坦言道:

我的思绪，以及我的手指，会在某些粗糙的转调上摇摆不定。我认为肖邦的作品总体上过于甜蜜，与男人和受过教育的音乐家身份不符，不过他的动机中的民族色彩还是非常迷人，也很具创造性。

莫谢莱斯不仅是位杰出的钢琴教育家，还是一位观察细致入微的日记行家。当他和肖邦在他们共同的朋友——银行家奥古斯特·列奥的家中相见时，他记录下了他对肖邦的印象：

他在我的请求下开始为我弹奏，我这时才第一次理解他的音乐，并且能够向自己解释为什么女士们会对他如此疯狂。他那随意的演奏在诠释他自己的音乐时全然不顾节拍，是他弹奏过程中最迷人的创新之处。那些看似业余爱好者般的艰难转调曾让我在弹奏他的作品时感到非常不舒服，此刻却没有给我任何突兀感，因为他用他那些纤细敏感的手指以仙女般灵巧的方式自然流畅地弹出了这些转调。他的弱音如叹息般地轻轻吐出，根本不需要任何用力的强音来形成所需要的对比。正是由于这个原因，人们才不会去想念德国流派要求钢琴家制造出的乐队般的效果，而是任由自己被这样的音乐所感动，就如同一位歌手很少关心伴奏，完全依照自己的情感来表现一样。总而言之，他在所有钢琴家中可谓独一无二。

肖邦那天晚上演奏的曲目包括他的《降b小调奏鸣曲》。几年后，他和莫谢莱斯被请到圣克卢宫，为法国王室表演。两个人各弹了一些独奏曲后，又联袂演奏了莫谢莱斯为双钢琴而作的《降E大调奏鸣曲》Op.47。肖邦像他在音乐会上表演四手联弹时一样，坚持弹奏低声部。“在末乐章中，”莫谢莱斯写道，“我们都进入了疯狂状态。我认为，肖邦在弹奏整首曲子过程中的激情显然感染了听众，他们纷纷极尽溢美之词。”肖邦得到的奖赏是一套名贵的塞夫勒餐具，莫谢莱斯得到的则是一只典雅的旅行箱。据说肖邦曾开玩笑说那是在暗示他该走了。

事实上，这两位钢琴家兼作曲家之间的友谊成为了一段佳话。莫谢莱斯与肖邦初到巴黎时的支持者之一、备受尊敬的评论家弗朗索瓦-约瑟夫·费蒂斯共同主编了一套名为《方法之方法》的综合性钢琴教材。他邀请肖邦为这套书的第三和最后部分写几首练习曲。1841年，肖邦的三首新练习曲与其他作曲家的作品一起出现在这套书中。其他作曲家的作品包括李斯特的《沙龙曲》和门德尔松的《f小调练习曲》。

1840年相对比较平静。4月，肖邦因胸口疼痛而染病。他从马略卡岛回来后，医生的诊断与岛上三位西班牙医生的诊断相反，排除了肺结核的可能性，认为是咽喉的一种慢性炎症。不过，扬·马图辛斯基却肯定肖邦得的是肺痨，这一观点又因为马图辛斯基本人即将被这种疾病夺去生命而显得更为辛酸。如果换了今天，即便是没有马图辛斯基那种医学知识的人都能够辨认出肺痨（肺结核的第二期）的症状，因为患者会体重减轻、容易疲劳、呼吸急促、胸口疼痛、干咳出血丝或者浓痰。这种疾病发病较慢，由细菌引起，常常通过空气在人与人之间传播。马图辛斯基是否因为曾经与肖邦同住一屋而被传染？

同一个月，乔治·桑的剧作《柯西玛》正式上演，但一星期后草草收场。剧作的失败让她几乎倾家荡产，也意味着她暂时无力回诺昂生活，因为她喜欢在那里款待各种朋友。于是，两个人只好留在了巴黎。不过，乔治·桑位于皮加勒街的新住所成为了取代诺昂的另一个人们爱聚集的地方，这里的常客包括德拉克洛瓦（他正帮助莫里斯进一步提高他的画技）、女演员玛丽·多尔瓦（有些资料说她与乔治·桑保持着同性恋关系）以及才华出众的歌唱家保莉娜·加西亚－维亚尔多。乔治·桑会在下午四点起床，这也是肖邦通常结束特隆舍街教学工作的时候。他会照例走到皮加勒街，在那里睡觉。

在这种幸福的家庭气氛中，肖邦承担了两个孩子的继父角色。9月，他们得到了一只小狗，并给它取名为*Mops*（波兰语的意思是“哈巴狗”），乔治·桑开始创作两部新的长篇小说（《木工小史》和《贺拉斯》），肖邦则以教学为主，偶尔写点东西。整个1840年，他只写了三首圆舞曲、一首歌曲，以及（辉煌的）《升f小调波洛奈兹舞曲》。他很少出席音乐会，却参加了12月15日的音乐会，即拿破仑的遗骸从英国的圣海伦岛运回巴黎、安葬在荣军院的日子。肖邦听到了维亚尔多、路易吉·拉布拉什和亚力克西斯·杜邦作为独唱者在一个300人的合唱队伴唱下演唱的莫扎特的《安魂曲》。8年后，肖邦请求在他的葬礼上也演唱这首作品。

1841 年 3 月,李斯特回到巴黎后举办了一系列音乐会,并且称它们为钢琴“独奏音乐会”。这在当时是个全新的概念,完全是他最近在伦敦演出后凭空想象出来的。巴黎有史以来第一次见到了一位艺术家而不是数位艺术家举行的一场音乐会。1839—1847 年也被称作李斯特的“超级技巧时期”,他在欧洲各地巡演,征服了每个所到之处。据估计,他在这期间每年的收入至少为 30 万法郎。肖邦的收入正如我们所见,与之相比几乎微不足道。即便没有直接证据能够证明肖邦嫉妒李斯特至高无上的地位及其丰厚收入,我们也可以肯定的是他与李斯特的关系冷淡了许多。肖邦自 1838 年春以来还没有在公开场合演奏过。经济压力以及重新确立自己地位的欲望驱使他在他人的游说下,决定举办一场音乐会,日期定为 1841 年 4 月 26 日。

乔治·桑兴奋地给身在伦敦的保莉娜·维亚尔多的信中写道:“特——特大消息是小肖普肖普将举办一场特大的音乐会。”肖邦当然又立刻改变了主意,但为时已晚。早在演出日期宣布之前,四分之三的门票就已销售了出去,现在已无回头路可走。乔治·桑饶有兴趣地看着“小心谨慎、犹豫不决的肖普肖普只好不再改变主意”。乔治·桑平静但高效地组织了她所称的“这场肖邦的噩梦”。“他不希望张贴海报,不希望印制节目单,不希望有太多听众。他不希望任何人谈论此事。他担心太多的事,我只好建议他弹奏时熄灭所有蜡烛,不要一个听众,最好是一台不出声的钢琴”。她再次扮演了母亲的角色,而肖邦只好将自己关在房间里,靠弹奏巴赫的作品来平静紧张情绪。

不出所料,肖邦没有敢像李斯特那样举办一场独奏音乐会,但这场音乐会却是他第一次在公开场合大量弹奏自己的作品，包括几首前奏曲,《四首玛祖卡舞曲》Op.41 和《第三谐谑曲》Op.39。《F 大调叙事曲》Op.38 和应观众的要求又弹了一遍的两首练习曲。同台献艺的还有歌唱家洛尔·辛蒂－达莫瑞和技巧高超的摩拉维亚小提琴家海因里希·恩斯特——肖邦与他合作了一首二重奏。肖邦在音乐会结束前弹奏了《两首波洛奈兹舞曲》Op.40。尽管票价贵到了 20 法郎的地步,但 300 多位听众还是如痴如醉。《法兰西音乐报》的评论对它进行了总结：

肖邦是名副其实的作曲家。他为自己创作，也为自己弹奏……的确，没有任何东西可以与这位艺术家在钢琴上展现出来的轻盈和甜美相提并论；更为重要的是，没有任何东西可以与他那些充满创新、风格独特与优雅的作品相媲美。肖邦是独一无二的钢琴家,任何人都不应该也无法与他相比。

乔治·桑在致自己同父异母的弟弟希波吕忒·夏迪隆的信中无比幸福地写道：

肖邦整个夏天无所事事，但仅仅一场音乐会，在仅仅两个小时内,他就凭借自己那双灵巧的手,将六千几百法郎装进了自己的口袋里,而且是在巴黎最美丽的女人们的掌声和要求返场的呼喊声中！——这个小混蛋！

这场音乐会出乎意料的一个结果竟然是肖邦与李斯特友谊的终结。李斯特与玛丽·达古的恋情已经陷入困境，而这位伯爵夫人与乔治·桑反目为仇。现在似乎是达古伯爵夫人的天赐良机，她开始发泄自己对乔治·桑的仇恨，向肖邦大献殷勤，尽其所能地散布谣言，试图离间肖邦和乔治·桑以及李斯特和肖邦。她试图让李斯特相信肖邦的音乐会是乔治·桑策划的一个阴谋，目的是摧毁李斯特。李斯特当然不相信这派胡言，但在实际情况中却又弄巧成拙。肖邦刚弹完自己的曲目，李斯特便冲上舞台，丢人现眼地想抢风头，令人尴尬地想把精疲力竭的肖邦抱到舞台侧面。李斯特还说服了费蒂斯创办的《音乐报》，由他来撰文报道这场音乐会。李斯特洋洋洒洒地写了一篇长文，开头部分栩栩如生地描绘了肖邦那天晚上的熠熠风采，然后写道：

早在这场音乐会开始之前，人们就已经落座并做好了聆听的准备，同时在不断提醒自己，他们绝对不能错过即将坐在舞台上的那个人的每一个和弦、每一个音符、每一个细节、每一个乐思。他们如此渴望、专注、等待着被感动是完全有道理的，因为他们等待的这个人，他们渴望见到并聆听的这个人，他们为之钦佩和鼓掌的这个人不仅是技艺超群的钢琴大师，而且是一位名声在外的音乐家。他还远不止这些：他是肖邦。

不管这种过度的吹捧背后的动机究竟是什么，肖邦认为这篇评论有着居高临下的味道，对他构成了伤害。李斯特滥用肖邦的好客，在肖邦家与普莱耶尔的妻子发生关系；以霸道的方式对待肖邦千辛万苦创作出来的乐曲；玛丽·达古针对乔治·桑的恶语中伤，以及对这场音乐会的评论等，所有这一切足以让肖邦与他这位奢华、慷慨的朋友分道扬镳。既然身边已经有了乔治·桑，李斯特和他那帮狐朋狗友还有什么用呢？

第十一章 淡去的田园牧歌

1841—1845

Chapter 11: The Fading Idyll

1841—1845

The Fading Idyll, 1841—1845
淡去的田园牧歌，1841—1845

我前天在乔治·桑家听到了肖邦的即兴演奏……能够听到他以这种方式进行创作真是太好了；他的灵感召之即来，没有任何支离破碎的痕迹，他弹奏时没有丝毫犹豫，仿佛一切原本就应该是这样。可是当他需要将它写下来并详细再现原先的乐思时，他便会经历数天令人不安的压力和几乎令人害怕的绝望。他不停地对同一个乐句进行修改和润色，像个疯子一样在房间里来回踱步。

上面这段文字摘自肖邦最杰出的学生卡尔的哥哥约瑟夫·费尔奇写给父母的一封信。我们只要粗略地瞥一眼肖邦的手稿，就会发现他所经历过的痛苦挣扎以及他不断改变主意的频率。他的波兰同胞们可能会希望他创作一部歌颂祖国的歌剧，而像舒曼这种对他推崇备至的音乐家可能会希望他创作一首交响曲。可是无论是创作一部歌剧还是创作一首交响曲，可能都会需要数年的时间。他在创作每一首短小精悍的钢琴作品时几乎神经质似的完美要求已经给他带来了足够的麻烦。

如果换了任何其他一位大作曲家，这种创作上的单一性可能会成为一个缺陷。对于肖邦而言，这恰恰是他的标志。李斯特认为肖邦无法在任何不是由他创造的曲式中达到完美。他的钢琴协奏曲和奏鸣曲是否不如他的夜曲、玛祖卡舞曲或叙事曲那样成功，讨论这一点毫无实际意义。不过，肖邦的天才有一个独特的方面，一旦确定某个适合他的曲式，他便能制造出各种富有创造性的全新变化，而不会重复自己。

1841 年 6 月初，在阔别了 19 个月后，肖邦和乔治·桑回到了诺昂。离开了巴黎那些分心的事后，他终于能够安顿下来，完成一连串作品，并将它们寄给冯纳塔，让他抄写工整。这些作品包括《塔兰泰拉舞曲》Op.43、《降 A 大调第三叙事曲》Op.47、伟大的《**c 小调夜曲**》Op.48 之 1 以及《**f 小调幻想曲**》Op.49。

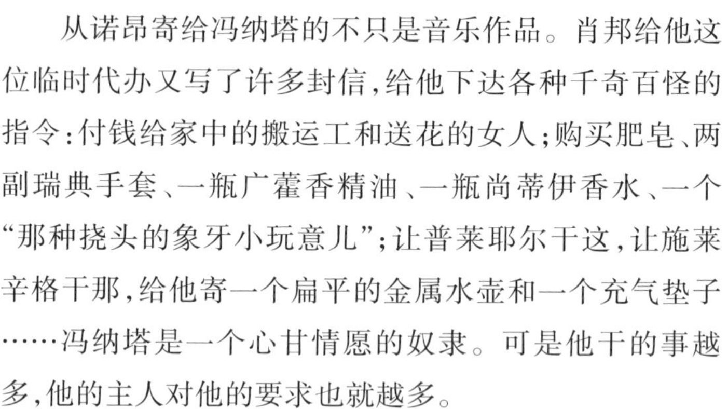

从诺昂寄给冯纳塔的不只是音乐作品。肖邦给他这位临时代办又写了许多封信，给他下达各种千奇百怪的指令：付钱给家中的搬运工和送花的女人；购买肥皂、两副瑞典手套、一瓶广藿香精油、一瓶尚蒂伊香水、一个“那种挠头的象牙小玩意儿”；让普莱耶尔干这，让施莱辛格干那，给他寄一个扁平的金属水壶和一个充气垫子……冯纳塔是一个心甘情愿的奴隶。可是他干的事越多，他的主人对他的要求也就越多。

肖邦与乔治·桑的关系第一次出现了几乎难以察觉的裂痕。玛丽·德·罗吉尔勒是肖邦的一名学生，他将她介绍给乔治·桑，由她教索朗热钢琴。这位老处女不仅没有对让她进入（乔治·桑所称的）“家庭”的事感恩戴德，反而

肖邦肖像，乔治·桑绘制

有些出人意料地成为了玛丽亚·沃津斯卡那位无所事事的哥哥安东尼·沃津斯基的情人。肖邦怒火中烧，而当他7月份听说玛丽亚嫁给了肖邦教父的儿子约瑟夫·斯卡尔贝克时（这场婚姻是个灾难，不久便以离婚告终），他更加愤怒。肖邦严禁玛丽和安东尼再踏进诺昂的乔治·桑家。虽然乔治·桑似乎被蒙在鼓里，他却非常清楚，沃津斯基只是在如期返回波兰之前利用德·罗吉尔勒，而这位女士迟到的爱的觉醒正对具有反叛意识的索朗热产生危险的影响。

乔治·桑完全不明白肖邦为何如此愤怒，于是她向玛丽·德·罗吉尔勒解释说，如果她知道其中的缘由，她或许可以想些办法：

由于肖邦天生爱生闷气，我们什么也别想从他的嘴里套出来。他前天一整天没有对任何人说一句话。他病了吗？有谁惹他生气了吗？是我说了什么话惹得他不高兴了吗？我苦苦思索。我像所有人一样知道他很敏感，可我无法得知任何情况，而且很可能永远不得而知，就如同还有那么多事我一无所知一样——他自己可能都不知道。

保莉娜·维亚尔多和她丈夫的到来让气氛缓和了许多。维亚尔多（1821—1910）才华横溢，不仅相貌出众、有着19世纪最伟大的女中音嗓音，还是一位钢琴家和作曲家。她于1839年在伦敦饰演罗西尼歌剧《奥赛罗》中的黛丝德蒙娜一角首次登台，1840年嫁给了意大利剧院的经理维亚尔多，促成这段婚姻的便是具有母亲情结的乔治·桑。肖邦和乔治·桑非常喜欢这对夫妇，他们自己的关系也再上了一个台阶——因为他们回到巴黎后便决定一起住在皮加勒街。

离开诺昂三星期后，肖邦再次应邀为法国皇室表演。他于12月2日在杜伊勒里宫举办的音乐会吸引了五百多名听众，包括法国国王、德拉克洛瓦、乔治·桑及她的旧情人阿尔弗雷德·德·缪塞。同台献艺的还有当时最伟大的女高音之一吉乌蒂塔·格里希。不知何故,肖邦虽然再次被赠与了一套精美的瓷器,却心情压抑。这是他最后一次在法国宫廷演奏。

不过,在一年前那场获得巨大成功的音乐会的鼓励下,他决定在普莱耶尔音乐厅再举办一场音乐会。1842年2月21日,他举办了第二场同样成功的肖邦作品音乐会,曲目包括新完成的《第三叙事曲》,并且为维亚尔多演唱一首她自己的作品伴奏,也为弗朗肖姆演奏一首自己的大提琴作品伴奏。还有什么比与自己的朋友同台演出并且在快乐之余得到报酬更令人满意呢?由于票价极其昂贵,肖邦这天晚上的净收入“超过5000法郎,即便在巴黎也是很惊人的收入,”乔治·桑在致夏迪隆的信中写道,“这进一步证明人们多么渴望聆听最完美、最独特的音乐家表演。”

不到一星期,肖邦又病倒了,在床上躺了两星期,口腔和鼻腔疼痛难熬。他仍然沉浸在巨大的悲恸中。扬·马图辛斯基4月20日因肺结核去世,年仅33岁,而且去世前遭受了“漫长且残酷的痛苦”。他在肖邦的怀中溘然离世。乔治·桑在致维亚尔多的信中写道,肖邦在他朋友经历苦难过程中所表现出来的力量、勇气和忠诚“远远超出对这样一个羸弱之人的期待,但事后他却痛不欲生”。仿佛给他的打击还不够似的,肖邦收到了华沙传来的噩耗,他以前的老师兹维尼也已经离世——这位老师当初曾在华沙郊外眼泪汪汪地与学生告别,并且指挥大家演唱了一首离别康塔塔。

No. 9, Square d'Orléans, Paris

巴黎奥尔良广场9号

5月初，乔治·桑将肖邦带回诺昂，让他在那里养病。巴黎与奥尔良之间刚刚建成了铁路，因此他们第一次搭乘火车，然后再从沙特鲁坐一晚上的马车回到诺昂。乔治·桑的私人医生佩贝诊断肖邦的病因只是黏液过多。这种误诊给了肖邦很大的安慰。他的身体稍稍康复一点后，整个夏天他又将所有精力用在了创作上。他在这个时期创作了三首重要作品：《f小调第四叙事曲》Op.52、优美动听的《**降A大调波洛奈兹舞曲**》Op.53和《E大调第四谐谑曲》Op.54。

诗人斯特凡·维特维茨基来访，住了几天，欧仁·德拉克洛瓦来访，住的时间稍长（他还带来了自己养的猫，并且得到了乔治·桑的特许）。他们的到来让肖邦喜出望外。他非常尊重这位伟大的画家朋友，却无法完全理解或者欣赏他的画作。肖邦或许会鼓励学生们“大胆一些”，“放纵一些”，他本人却无法明白这些要素恰恰是德拉克洛瓦在画布上自由、放纵表现的核心所在。世界上最杰出的音乐色彩大师无法理解与他齐名的视觉艺术大师的作品。这无关紧要，他们两个人在一起便难舍难分。德拉克洛瓦对肖邦充满了敬意，形容他为“我所见过的最真实的艺术家”。他在诺昂时解决了一个一直困扰着他的难题。他受托为卢森堡宫图书馆的天花板绘制装饰画，并且已经决定采用维吉尔将但丁介绍给荷马这个题材。肖邦成为了但丁形象的来源。在天花板的另一个区域，乔治·桑成为了阿斯帕西娅的形象来源。阿斯帕西娅是公元五世纪政治家伯里克利聪明绝顶、颇具影响力的情妇。

9月，肖邦和乔治·桑回到巴黎，搬进了时尚的奥尔良广场的一个宽敞的新住所中（皮加勒街外面陡峭的楼梯总是让肖邦气喘吁吁）。乔治·桑则在奥尔良广场9号为自己和莫里斯找了个住处，莫里斯已经在广场其他地方找到了一个画室。肖邦住在广场5号一楼两个房间里。这将一直是他在巴黎的家，直到1849年。他的邻居包括马里亚尼夫妇、卡尔克布雷纳及其家人、齐默尔曼和阿尔康。事实上，由于众多画家、音乐家和作家居住于此，奥尔良广场也被戏称为“小雅典”。

促成这种幸福安排的不是冯纳塔，而是戈尔吉马拉。自肖邦和乔治·桑五月份抵达诺昂之后，肖邦没有像往常那样给他这位中学时代的朋友下达指令。两个人之间究竟发生了什么，我们不得而知，但冯纳塔当时写给自己仍在波兰的妹妹的一封信显示他终于得面对现实：他永远不可能成为肖邦和乔治·桑社交圈中的一员。那曾经是让他一直坚持下去的原因，尽管他因此越来越有怨言。如今，在他到了经济和道德资源枯竭的时候，他再也忍受不下去了：

> 我一直依赖一位朋友，以为他会为我打开大门，可是他却一直在欺骗我……我有段时间甚至离开了巴黎，为的就是逃避他的主宰，但这一举动却令我的事业雪上加霜。我只有在回来后才能重新开始创作。

冯纳塔显然对自己的音乐天赋抱有幻想，确实过于依赖一位极具影响力的朋友——肖邦，来进一步实现他的梦想。另外一点同样可以肯定:以对朋友慷慨大方著称的肖邦却让一直负责他的出版事务并且为他鞍前马后效力的冯纳塔生活在贫困中，同时让他心存幻想,认为自己的付出终将有所回报。同样令人费解的是,肖邦居然会将冯纳塔梦寐以求的一切给了自己的另一个学生阿道尔夫·古特曼,而人们普遍认定古特曼才智平庸。

翌年 3 月，冯纳塔在巴黎举行了一场白天举办的音乐会。肖邦和塔尔贝格亲临现场。“这场音乐会充其量只能被称作平庸。”一篇评论写道。不久之后,冯纳塔去了美国。

两个月前的 1843 年 1 月,肖邦曾与一位真正有才华的学生一起同台献艺,并没有为此感到自责。这是匈牙利神童卡尔·费尔奇,11 岁时曾给肖邦留下过深刻印象。贝蒂·德·罗斯柴尔德男爵夫人决定开启这个孩子的音乐事业,于是肖邦用了数月的时间,辅导费尔奇弹奏他的《e 小调钢琴协奏曲》的独奏声部。他在这个过程中将自己的东西悉数教给了费尔奇,这对他而言是非常罕见的事情,仿佛费尔奇就此被认定为他的继承者,又仿佛钢琴秘诀由父亲传给了儿子。肖邦有一次在听费尔奇弹奏自己的音乐时潸然泪下。“除了我之外,全世界没有人会像他那样弹琴。”肖邦说。这是他唯一有记录的一次对其他钢琴家如此称赞。

这场华丽的音乐会在罗斯柴尔德位于拉斐特街 15 号的豪宅中举行，肖邦凭记忆弹奏了协奏曲的乐队声部。一位听众回忆道:“我从未听过任何东西可以与他本人在钢琴上弹奏出的乐队第一个全奏相提并论。能够听到他们联袂演奏真是一生的幸事。”卡尔如前文所提，两年后在维也纳去世，年仅15岁。他的死因是肺结核。

2月通常是肖邦发病的时候，但一种顺势疗法却让他的健康有了极大的改善。正是由于这种疗法，他如今能够比较舒畅地呼吸了。5月中旬，他再次回到诺昂，陪伴他的有乔治·桑和路易与保莉娜18个月大的女儿露易丝·维亚尔多。乔治·桑承担了她母亲去外地演出时照顾她的重任。乔治·桑特别喜欢小孩，肖邦却对孩子比较冷漠。可是当蹒跚走路的露易丝喜欢叫他“小肖邦”时，肖邦完全被她俘虏了，甚至当她“喜欢在每块地毯上撒尿时”。乔治·桑写道：“肖邦爱她，整天亲吻她的小手。”

这肯定就是那首精美绝伦的《**摇篮曲**》Op.57的灵感来源。这首摇篮曲以及几首玛祖卡舞曲是肖邦在那一年创作的仅有作品。

但是，肖邦和乔治·桑的生活其实是同床异梦。只要没有客人，肖邦便会感到百般无聊。“肖邦总是想回到诺昂，”乔治·桑后来写道，“却又总是忍受不了诺昂的寂静。”德拉克洛瓦再次来访。肖邦匆匆回了一趟巴黎，将索朗热从寄宿学校接回来。他们有时会骑着毛驴去乡间远足。维亚尔多夫妇来接他们的女儿。他们离去后，乔治·桑写道：“你们和可爱的小露易丝离去后，整个屋子感觉空荡荡的，没有生气，我们几乎无法忍受。”

到10月底，肖邦决定独自回巴黎，莫里斯陪他一路同行。乔治·桑称他们为“我的两个男孩”。她的书信已经显示，她对肖邦的态度开始变得模棱两可起来。一方面，她深知肖邦多么爱她，多么需要她。她思念“他的脸庞、他的声音、他的琴声、他那淡淡的忧伤,我甚至思念他那令人心碎的咳嗽声。可怜的天使!”可她思念的是一个不在身边的病儿,而不是情人。肖邦已经变得极具占有欲,嫉妒心很强。乔治·桑慢慢开始反感的正是他们关系中的这一点,但这其中的部分原因在于她自己。她从一开始就像母亲那样给予了他无微不至的关爱,而他时常糟糕的身体状况更凸显了她的这个角色。只要有什么事不如他的意,他便会跺脚、尖叫。她该怎么办?一方面,他很忠诚、善良、才华横溢、风趣、善解人意;另一方面,正如她所写:“从未见过这样的脾气,从未见过如此易怒、如此精神错乱的想象力,从未见过如此不让人生气的敏感,从未见过如此难以满足的情感需求。”她在《我的生活》中指出,所有这一切的缘由是肖邦的疾病。

尽管乔治·桑一再叮嘱莫里斯照料肖邦的身体和饮食,他却在 11 月份再次病倒。乔治·桑和索朗热 11 月底回到巴黎,发现他正处在精神压抑状态中。乔治·桑定了一些药品,并且让一位新结识的年轻朋友去大夫那里取药。这位年轻朋友名叫路易·勃朗,是位颇有前途的激进派新闻记者。

1844 年 2 月,肖邦再次病倒,这次感染了当时正在巴黎肆虐的流感。两个月后,1844 年 5 月 12 日,他得到消息,他父亲 9 天前在华沙去世。肖邦悲痛欲绝,将自己关在房间里,一连数天不与任何人说话,甚至包括乔治·桑和弗朗肖姆。尽管他已经 9 年没有见到父亲,而且与父亲的关系并不特别亲密,他还是非常难过。他早已知道父亲的身体每况愈下,也肯定知道自俄国人占领波兰以来他父母一直经济拮据,可是他从未提出过要给他们钱,即便是在他处于收入最高的期间。他母亲曾在1842年春给他写过一封信,向他开口借3000弗洛林,用于支付一笔私人债务,并且请求他不要将此事告诉他父亲。肖邦或许确实给她寄了钱,但他的回信内容我们却不得而知。

那些不请自来向他表示哀伤的人当中包括李斯特。他不久前去华沙演出时见过肖邦的父母,并且出于一贯好心,给他们送去了他音乐会的包厢票。米古拉耶曾给儿子写信,要他与李斯特和解。肖邦还是很有风度地友好接待了自己的老朋友。

肖邦致信妹夫安东尼·巴尔钦斯基,请求他将父亲生命中最后几天的每个细节都告诉他。巴尔钦斯基像往常一样向他保证,他父亲走得很安详,临终之际家人都在他身旁。但他也透露,米古拉耶一直病态地担心自己会被活埋。他让殡葬师保证在埋葬他之前一定要查看他是否还有任何生命迹象。看到肖邦陷入了如此孤独绝望的状态,乔治·桑灵机一动,邀请肖邦最喜欢的姐姐卢德维卡和她丈夫(约瑟夫·)卡拉桑迪·耶德热耶维奇来巴黎看望他们。她同时赶紧向客人们保证:

你们一定会发现我亲爱的肖邦很虚弱,而且自你们上次见到他以来改变了许多!但是不要为他的健康担心。过去六年来我每天都见到他,他几乎没有什么变化。我希望他的体格会随着时间的流逝而有所加强,不过我至少可以肯定,只要生活有规律,有人精心照料,他会像任何人一样长命百岁。

卢德维卡夫妇于7月15日抵达巴黎，在接下来的10天里，肖邦忙着带他们观光，请他们去看歌剧，将他们介绍给其他波兰流亡者。我们只是最近才发现，卡拉桑迪这位乏味的前教授、此时为华沙的一位法官，非常嫉妒肖邦的成功与声望。虽然夫妇俩本该于7月27日到达诺昂，卡拉桑迪却在仔细了解巴黎的技术奇迹，让他的主人又等了两个星期。当他和卢德维卡终于抵达诺昂时，肖邦欣喜若狂。“我们喜不自胜，”他在致玛丽·德·罗吉尔勒的信中写道，而她此时又重新回到了肖邦的密友圈中。

乔治·桑和卢德维卡一见如故。卢德维卡远不是乔治·桑所预料的那种小地方来的少言寡语、虔诚信教的女人，而是“完全超越她的年纪和国家范围，并且具有天使般的性格”。乔治·桑问，为什么他哥哥就不能更像她呢？诺昂已经产生了神奇的力量：肖邦与他所爱的两个女人在一起，而这两个女人立刻建立起了亲密关系。乔治·桑后来描述那几个星期为“我们生活中最幸福的时刻”。8月27日，肖邦和莫里斯赶到巴黎，与耶德热耶维奇夫妇作别，并且计划与保莉娜·维亚尔多一起返回诺昂。但是，年轻的莫里斯却有着其他计划：他与维亚尔多一起去了她的乡间别墅，然后在那里诱奸了她。

9月4日，肖邦独自回到诺昂，在那里呆了近3个月，其间只短暂回了一趟巴黎。一方面是为了生意上的事，另一方面是看望戈尔吉马拉，他从楼梯上摔了下来，差一点断了脊柱。他在这个期间完成了最优美的作品之一:《b 小调第三钢琴奏鸣曲》Op.58。有意思的是,他是在教 16 岁的索朗热一首贝多芬的钢琴奏鸣曲时创作的。肖邦像往常一样,满意中夹杂着阴郁。9 月 18 日,他在从诺昂给他姐姐的信中写道:

我常常一进门就环顾四周,看看是否还有你的影子,结果我只看到沙发上的同一个地方,我们曾在那里喝巧克力,我只看到了卡拉桑迪临摹的绘画。你的痕迹更多遗留在我的房间里。桌子上放着你的刺绣品,那只拖鞋,折叠后放在一个英国吸墨纸之间,钢琴上放着曾经夹在你的袖珍书中的小铅笔……

11 月 8 日,他回到巴黎,迎接他的是寒冬以及新一轮的教学。乔治·桑留在了诺昂,肖邦在写给她的信中落款为"你最石化的化石","永远爱你的,比以往更老,非常、极其、难以置信地老……","你的木乃伊般古老的"。他将自己包裹在一件厚大衣中,下面则穿了三层法兰绒裤子,以抵挡滴水成冰的严寒。学生们常常看到他早晨 8 点就衣冠楚楚地等在家中,但是他非常虚弱,只能坐在沙发上给学生上课。卡尔·哈勒和弗朗肖姆有一天来看他,结果发现他"几乎无法动弹,身子弯曲得像一把半开的折刀,显然非常痛苦"。可是,他只要一坐到钢琴旁开始弹琴,"他的身体就会逐渐恢复正常,他的精神也会慢慢好转"。

肖邦将原先交给冯纳塔的琐事分配给了玛丽·德·

罗吉尔勒和弗朗肖姆,玛丽负责家务事,弗朗肖姆负责他的音乐事务。肖邦在那些从诺昂写给弗朗肖姆的信中指示他如何与出版商讨价还价,而且比他对待冯纳塔还要仔细,尽管他当时还从弗朗肖姆处借了500法郎。肖邦总是缺钱,他需要为自己的作品索要最高的价格,以此来保证他那奢华的生活方式。可是一个名望和财富像他这样的人根本不应该向他的大提琴家朋友借钱,更何况这位朋友还得养家糊口。相反,乔治·桑凭借自己令人恐怖的辛劳,有着稳定的收入。她最新的长篇小说《伊西多拉》即将在《独立评论》上连载(这是一家她协助创办的期刊),而且她还与路易·勃朗签订了两本书的合同,在他刚刚创办《改革报》上连载,其中第一部将是《安吉堡的磨工》。

他又新收了两个学生,她们将在肖邦生命的最后几年中扮演重要角色。其中一位是继承了一大笔财产的苏格兰女子简·威尔赫米娜·斯特林小姐,这位四十岁的老处女没有什么特别天分。另一位是玛切琳娜·扎尔托里斯卡,她出生时为拉吉维乌公主,后来嫁给了亚当亲王的侄儿亚历山大·扎尔托里斯基。玛切琳娜是一位真正有才华的钢琴家,曾在维也纳师从车尔尼。由于她音乐天分出众,容貌惊艳,又有贵族背景,肖邦立刻为之倾倒。玛切琳娜也将肖邦拉进了她那特权圈子里,其中心便是位于圣路易岛上的兰伯特饭店,那里也是波兰流亡王室居住的地方。扎尔托里斯基和拉吉维乌家族的不同分支几代同堂地居住在这座巨大建筑的不同公寓中。

1845年春,肖邦只在这里弹琴,而且只在朋友家,只有一次例外。4 月，路易·勃朗找到肖邦，带来了他的一位朋友兼同事——共和派记者戈德弗洛瓦·卡芬雅克的最后一个请求，希望肖邦能在他临终前为他弹一次琴。肖邦与卡芬雅克根本不熟，而且也不支持他的政治观点，但他还是欣然前往，为他弹奏了几个小时，并且为自己的音乐能够在他生命的最后一刻给他安慰而感到欣慰。他并不知道，勃朗已经与乔治·桑开始了一段短暂的恋情。

第十二章 动荡时期
1846—1847

Chapter 12：A Time of Turmoil
1846—1847

A Time of Turmoil, 1846—1847
动荡时期, 1846—1847

1845 年 6 月 12 日,当肖邦和乔治·桑坐着肖邦新购置的马车去诺昂时,没有任何迹象预示一场剧变即将淹没他们。他们之间这种母子式的关系已经发展成了习以为常的惯例,尽管他们的人生哲学南辕北辙。肖邦保守的价值观、对贵族统治权的坚信以及罗马天主教信仰(尽管他的婚姻状况已经不受罗马天主教教条的约束)与乔治·桑的自由社会主义思想、改革热情以及对宗教自由的推崇完全背道而驰。但是,最终让他们彻底分道扬镳的却是莫里斯和索朗热。

莫里斯此时已 22 岁,越来越不愿意接受肖邦在母亲情感中的位置以及肖邦在家中的地位。这位年轻的主人开始行使自己的权利,扮演自己的角色,认定自己才是母亲的最爱。他这种想法的第一个迹象是解雇了肖邦那脑子不太灵活却对肖邦忠心耿耿的男仆扬,在诺昂的家中,只有扬一个人能够用波兰语与肖邦交流。莫里斯说服母亲解雇了家中的园丁,尽管这位园丁自乔治·桑的祖母奥罗尔·迪潘尚在人世时就一直在这里干活。新来的仆人现在只听他指挥。诺昂是他的王国。保莉娜·维亚尔多是他的情人。莫里斯已经长大成人。

索朗热比哥哥小 5 岁，却几乎从未得到过哥哥所享受到的那些待遇。她的名字取自贝里首府布尔日的守护神，本是个不该来到世上的孩子，完全是乔治·桑与她的邻居和儿时朋友斯特凡·阿雅松·德·格兰斯根之间短暂私情带来的结果。索朗热虽然继承了卡西米尔·杜德望的姓氏，却很少见到这位她一直视为父亲的人。她还未满 3 岁时，乔治·桑就将她这位私生女形容为“肥胖、懒惰”。她此后一辈子都对索朗热极其厌恶。当乔治·桑与阿尔弗雷德·德·缪塞在威尼斯搂颈亲热时，索朗热在诺昂遭到了仆人的殴打。随后，6 岁的索朗热便被送进了巴黎的一所寄宿学校。

乔治·桑严禁卡西米尔·杜德望带索朗热出去度假。1837 年夏，杜德望趁乔治·桑在诺昂之际，全然不顾仆人及家庭女教师歇斯底里的尖叫，抢走了索朗热，将她带到了加斯科尼。乔治·桑随即在加斯科尼当局的帮助下上演了她自己的绑架版本。警察在夜深人静时包围了杜德望家，要求他将索朗热还给她母亲。（顺便说一声，负责这出闹剧的官员不久将重新设计巴黎市貌，将它变成了我们今天所熟悉的一座林荫大道纵横、公园和桥梁密布的城市，他便是乔治·奥斯曼。）

乔治·桑这次成功完成的任务让年仅 9 岁的索朗热觉得母亲无所不能。尽管如此，索朗热眼泪汪汪地恳求母亲给予她关爱和关心的那些信件基本没有得到任何理会。当乔治·桑登报聘请家庭教师时，她提醒道：“这个女孩是个恶魔，随时随地需要道德监护。”当肖邦进入索朗热那凄惨的生活中时，他不仅给她带来了平静、稳定和天籁般的钢琴音乐，而且给她带来一种信任感。他给了她急需的东西：赞扬和关爱。他们之间的关系发展成了一种相互同情，远远超出了继父与继女之间的现实关系，并且是一种基本将乔治·桑和莫里斯排除在外的关系。

正当17岁的索朗热与母亲之间的关系从未如此和谐幸福之时，乔治·桑却“收养”了另一个女儿，彻底颠覆了索朗热的世界。这真具有讽刺意味。9月10日，莫里斯带着奥古斯汀·玛丽·布劳尔（汀汀）从巴黎回到诺昂。汀汀21岁，是乔治·桑表妹的女儿，据说比索朗热美丽和聪明，却有着巴黎下层的口音和举止。乔治·桑为了充分展现自己的母爱和社会义务，主动提出要承担收养她、教育她、培养她的责任。于是，汀汀成为了家庭一员。

肖邦讨厌汀汀。她粗俗、缺乏教养，却摆出一副上流社会人士的架子和风度。我们因而不难想象索朗热的反应。母亲居然更喜欢这种粗俗的小骚货，这只能表明一点：逃离。找一个丈夫，逃离这里。

从表面上看，敌对双方平静地生活在同一个屋檐下。在肖邦9月中旬短暂返回巴黎期间，他与乔治·桑每天都给对方写信。一封至今尚存的乔治·桑致肖邦的信就写于此时。“爱我吧，我最亲爱的天使，”信的结尾写道，“我的最大幸福，我爱你。”可是他们原定去意大利享受一年阳光的计划一直未能实现。莫里斯阻止了这个计划，因为他更喜欢乡间。于是，肖邦告诉卢德维卡：“我们没有去。”

由于这种紧张气氛，也由于他过度在意自己的健康以及整体上不爱动弹，肖邦失去了创作的激情。到这一年的7月，他仅仅完成了3首玛祖卡舞曲（Op.59）。不过，他完成的几首作品却体现了他进行尝试和发展的决定：这个期间问世的作品包括优雅飘渺的《**船歌**》《大提琴奏鸣曲》（灵感再次来自他与弗朗肖姆之间的友谊），以及充满冒险精神的《幻想波洛奈兹》——与他早期的波洛奈兹舞曲以及他在19世纪30年代后期至40年代初创作的成熟作品差别悬殊。 CD2 11

巴黎的冬天平静如水。肖邦像往年一样再次得了流感，早晨的咳嗽时间越来越长，结果常常弄得他连走路的力气都没有。当他偶尔来到寒冷的户外时，他感到呼吸困难。他很少与人交往，但在4月份还是去了一趟图尔市，与弗朗肖姆及其家人住了一段时间。1846年5月底，他回到诺昂。这将是他在诺昂度过的最后一个夏天。

1846年初，乔治·桑开始全身心地投入到一部新小说的创作中，不过可以肯定的是她已经在这部小说上花了至少一年的时间。她与《法兰西邮报》签订了合同，从6月最后一个星期到7月底在上面连载。她于5月5日离开巴黎，比肖邦早了一段时间。等肖邦抵达诺昂时，她已经将整部小说重新写了一遍，并且进行了修改。照贝妮塔·艾斯勒的说法："这在她的创作中是前所未有的事。"这部小说名为《吕克雷齐阿·弗洛瑞阿尼》，讲述了两位极不相称的恋人之间的故事。吕克雷齐阿是位名噪一时的女演员兼剧作家，在事业巅峰期带着孩子隐退，居住在意大利北部一个偏僻的湖畔。她从未结婚，但各段恋情给她带来了四个孩子这种幸福结果，而且孩子们的生父各异。

这个与世隔绝的天堂迎来了两位游客：一位是她以前的仰慕者萨尔瓦托·阿尔巴尼伯爵，另一位是她的密友卡罗尔·德·罗斯瓦尔德亲王。这位亲王体质纤弱，忧郁，仍是处男，却在这里突然得病。吕克雷齐阿精心护理他恢复了健康，两个人随之相爱。在经历过一段田园牧歌般的幸福之后，亲王那令人窒息的激情、嫉妒和人生观开始让她备感折磨。“在各种愤怒之中，在各种复仇手段之中，最阴暗、最伤人、最令人痛苦的莫过于有人对你冰冷却又彬彬有礼。”乔治·桑以吕克雷齐阿这个人物的口吻写道：

与见到情妇无动于衷、让她心碎的亲王的优雅相比，我更喜欢那些充满嫉妒之心、殴打妻子的农夫的粗俗。与默默生闷气的孩子相比，我更喜欢那些挠人、咬人的孩子。总而言之，让我们发一次脾气、展露暴力、没有教养的一面，让我们相互辱骂、砸碎镜子和时钟吧！这听似荒谬，却并不证明我们痛恨对方。如果我们离开时彬彬有礼地背道而驰，说出伤人、轻蔑的话语，我们将万劫不复。无论我们多么努力去和解，我们都会越来越疏远。

最终，吕克雷齐阿在试图逃离时死于中风，或者死于精疲力竭？德拉克洛瓦应邀与其他几位客人一起来到了诺昂。在他们逗留期间，乔治·桑给他们朗读了一些连载片段：

（卡罗尔）温文尔雅，极度少言寡语，因此没有人能够猜透他的心事。他越是被激怒，越是变得更为冷淡，因此人们只能根据他冰冷的轻蔑来判断他的怒火程度。正是这种时候，他才真正让人无法接受……然后，他便会寻找到风趣的灵感，一种虚假、出众的风趣，为的是折磨那些他爱的人。他会变得目空一切、呆板、矫揉造作、孤傲。他似乎是在戏谑地挖苦人，但造成的伤害却深及人的心灵深处。要不然，如果他缺乏反驳和嘲弄的勇气，他就会用鄙视的沉默将自己包裹起来，以令人痛心的方式生闷气。

德拉克洛瓦“痛苦地”坐在那里，瞠目结舌，而“受害者与刽子手”则完全轻松地坐在那里。在乔治·桑几乎是直白地讲述他们之间的关系的过程中，肖邦一刻不停地对她赞誉有加。午夜，肖邦建议德拉克洛瓦陪他上楼。德拉克洛瓦急不可待地想知道肖邦对这本书的真实反应。他刚才在聆听这种对他的当众解析时一定是在逢场作戏吧？在得知肖邦的反应后，德拉克洛瓦大为震惊。肖邦根本没有在逢场作戏。“他一个字也没有听懂”。

卡罗尔（一位有着波兰名字的德国亲王）比吕克雷齐阿小 6 岁（恰好是肖邦与乔治·桑之间的年龄差距）；小说中的女主人公身材矮小、丰腴、皮肤黝黑，以前有过一连串情人；卡罗尔所经历的幻觉让人联想到肖邦在马略卡岛上的经历；吕克雷齐阿瞧不起卡罗尔的宗教信仰和政治观点……书中吕克雷齐阿·弗洛瑞阿尼和卡罗尔亲王的生活与肖邦和乔治·桑的生活之间有时相似到了一模一样的地步，后来被乔治·桑引用在自己的自传中。李斯特甚至在他撰写的肖邦传中直接引用了《吕克雷齐阿·弗洛瑞阿尼》中的段落，没有做出任何说明，也没有标明它们的出处。

乔治·桑为什么要写这样一部小说？当然是为了挣钱，可难道这也是在提醒肖邦吗？如果真是这样，那它的目的根本没有达到。尽管整个巴黎在每一段连载问世后都会议论纷纷，肖邦似乎一点也不关心其中的内容。创作这部小说的过程对于乔治·桑而言是不是一次宣泄体验，她却矢口否认这部小说与她本人的现实生活有任何联系。如果《吕克雷齐阿·弗洛瑞阿尼》证明了什么的话，那便是现实生活中的两位主人公已经无法再理解对方需要什么。这部小说问世之后，一切完全乱了套，难道这纯粹是巧合吗？

1846 年 6 月底，肖邦和莫里斯就一些家庭琐事发生了争吵。乔治·桑第一次站在了儿子一边。肖邦惊呆了。乔治·桑私下里告诉玛丽·德·罗吉尔勒："我发了脾气，结果便有了勇气告诉他一些家庭真相，并且威胁说已经厌倦了他。自那以后，他明智了许多，而你也知道，他不发疯时多么可爱、出色、令人崇拜。"

夏末，汀汀和莫里斯有了一段私情，而索朗热也已经与费尔南德·德·普吕尔克斯订婚。费尔南德身材高大，留着大胡子，来自附近一个贵族家庭。

肖邦于 11 月 11 日独自回到了巴黎，显然为重新能够给人上课以及回到朋友圈中而高兴。他此时的朋友圈包括戈尔吉马拉、弗朗肖姆、德拉克洛瓦、夏洛特·马里亚尼（他在奥尔良广场的邻居）以及刚刚回到巴黎的黛尔菲娜·波托茨卡。乔治·桑与他一直保持书信联系，直到乔治·桑、索朗热、汀汀和费尔南德2月初回到巴黎，为即将举行的婚礼安排法律事务。

11天后的圣灰星期三[①]，肖邦在其住处举办了一场聚会。当着乔治·桑、德拉克洛瓦、戈尔吉马拉、罗斯柴尔德男爵及男爵夫人、黛尔菲娜·波托茨卡和扎尔托里斯基亲王与王妃的面，肖邦和弗朗肖姆首演了他的《大提琴奏鸣曲》。次日，乔治·桑和索朗热去参观雕塑家让-巴蒂斯特·奥古斯特·克莱辛格的画室——乔治·桑是几天前在马里亚尼家认识他的。克莱辛格33岁，体格健壮，粗犷英俊，因为曾当过骑兵而有着骑兵的架势。他数次请求乔治·桑允许他为她制作一尊半身塑像。乔治·桑同意了。不仅如此，双方还同意为索朗热制作一尊半身塑像，以纪念她结婚成家。在此后数天里，奥尔良广场接二连三地收到了各种礼物——鲜花、糕点，甚至一条哈巴狗。几周后，克莱辛格诱奸了索朗热。她与费尔南德的婚事随之被取消。

肖邦为这件事很伤心，（“我为那男孩感到难过，因为他那么体面，那么可爱。可是我认为这种事发生在婚前比发生在婚后要好。”）然后开始了解克莱辛格的底细。他了解到的情况让他万分惊恐。这位雕塑家欠下了高达数十万法郎的债务，酗酒，很少交付所委托的作品，而且有着虐待情妇的恶名。索朗热及其富裕的母亲刚一进入他的生活，他就毫不客气地将已经有了身孕的情妇

① 圣灰星期三：复活节前的第七个星期三。——译注

扔到了一旁。马里亚尼夫妇提醒乔治·桑注意他恶劣的性格。德拉克洛瓦非常不喜欢他。肖邦毫不意外地痛恨他。“他们有了第一个孩子后最多只会维持一年，”他在致卢德维卡的信中写道，“乔治·桑届时将不得不支付所有债务。”

乔治·桑听到了所有这些提醒，却对它们充耳不闻。她完全被这位“米开朗基罗再世”迷住了，仿佛她也已经被这位盛气凌人、精力充沛的克莱辛格吸引了一样，因为他与她生活中的那些男人如此的不同。她在4月6日带着两个“女儿”回到了诺昂，一个星期后克莱辛格尾随而至，向她提出了最后通牒：24小时内同意这桩婚事，并且得到杜德望男爵的同意。这种大胆行为让乔治·桑万分欣喜，她急不可待地开始安排女儿与这位“完美之物”的婚事，并且没有告知肖邦。乔治·桑在给莫里斯的信中写道：“这件事与他无关，而且一旦让他知道，那些‘如果’和‘可是’只会造成伤害。”在致戈尔吉马拉的另一封信中，她认定：“他对我家务事的干预意味着我将失去所有尊严，也将失去我对孩子们的爱和他们对我的爱。”

肖邦第一次得知索朗热结婚的日期是5月4日巴黎一家报纸上刊登的告示。正如贝妮塔·艾斯勒所言：“整整9年来，自索朗热9岁起，他就一直是他们生活中的一部分。如今，他却受到了一个年迈仆人的待遇，服务多年后被赶了出去。”这肯定极大地伤害了肖邦。“愿上帝永远支持你和你所做的一切，”他强打精神，在5月15日致索朗热的信中写道，“保持平静和幸福。你忠诚的肖。”

数天后，索朗热嫁给了克莱辛格。不到一个星期，汀汀宣布与莫里斯的画家朋友泰奥多尔·卢梭订婚。两对新人6月下旬回到了巴黎，而克莱辛格立刻露出了本相。当乔治·桑要求他不要再将金钱挥霍在款待他人、鲜花和仆人身上时，克莱辛格严厉地责骂她，并且威胁说如果她拒绝为他们的生活方式提供贴补，他将结束这段婚姻。乔治·桑的反应是邀请他们和莫里斯以及汀汀一起回诺昂，希望那里宁静的环境能够平服她这位新女婿。

乔治·桑

作为嫁妆，乔治·桑将自己在巴黎的一处豪宅给了索朗热，希望它的租金能够给这对夫妇带来一份收入。索朗热到了诺昂后才得知，汀汀得到的嫁妆是一笔现金。索朗热和克莱辛格勃然大怒，要求召开一次家庭会议。他们要求乔治·桑将诺昂的房产抵押出去，给他们提供金钱，而且立刻开始付给他们。乔治·桑拒绝了，于是索朗热指责莫里斯诱奸汀汀。卢梭得知真相后，立刻取消了婚约，并且指责她母亲与莫里斯的另一位朋友有染。莫里斯想揍克莱辛格，而克莱辛格则威胁用锤子打他。乔治·桑打了克莱辛格一个耳光，他立刻给了她胸口一拳。莫里斯跑进自己的房间,拿着一支上了子弹的手枪冲了出来。

乔治·桑命令索朗热和克莱辛格离开诺昂,严禁他们再回来,并且说她永远不想再见到他们。

索朗热此时已经有了身孕,她立刻从附近的沙特城写信给肖邦,说她病了,并且请他将马车借给她,好让她返回巴黎:

请立刻答复……在我母亲干出最可怕的事情后,我已经永远离开了诺昂。我请求你一定等我回来后再离开巴黎。我必须见到你。他们已经明确拒绝将你的马车借给我,因此如果你愿意将它借给我,请给我一张便条,写上你已经同意,然后我派人送到诺昂去。

肖邦对诺昂发生的事一无所知,天真地带着他一贯的关心和慷慨给索朗热回了信。这封信上没有日期,其中写道:"得知你生病的消息后,我非常伤心。我立刻将马车交由你随意使用。我已经向你母亲说明了这一点。好好照顾自己。你的老朋友肖。"

乔治·桑将这视为明目张胆的背叛,因而怒火中烧。肖邦居然与索朗热联手与她作对。她给他写了一封长信,让他顿觉心烦意乱。我们只是通过德拉克洛瓦知道这封信的部分内容,因为肖邦向他朗读了这封信。信的原件已经遗失(或者被肖邦毁了)。乔治·桑在信中命令肖邦,除非他答应永远不再见索朗热和克莱辛格,并且永远不当着她的面提及她女儿的名字,否则他永远不必再回诺昂。德拉克洛瓦在日记颇有先见之明地写道：

> 必须承认……那封信非常狠毒。冷酷的激情和长期聚集的不耐都在里面爆发了，而与之形成对比的是（如果不是触及到如此悲剧的话题，这种对比本该逗人发笑），当我时不时地取代这个女人，发表长篇大论时，我的那些话语相形见绌，简直像从某部小说或者某部哲学著作中借来的。

整整10天，肖邦没有给她回信，显然希望这只是一桩小事，一切很快都会归于平静。当他最终回信时，他对这一切礼貌、冷静的判断让乔治·桑更为激动。他写道，克莱辛格在他心中一文不值，但是至于索朗热，“我绝对不会对她视而不见”。他提醒她，每当需要的时候，他对她的两个孩子都会出面相助，毫无偏袒。“当然，”他质疑她道，“你命中注定要永远爱他们，因为母亲的情感永远不会改变。麻烦会蒙住他们的眼睛，但永远不会摧毁他们。”既然说到了点子上，他继续大胆地写道：“你的痛苦一定难以抑制，以至于你对自己的孩子如此狠心，甚至都不愿意听到她的名字，而且是在她即将为母之时，在她比任何时候都更需要母亲关爱的时刻。”他没有提及自己的任何情况，只是在信的结尾处写道：“时间会证明一切。我将等待，一如既往。你忠诚的肖。”

乔治·桑大发雷霆：写信的这个人从来没有就索朗热的婚姻发表过意见，只知道生活在自己的世界里，对人生一无所知，如今却在暗示索朗热与克莱辛格的婚姻是她的错误，并且质疑她那远近闻名的母爱天性。乔治·桑的反应不仅充满了戏剧性和指责，而且完全违背逻辑，自欺欺人。她开始向任何愿意聆听的人痛骂肖邦，说她终于意识到这么多年来肖邦所爱的不是她，而是索朗热；肖邦对她的激情完全是仇恨的结果；她如今先是被女儿后来是被肖邦所背叛。她在1847年6月28日的信中写道：

> 既然你认为你所忠诚的应该是她，那就好好照顾她……我不会因此对你有怨言……被人愚弄并成为一个受害者已经够人受的了。我原谅你，不会责备你，因为你的坦白是真诚的。我是有一点感到意外，不过既然你现在感到更加轻松、更加自由，我将不会为这种峰回路转的事感到难过。再见了，我的朋友，愿你早日康复，我相信你会的……我将感谢上帝以这种奇异的方式揭露9年来的隐秘友情。方便的时候给我来信。再回到这里来已经毫无意义。

一切就这样结束了。这是他们之间的最后一封信。他们的朋友目瞪口呆。维亚尔多夫妇向她提出了反驳意见，说她完全误会了肖邦在整个事件中的角色，并且说他“善良，一如既往地对你忠心耿耿，为你的欢乐而欢乐，为你的痛苦而痛苦”。但是和解已经无望，一切为时已晚。肖邦和乔治·桑下一次见面是9个月后。1848年3月3日，他从索朗热那里得到了她女儿出生的好消息。次日，他在马里亚尼家的门厅碰到了乔治·桑。他问她是否知道索朗热的任何消息。

“一个星期前吧。”她回答。“那你昨天或者前天没有听到她的消息吗?”“没有。”“那么我可以告诉你,你已经当外祖母了;索朗热刚刚有了一个女儿,我很高兴第一个将这消息告诉你。”我低头致意后便下了楼。

这是他最后一次见到乔治·桑。遗憾的是,取名为让娜－加布里埃尔·克莱辛格的小女孩只存活了5天。

后来,乔治·桑在莫里斯的协助下销毁了她与肖邦之间几乎所有来往书信。人们后来发现,肖邦保留了乔治·桑写给他的所有信件,在他日记的最后一页保留了她的一缕秀发,并且直到生命最后一刻都携带着她写给他的第一张纸条。

肖邦在1847年圣诞节写给姐姐的长信中乐观且客观地回顾了所有这些事情。他先告诉卢德维卡,索朗热在诺昂的房间改成了一个剧场,她的化妆室变成了演员们的化妆间,然后他写道:

这位母亲对女婿的仇恨显然甚于对女儿的痛恨;可是她却在给我的信中说她女婿人并不坏,是她女儿将他带坏了。她似乎想一次性彻底摆脱我和她女儿,因为我们给她带来了不便;她会给女儿写信的;只有在得知孩子的情况之后,她那颗母亲的心才会平静下来,她才能掩盖她的良知……真是个奇怪的人,而且还那么聪明绝顶!她一定是发疯了;她毁了自己的生活,毁了女儿的生活;我估计而且可以肯定,她儿子的生活恐怕也不会好到哪里去。她为了自己心安理得,渴望寻找到什么东西来反对那些关爱她的人,那些从来没有对她失礼的人,那些她无法容忍在她周围存在的人,因为他们照出了她的良知……我不会为帮助她度过人生中最艰难的8年而后悔:她的女儿在这些年里长大成人,她的儿子与他母亲生活在一起;我不会为我所受的苦而后悔;但是我为那个女儿,那株精心培育、躲过了那么多暴风雨袭击的植物,却因为无心和轻率在她母亲的手中折断。这种无心和轻率如果发生在一位二十来岁的女人身上是可以原谅的,但如果发生在一位四十来岁的女人身上却是不可饶恕的。曾经有过的一切已不复存在,没有留下一丝一毫的痕迹。当索朗热小姐有一天回忆这件事时,她的心中只有对我的美好记忆。她目前正处在突如其来的做母亲的状态中,所扮演的母亲角色远远超出了她的能力范围:在他们陷入这种困境中时,即便是富有如此想象力的她,也没有任何药物可以治愈她的一时心血来潮。

戈尔吉马拉已经破产。马里亚尼夫妇正准备离婚。肖邦的朋友、诗人斯特凡·维特维茨基已经去世,同样去世的还有肖邦当初的恋人玛丽亚那毫无责任感的哥哥安东尼·沃津斯基。11月传来了门德尔松去世的噩耗。“整个巴黎都在生病,”肖邦在11月底致索朗热的信中写道,“天气糟糕透顶,你真希望自己能置身在晴朗的天空下。这该死的一年应该结束了。”

第十三章 伦敦与苏格兰 1848

Chapter 13: London and Scotland 1848

London and Scotland, 1848
伦敦与苏格兰,1848

1848：革命的一年。革命爆发前，肖邦独自一人生活,而且收入大为减少。他的健康迫使他减少了上课的次数,因而钱变得越来越紧张。他剩下的学生包括阿什利·加瓦尔(肖邦曾将《摇篮曲》题献给她)、神通广大且富有的俄国公主奥博雷斯科夫、简·斯特林以及光彩照人的玛丽亚·卡雷尔基斯伯爵夫人——她出生在华沙,25岁,美艳动人,已经与她那位俄国外交官丈夫离婚,而且是位颇有天分的钢琴家。她与李斯特、缪塞、戈蒂埃和未来的拿破仑三世发生过关系,赢得了海涅对她那句名垂千古的描述:“一座众多伟人在此掩埋的先贤祠。”肖邦喜欢给她上课,她也使他振作了起来,他等待着想看看自己的生活此刻将走上哪条轨道。

接下来的重大事件是一场音乐会，又是在普莱耶尔的沙龙中举办的,肖邦近20年前在这里首次演奏。1848年2月16日,星期三,这将是他以钢琴家的身份在巴黎的最后一场演出。音乐会的组织者是普莱耶尔和奥古斯特·列奥,门票价格翻了三倍。音乐会以莫扎特的《E大调

Piątek 11 février 1848

Najukochańsi

Dawno do was nie pisałem bo to tak im więcej się spóźni tem więcej się nie ma do pisania natury — i tyle i tyle że zapomina się koniec. Tak też dziś piszę wam tylko parę słów ażebyście wiedzieli żem zdrów żem wasz list dostał. Miałem grippę jak cały świat tutejszy — i jeśli wam wszystko. Dziś piszę to dla tego żem myślą zajęty moim Koncertem który ma być 16 tego miesiąca. Przyjaciele moi przyszli jednego rana i powiedzieli mi że muszę dać koncert, że o nic się nie mam kłopotać tylko usiąść i zagrać — Od tygodnia już biletów niema (a bilety wszystkie po 20 fr). Publiczność zapisuje się na drugi — (o którym nie myślę)

肖邦1848年2月11日致家人的信

钢琴三重奏》开始，与肖邦共同演奏这首乐曲的是弗朗肖姆和小提琴家让－德尔芬·阿拉尔。女高音莫琳娜·迪·蒙蒂女士演唱了几首独唱曲，肖邦在她的演唱间歇弹奏了一首夜曲、《船歌》、《摇篮曲》和几首练习曲。

在音乐会的下半场，肖邦和弗朗肖姆演奏了《大提琴奏鸣曲》的第二乐章（谐谑曲）。为什么在这首作品公开首演时决定省略第一乐章？这一直是个谜。肖邦在音乐会前的一周染病，自然会觉得“中庸的快板”乐章严格的10分钟对体力的要求过高。他分辨说自己没有足够时间进行排练，但是这首作品开始处的主题显然对他意义非凡。他临终前曾请求弗朗肖姆演奏它，但开头几小节刚刚奏出，他便不愿意再听下去。难道是它与诺昂的联系过于痛苦，无法公开坦露？在一段迈耶贝尔的咏叹调过后，肖邦最后弹奏了几首前奏曲、玛祖卡舞曲和圆舞曲。

这天晚上的成功让他名利双收，也让他信心倍增。他决定3月10日再举办一场音乐会，可是就在他这场胜利6天后的2月22日，巴黎爆发了所谓的“二月革命”。肖邦在3月3日致索朗热的信中写道：

巴黎很安静，却是因为恐惧。每个人都被应征入伍。每个人都加入了国民卫队。商店虽然开着，却没有顾客。外国人手持护照，在等待着被炸毁的铁路修好。各个派别已经开始形成。

巴黎人对腐败的独裁政府早已义愤填膺，终于起来反抗路易·菲力普的七月王朝，而骚乱的起因便是他阻止一次关于选举权改革的会议。(路易·菲力普逃到了英国,两年后在那里去世。)在6月的第二次巴黎起义中，新的左翼政府——“第二共和国”遭到了镇压。这年年底,路易·拿破仑(即未来的拿破仑三世)当选为总统,并在1852年成为“第二帝国”的皇帝。

几乎是一夜之间，肖邦的社会被扫到了一旁，取而代之的是乔治·桑所讴歌的社会新秩序。人们此刻最不关心的便是艺术、文学和音乐。钢琴学生消失得无影无踪，随之而来的便是前途未卜、人身威胁和不安全感。简·斯特林催促肖邦去英国。那里仍然有音乐会,仍然有钱挣,仍然有演出季,而且她会替他安排好一切。

4月19日,肖邦生平第二次跨越英吉利海峡,次日抵达伦敦。他的临时住处是卡文迪什广场旁的本汀克街10号。他发现简·斯特林信守诺言,甚至细心地为他准备了印有他名字首字母的便笺,以及他冲泡巧克力时最喜欢用的法国可可粉。一个星期后,他搬进了多佛街48号一套豪华公寓,就在皮卡迪利广场附近。公寓很大,足以摆放他的普莱耶尔钢琴,以及埃拉尔和布罗德伍德牌钢琴制造商们坚持要出借给他的钢琴。

他的身边不久便聚集了一些老朋友、他在巴黎教过的一些学生的亲戚和熟人以及形形色色的业余钢琴家，个个都急于被视为“肖邦的弟子”。他的学费为每节课1基尼。由于他的房租为每月40基尼,他需要每个上门的学生。他接受了别人的建议,每次应邀去贵族家举办的白天聚会弹琴时,收费20基尼(比他在巴黎的收费标准低了许多)。但是这里的竞争很激烈,他也不是唯一逃到伦敦来的外国音乐家。暂时侨居伦敦的柏辽兹在日记中写道:“英国首都是否能容纳这么多流亡者?”同时聚集在伦敦的外国音乐家还有塔尔贝格(肖邦在日记中写道:“他有 12 场音乐会。”)、哈勒、保莉娜·维亚尔多以及女高音詹尼·林德——传奇般的“瑞典夜莺”。卡尔克布雷纳不久前刚刚离开,因为他未能在这里扬名立万。

享有盛誉的伦敦皇家爱乐乐团邀请肖邦与之合作,演奏一首他的协奏曲,但肖邦有些轻率地拒绝了。缺乏排练时间让这位完美主义者难以适从(他曾听过钢琴家埃米尔·普鲁登特弹奏他本人创作的《降 B 大调钢琴协奏曲》:“那简直是场闹剧。”),此外,他担心自己已经没有体力让独奏声部超越在乐队之上,尤其是一个他评价并不太高的乐队。“我宁愿不去尝试,因为它可能毫无结果。”他在致戈尔吉马拉的信中写道。爱乐乐团的发起人很不习惯遭到拒绝,因而很是不高兴,而他恰好也负责安排英国王室的音乐会。

肖邦不为所动,自然也很高兴能为维多利亚女王陛下演奏。不是在白金汉宫,而是在(更宏伟壮丽的)斯塔福德豪斯,即如今的圣詹姆士兰卡斯特豪斯,当时是萨瑟兰公爵和公爵夫人的寓所。这场音乐会的缘由是为公爵夫人刚出生的女儿命名,而维多利亚女王是她的教母。在这华丽的宫殿内坐着 80 位珠光宝气、佩戴勋章的名流,包括阿尔伯特王子(即未来的普鲁士威廉一世)和惠灵顿公爵。他们聆听了 3 位当红意大利歌唱家的演唱:(焦瓦尼·)马里奥、路易吉·拉布拉什和安东尼奥·坦布里尼。肖邦紧跟在他们后面出场,先弹奏了几首自己的短作品,然后与德国出生的英国钢琴家兼作曲家尤里乌斯·贝内迪克特联袂弹奏了莫扎特的一首钢琴四手联弹《G 大调变奏曲》。女王与肖邦交谈了两次,但如果他希望自己能够应邀去温莎城堡演出,那他肯定会大失所望。他根本不知道,维多利亚女王当晚在日记中写道:"有些音乐很美,拉布拉什、马里奥和坦布里尼唱得不错,还有一些钢琴演奏。"

英国人对钢琴家以及所有音乐的态度与肖邦在巴黎已经习以为常的法国人的态度截然不同。6 月初,他写信给戈尔吉马拉,对他目前的处境有着一贯的洞察力。他已经开始咳血("我早晨经常认为会将我的灵魂咳出来"),开始为金钱担忧,开始怀疑自己是否有足够的体力来进行他被安排参加的各种社交活动:

这两位善良的苏格兰女士(简·斯特林及其姐姐凯瑟琳·厄斯金太太)对我非常友好……可是她们喜欢整天带着我在伦敦到处转悠,拿着名片去拜访不同的人,弄得我半条命都丢了。在马车内颠簸三四个小时,那种感觉仿佛我已经从巴黎到了布伦[1](……)她们把我介绍给了天知道是谁,而且根本都不在伦敦。我在波兰生活了 20 年,在巴黎生活了 17 年;难怪我在这里不算什么,尤其是我根本听不懂英语。

钱很难挣到,唯一能够打动"资产阶级"的办法就是

① 布伦:法国北部港口城市。——译注

“干出令人震惊的事，而我又恰恰做不到这一点。上流社会……有成千上万件事让他们分心，还有百般无聊的繁文缛节。音乐无论好坏对他们都一样，因为他们从早到晚一直都能听到音乐。”背景音乐在19世纪就已经如此流行，这让人多少感到有些欣慰。

两场私人音乐会确实给他带来了一些急需的收入（大约300英镑）。第一场的时间是6月23日，地点是阿德莱德·萨托里斯位于伊顿广场的家中。萨托里斯是著名演员查尔斯·肯布尔的女儿，本人也是一位杰出的歌唱家。当时在场的名人包括萨克雷[①]和卡莱尔[②]。肖邦与男高音马里奥共同分摊了演出曲目。第二场音乐会于7月7日举行，却没有这么成功。音乐会的地点是法尔莫斯勋爵位于圣詹姆士广场的豪宅，与肖邦联袂演出的是保莉娜·维亚尔多。她除了演唱其他作品外，还演唱了她本人为肖邦的一些玛祖卡舞曲填词的歌曲。

7月底标志着伦敦演出季的结束，贵族们纷纷紧随王室去苏格兰度假，或者外出去狩猎。肖邦再次成了孤家寡人，但简·斯特林也再次出手相救，尽管肖邦本人极不情愿。如果说乔治·桑曾经像母亲一样关爱他的话，那么简·斯特林的关爱简直要让他窒息。具有讽刺意味的是，在此后数月中，她给肖邦那极不稳定的健康造成的破坏远远大于其他任何人。她姐夫托尔皮臣勋爵邀请肖邦去他家做客，他的府邸卡尔德尔堡离爱丁堡不远。8月

① 萨克雷（1811—1863），英国小说家，作品多讽刺上层社会，代表作为长篇小说《名利场》和《潘登尼斯》。——译注

② 卡莱尔（1795—1881），英国散文作家和历史学家，写有《法国革命》等著作。——译注

初，肖邦坐火车去 407 英里之外的爱丁堡。他在日记中写道，整个车程耗时 12 小时，途经伯明翰和卡莱尔。

爱丁堡给肖邦留下了深刻的印象（他形容它为“非常精致的城市”），同样打动他的还有卡尔德尔堡——托尔皮臣的桑迪威尔斯 14 世纪的官邸。墙壁厚达八英尺，数不尽的走廊里挂满了祖先的肖像，也充斥着他们的幽魂。他写道，他的房间“能够看到无比壮丽的景色，面朝斯特林镇的方向，可以放眼越过格拉斯哥，看到北方美丽的景色……我能想到的一切，这里应有尽有，他们甚至每天给我送来巴黎的报纸”。

然而，我们可以从同一封致家人的信中明显看出，他又陷入了犹豫不决的境地。过去 18 年里，他一直日收斗金，如今却量入为出。他必须举办一些音乐会来筹钱，可举办音乐会又会让他备感痛苦并且精疲力竭。“英国人……只从英镑的角度来看问题：他们喜欢艺术是因为艺术象征着一种奢侈。”他举办的几场音乐会几乎没有给评论家留下任何印象。他 8 月底去了一趟曼彻斯特，为他平生最多的观众（1200 人）演奏。《曼彻斯特卫报》报道，肖邦上台时“步履蹒跚，外表虚弱，几乎带着一种痛苦的神情”；而 1832 年曾在巴黎与他联袂演奏过卡尔克布雷纳的《波洛奈兹舞曲》《引子与进行曲》的爱尔兰钢琴家乔治·奥斯本觉得“他的弹奏过于细腻，无法引起人们的激情”，并且万分痛苦地承认“我真为他感到难过”。

口袋里有了一笔钱之后，肖邦返回了爱丁堡。他临时居住在一位波兰同乡里斯津斯基大夫的家中，然后再动身前往格拉斯哥郊外的约翰逊城堡。城堡的主人路德维克·豪斯顿是简·斯特林的姐夫,他妻子曾是肖邦的学生。一连串的旅行,虚弱的身体,无休止地与那些和他没有什么共同之处的人进行社交,这一切的后果终于显露了出来。朱利安·冯纳塔从美国回来后再次进入了肖邦的生活中。病中的肖邦向他承认:“我喘不过气来……已经无可救药了……我只是在茫然地过日子,耐心地等待着冬天到来,时而梦见家乡,时而梦见罗马,时而欢乐,时而悲伤。”

9月4日致戈尔吉马拉的信:

我又是生气又是沮丧,这里的人给了我无微不至的关怀。可是我呼吸困难,我感到孤独,孤独,孤独,尽管周围全是人……他们都是好人,很善良,处处为我考虑。这里有许多女士,还有70至80岁的绅士,可是没有年轻人,年轻人都去打猎了。

9月27日,他又在格拉斯哥举办了一场音乐会。尽管收入少得可怜,但看到扎尔托里斯基夫妇坐在观众当中,他的情绪变好了一些。随后便是去凯伊尔堡,这里自15世纪起就一直是凯伊尔的斯特林祖祖辈辈生活的地方。他那糊涂的学生接着又匆匆将他带到了斯特林城堡。这是全苏格兰最壮观的城堡。肖邦在致戈尔吉马拉的另一封信中写道:

我更加虚弱了,根本无法进行创作……从早晨到下午两点,我干什么都没有力气。我穿衣服时,浑身到处疼痛不已,并且会一直持续到晚餐时。然后,我便会在餐桌旁坐上两个小时,望着周围的男人谈天说地,听着他们觥筹交错的声音。我厌倦极了……他们出于礼貌让我活受罪,而我同样出于礼貌无法拒绝他们。

他回到爱丁堡后再次住在了里斯津斯基大夫家,并且于10月4日在爱丁堡女王大街的霍普顿厅又举办了一场音乐会,组织者依然是简·斯特林。但是,到了音乐会的前一天,购买门票的人仍然寥寥无几,斯特林只好自掏腰包购买了一百张票,免得音乐厅显得过于空荡。肖邦在这里一反常态,承担了大部分曲目:几首精选的练习曲、《夜曲》Op.9之2、《摇篮曲》《华丽大圆舞曲》Op.18以及其他作品。除了《第二叙事曲》外,其他曲目对体力的要求都不算太大。

他那位细致入微的女主人随后带他去了威肖,让他在贝尔哈文夫人那里住了几天。然后便是重返卡尔德堡,在壮丽的汉密尔顿宫住了几天,这是汉密尔顿公爵夫妇的家。肖邦此时已经得了感冒,只好回到里斯津斯基大夫家。肖邦与斯特林小姐的亲密关系已经惹来了流言蜚语。说他们已经订婚的谣言甚至传到了巴黎。

肖邦身心疲惫、百般无聊,几乎身无分文。到最后,他实在无法忍受,于10月底离开苏格兰,回到了伦敦。他到伦敦后再次病倒,前18天没有出过门,已经有人替他在圣詹姆士广场找到了住处。他花时间给戈尔吉马拉写了一封信,驱散了关于他即将结婚的流言蜚语:

首先必须有某种身体上的吸引力，而那位单身的斯特林小姐与我过于相似。你怎么能亲吻你自己呢？有这份友情就足够了，但仅此而已。我早已表明了这一点——即便我真能与某人相爱，而且我应该非常高兴能与人相爱，我也不会结婚，因为我们可能会食不果腹、衣不遮体。有钱人肯定会找有钱人，即便是穷人，至少也不会找一个病人……一个人独自毁灭已经够糟了，但如果两个人一起毁灭，那将是最大的不幸……我根本没有考虑过娶妻，我只思念自己的故乡，思念我的母亲，思念我的姐妹。愿上帝能够眷顾她们。至于目前，我的艺术沦落到了什么地步？还有我的心，我都将它浪费在了何处？我几乎已经不记得故乡的歌声了。这个世界正在离我而去，我会忘事，我已经没有了力气。如果我起来一点，我会再次倒下，而且摔得更低。

1848 年 11 月 16 日，肖邦在伦敦市政厅举办的“波兰之友文学协会年度募捐化装舞会与音乐会”上举办了一场音乐会。他的表演几乎没有引起任何反响。他弹奏了一个小时后回家。这场音乐会与他的故乡有关真是再恰当不过的事，因为这是他最后一次公开表演。

简·斯特林来到了伦敦，依然希望肖邦会向她求婚。像往常一样，随她一起到来的还有她的姐姐。肖邦在苏格兰时，她曾在多个夜晚给他朗读《圣经》、向他展示自己的宗教热情，希望能让肖邦皈依加尔文教派。“我的两位苏格兰女士真令人厌烦，愿上帝原谅我。她们牢牢缠着我，让我无法脱身。”可他还是在 11 月 23 日脱身了。他坐火车来到福克斯通，然后一路晕船到达布伦。如今已骨瘦如柴的肖邦终于在次日回到了巴黎。

第十四章 债务与陨落
1849

Chapter 14：Debt and Decay
1849

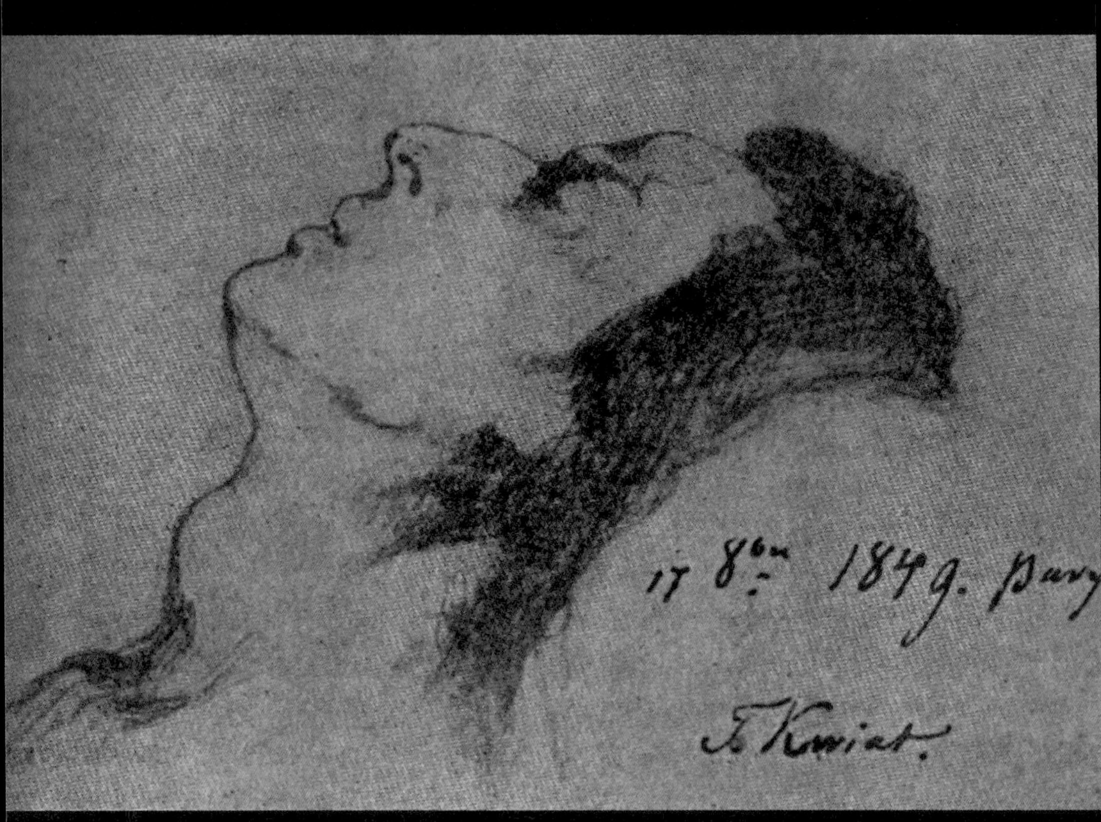

Debt and Decay，1849
债务与陨落，1849

回到巴黎后的肖邦面临着许多难以克服的困难：尽管最近举办了那么多音乐会，他的钱却已经所剩无几；他无法创作，因而也没有作品可以出售给出版商；他身体太虚弱，无法正常给学生上课（他的大多数学生都转到了他的朋友兼邻居阿尔康的门下）；由于呼吸困难，他只好呆在自己位于奥尔良广场的房间里；当初给他进行顺势疗法的莫兰大夫已经过世（一些取代他的大夫每天来两次，每次收费 10 法郎，因而给肖邦带来了巨大的经济压力）。保莉娜·维亚尔多在致乔治·桑的信中总结了他当时的状况：

他的身体每况愈下，状态好的时候会坐车出门，状态不好的时候会一阵阵地咳个不停，并且开始咳血。他晚上不再出门，但还是坚持给学生上课。身体好的时候，他依然很风趣。

肖邦还是在 4 月的一个晚上出了门，去听维亚尔多

用银版照相法拍摄的肖邦像，1849年

在迈耶贝尔的新歌剧《先知》首演中的演唱。这部歌剧华丽的舞台效果给肖邦留下了很深的印象，但它的音乐却让他很是失望。

戈尔吉马拉、马里亚尼夫妇以及肖邦的许多贵族朋友都已离开了巴黎，但仍然有一群老朋友定期来看望他，包括弗朗肖姆、深居简出的阿尔康、玛丽·德·罗吉尔勒、黛尔菲娜·波托茨卡、玛丽亚·卡雷尔基斯，尤其是德拉克洛瓦。尽管身患疾病，他仍在紧张地给卢浮宫阿波罗展厅天花板上的壁画进行最后的修饰。然而，这些人当中谁也无法给肖邦提供他最需要的东西——金钱，以及搬离奥尔良广场一楼潮湿的房间（还有它带给他的痛苦联想）。这时出面相救的是奥博雷斯科夫公主，肖邦的学生索佐公主的母亲。

奥博雷斯科夫公主已经是肖邦核心圈的一员。肖邦在索朗热的请求下，曾经问过这位公主是否有可能给克莱辛格在圣彼得堡找到一些活。由于这位雕塑家找不到活干，他们的婚姻正面临巨大压力，而第二个女儿的诞生更是雪上加霜：克莱辛格想要的是儿子。奥博雷斯科夫公主在夏约街 74 号给肖邦找了个三楼的公寓（如今是特罗卡德罗饭店），能够将杜伊勒里宫、巴黎圣母院、先贤祠和圣叙尔皮斯教堂一览无余。房租高达每月 400 法郎。公主告诉肖邦房租只有 200 法郎，然后瞒着他自掏腰包补齐了差价。

他于 5 月底搬了进去。每当他感觉自己有力气出去兜风时，他的贴身男仆丹尼尔便会抱着他上下楼梯。在丹尼尔晚上回家后，扎尔托里斯卡公主便会打发她女儿以前的保姆过来，充当夜班护士。6 月，一场霍乱瘟疫夺走了卡尔克布雷纳和安杰丽卡·卡塔拉尼的生命，后者是肖邦儿时在华沙特别着迷的歌唱家。

简·斯特林和厄斯金太太来到了巴黎，住在圣热尔曼。有些朋友可以经常看到，但是肖邦肯定感到非常难过，因为每一个来看望他的人现在都能看到他穿着裤子和轻便鞋躺在床上，双腿和双脚浮肿，经常腹泻，大口咳血。詹尼·林德来看他，而且让他高兴的是，她与黛尔菲娜·波托茨卡为在场的几位朋友即兴举办了一场音乐会，演唱了一些歌曲和咏叹调。这是他最后一次主持这样的聚会。

著名的肺结核权威克律韦耶大夫来给他会诊。肖邦深知自己来日不多，便写信给他姐姐，恳求她来看他。“我病了，”他在6月25日写道，“你的到来胜过任何医生所开的灵丹妙药。”由于她丈夫的原因，卢德维卡迟迟无法来到巴黎。即便是在他小舅子最需要的时刻，卡拉桑迪对肖邦的嫉妒和仇恨仍然占据着上风，让他无法对肖邦表示任何同情。他直截了当地拒绝支付旅行费用，只是在肖邦的母亲承担费用之后才同意去巴黎。卢德维卡筹到的钱只够她自己、她女儿和卡拉桑迪成行，却无法支付肖邦的妹妹伊莎贝拉和她丈夫或者肖邦母亲去巴黎。奥博雷斯科夫公主和玛切琳娜·扎尔托里斯卡预料到了肖邦的愿望，运用她们的影响力，让俄国当局给卢德维卡一家颁发了签证。

在他们抵达之前，负责肖邦金钱事务的弗朗肖姆惊恐地意识到，奄奄一息的肖邦只剩下了几百法郎。他一定将这情况告诉了简·斯特林，后者毫不犹豫地假装大吃了一惊。她说，怎么可能呢，她三月份刚刚将一个装有25000法郎的袋子交给奥尔良广场的门卫。难道他没有收到吗？他们便通过这个经不住推敲的小花招让肖邦相信情况确实如此，而那位品德无可挑剔的门卫只是将那

肖邦在旺多姆广场12号的沙龙

袋钱放在台灯背后便忘记了此事。他们请了一位“巫师”，很快便奇迹般地找到了那笔钱。肖邦起初拒绝接受。厄斯金说服他收下了15000法郎。肖邦只同意这笔钱是他借的。

8月9日，卢德维卡和卡拉桑迪以及他们的女儿赶到了巴黎。肖邦的精神顿时好了许多。卢德维卡在肖邦去世后给她丈夫写了一封长信，但这封信直到1968年才公布于众。卢德维卡在信中解释了自己关爱弟弟的原因，并且以严厉的口气指责卡拉桑迪对妻子冷酷无情，以及他对待肖邦的卑劣行径：

我去那里照顾他，伺候他，安慰他。只要能减轻他任何一点痛苦，什么样的艰辛我都愿意承担。可怜的他喜

Comme cette terre m'étouffera
je vous conjure de faire
ouvrir mon corps pour je
sois pas enterré vif

肖邦最后的笔迹，请求不要将他活埋。

欢在夜深人静时说话，将他的所有痛苦告诉我，将他最关心的每件事倾诉给我这颗爱他、理解他的心。

她在最后对卡拉桑迪进行了指责与发泄："你从一位朋友变成了一个暴君，我从一位朋友变成了一个奴隶……我的苦难如今又多了一条：我不再相信友谊的存在……"

卡拉桑迪月底前独自回到了波兰。在肖邦生命的最后一个月里，同样令人费解的还有乔治·桑的态度。9月1日，她给卢德维卡写信，询问肖邦的身体状况。"有人给我写信，说他的情况比以往更糟，其他人则说他只是身体虚弱，心情烦躁，像我所熟知的那样。我冒昧地请您答复我，因为做母亲的可以被子女误解和抛弃，却不会不爱他们。"卢德维卡没有给她回信。不可能再有临终前的和解。

9月中旬，肖邦搬到了旺多姆广场12号一楼的新住所,这也是当时巴黎最时尚的地方之一。他的所有物品也从奥尔良广场搬了过来。他的床边又多了一位新客人,是他童年时的朋友阿列克桑德·耶罗维茨基神父。耶罗维茨基曾经是个作家和出版商,后来当了神父,如今一门心思要在这个迷途的灵魂离世前拯救他。他本人详尽讲述了肖邦的忏悔以及最终同意接受临终圣餐的经过,但他的叙说伪善且自鸣得意。据他说,肖邦对他表达了感激之情:“我的朋友,如果没有你,我会像猪一样死去。”其他人的讲述却坚称临终圣餐仪式是强加给肖邦的,而肖邦当时身体太虚弱、心中过于害怕,所以才没有反对。

在他生命的最后一个星期中,朋友、学生、熟人和闲散人员纷纷来到住所的前厅,向他表达最后的敬意。他清醒的时候会与那些获准来到他面前的人说话,但他的指示明确无误:必须销毁他所有未完成的手稿,只有已经完成的作品可以出版;将他尚未完成的《钢琴演奏法》笔记赠给阿尔康,但遗憾的是这些东西的价值和内涵很少;他的葬礼上要演唱莫扎特的《安魂曲》;他的心脏必须取出来送回华沙。他所写的最后几句话(用的是法语)与他父亲临终前最害怕的事如出一辙:“我可能会被痰呛昏过去,所以我恳求你们给我解开衣服,免得我被活埋。”

卢德维卡、索朗热、玛切琳娜·扎尔托里斯卡、弗朗肖姆、托马斯·阿尔布雷希特、古特曼和其他一两个人一直守在肖邦的身旁。10 月 15 日,黛尔菲娜·波托茨卡从尼斯赶了过来。肖邦请她为自己歌唱。普莱耶尔钢琴被

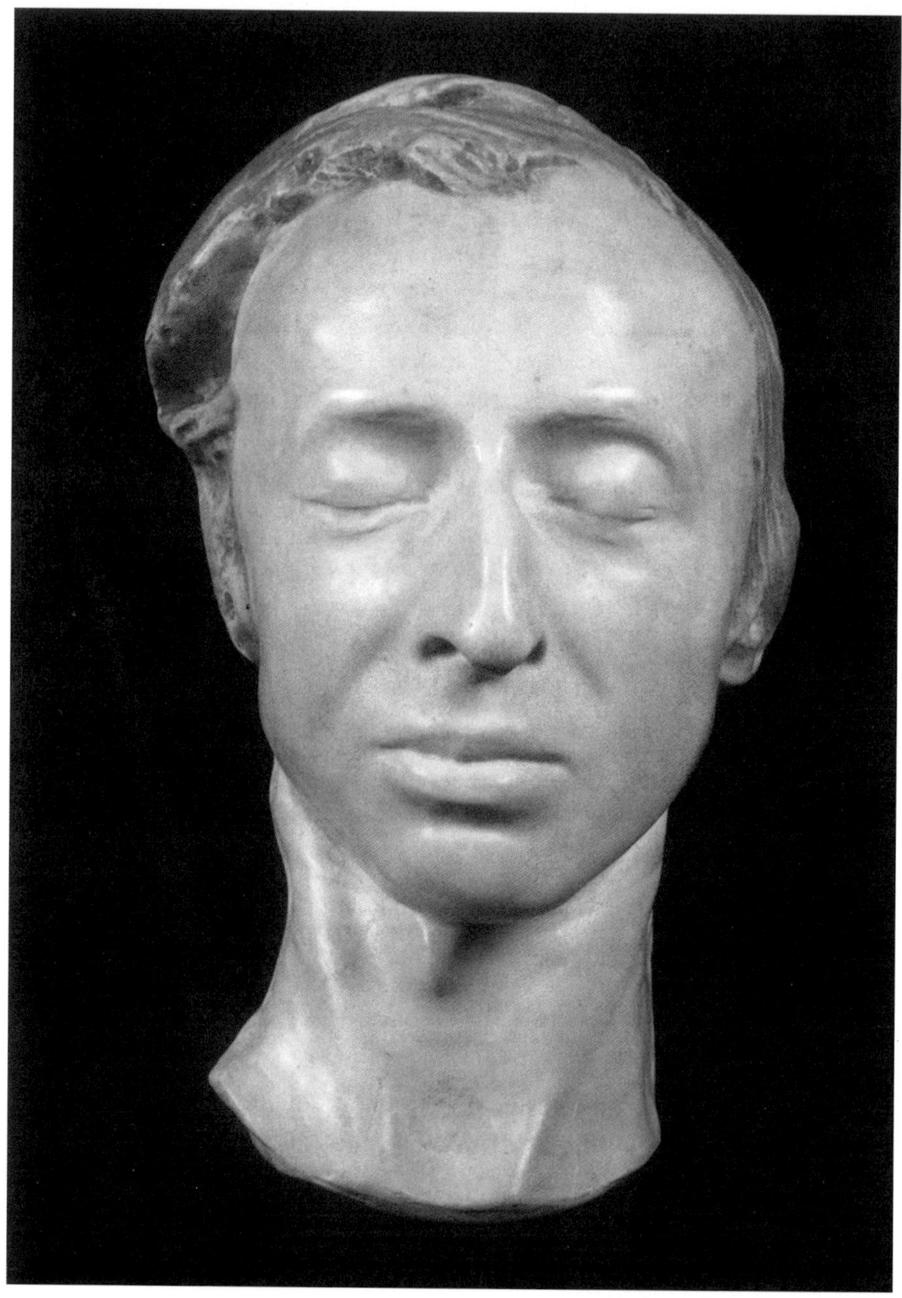

肖邦死后的面部模型，克莱辛格制作

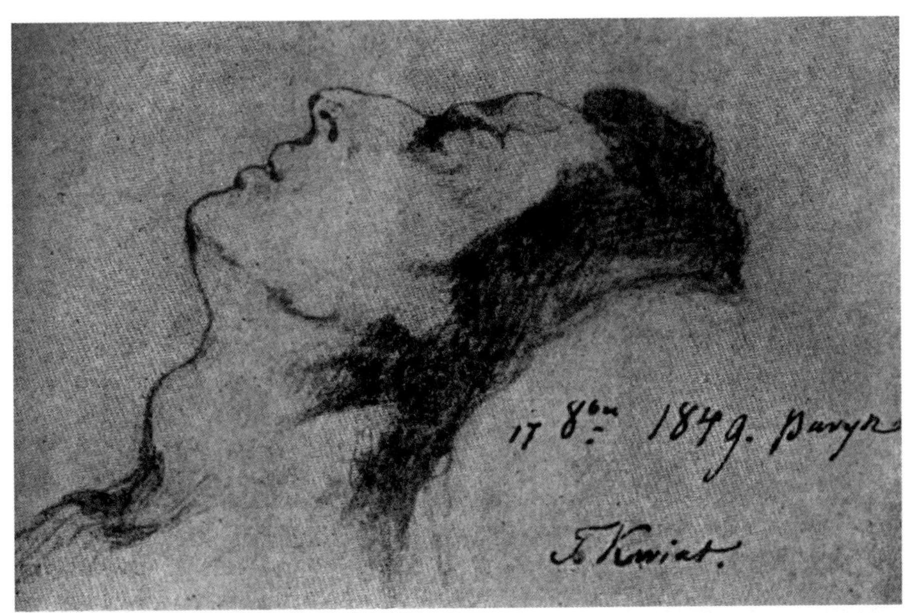

临终时的肖邦，克维亚特科夫斯基绘制，所署日期为1849年10月17日

推到了敞开的卧室门口。她唱了什么？人们多年来对此有各种推测，但现在可以确定她演唱的是选自亨德尔的《德廷根感恩赞》中的b小调“广板”——“赐恩吧，主啊”。

10月16日，肖邦极其痛苦。他请大家给他演奏一些音乐。玛切琳娜和弗朗肖姆演奏了一些莫扎特的音乐。随后，他希望听到自己那首《大提琴奏鸣曲》的开头部分。他们刚刚奏出开头几小节，他便开始咳嗽，他们只好停了下来。

傍晚，克律韦耶大夫和一位同事给他做了检查。他因喘不过气来，脸色已经发青。大夫弯腰问他是否还在受苦。房间里的每个人都听到他低声回答：“没有了。”当天夜里，索朗热坐在他床边时，肖邦的病情突然发作。她赶紧呼喊古特曼。古特曼抱住肖邦，两个人一起给他喂水。

此时，他的眼睛突然放光，久久地凝视着索朗热。这是1849年10月17日凌晨两点钟左右。他只有39岁。

天还没有亮，两位摄影师赶到了这里。人们始终未能弄明白他们带着器材是如何溜进去的，可是当他们企图将床推到窗户边以增加光线时，有人发现了他们。他们立刻被赶了出去。

早晨，克莱辛格被叫来制作肖邦的面部模型。他的第一稿没有得到卢德维卡的认可，因为它暴露了肖邦脸上最后的痛苦表情。他又加了一层湿石膏，抹去了肖邦最后痛苦挣扎的痕迹。后来，画家克维亚特科夫斯基绘制了一张精美的肖邦头部侧面像。肖邦的心脏被取了出来，遗体运到玛德莲教堂的地下室后，他的住所被封了起来。卢德维卡负责处理他的所有物品，包括里面存放着乔治·桑写给肖邦的所有信件的小箱子。她将这些信件归还给了它们的作者。如前文所述，乔治·桑和莫里斯立刻销毁了这些信件。卢德维卡在写给卡拉桑迪的信中建议将肖邦的钢琴留在家中，但他却在回信中命令她将一切都卖了，并且补充说："什么都不要留，我绝不允许（肖邦的）任何破烂进我的家门。"

两个星期后的10月30日，肖邦的葬礼在玛德莲教堂举行。这绝对是一个壮观且感人的事件。教堂正面悬挂着巨大的黑天鹅绒漩涡装饰帘，上面用银线绣着肖邦的名字字母缩写F.C.。葬礼邀请了3000人。仪式开始时首先由乐队奏出亨利·勒贝专门为之配器的肖邦的《葬礼进行曲》，然后便是莫扎特的《安魂曲》。演唱得到了大主教的特许，因为玛德莲教堂不允许有女人在里面歌唱。《安魂曲》的独唱者为杜邦、卡斯特兰、维亚尔多和拉布拉什，其中拉布拉什曾在贝多芬的葬礼上演唱了同一首作品中的“号角响彻四方”。奉献仪式开始后，玛德莲教堂杰出的管风琴师路易·里夫布尔–韦伊在管风琴上演奏了肖邦的《e 小调前奏曲》和《b 小调前奏曲》。

走在送葬队伍最前面的是扎尔托里斯基亲王，后面是扶着灵柩的四个人：德拉克洛瓦、弗朗肖姆、古特曼和亚历山大·扎尔托里斯基亲王（有些叙述认为其中两人应该是迈耶贝尔和普莱耶尔）。数千人跟在灵柩之后，一路步行将近 5 公里，来到拉雪兹公墓。如肖邦所请求的那样，棺材在一片寂静中放进了墓穴里。乔治·桑没有到场，但是简·斯特林到了。是她支付了葬礼的所有费用，总共高达 5000 英镑。

今天参观拉雪兹公墓的人将会看到肖邦墓上有克莱辛格设计的大理石纪念碑。它的四周被高楼大厦所包围，附近是家乐福。这里安葬着凯鲁比尼、贝利尼、埃罗尔、梅于尔①、戈塞克②、普莱耶尔、加沃③、埃拉尔、克鲁采④、格雷

① 梅于尔（1763—1817），法国作曲家，作有大量歌剧及舞台音乐作品，以《尤芙罗西尼与可拉丁》最为著名。——译注

② 戈塞克（1734—1829），比利时作曲家，作品包括约 30 部交响曲、15 部歌剧、教堂与合唱音乐等。——译注

③ 加沃（1761—1825），法国作曲家、男高音歌唱家，作有约 30 部歌剧。——译注

④ 克鲁采（1766—1831），法国小提琴家、作曲家，贝多芬曾将自己的《A 大调奏鸣曲》题献给他。——译注

特里[1]、布瓦尔迪厄、夏庞蒂埃[2]和皮尔内[3]。他们的墓碑周围静悄悄、空荡荡的，可无论你何时去那里，肖邦的墓前总是摆满了人们敬奉的鲜花。

---

① 格雷特里(1741—1813)，比利时作曲家，作有50部歌剧、弦乐四重奏、钢琴奏鸣曲等作品，以歌剧《乡村比赛》较为著名。——译注

② 夏庞蒂埃(1860—1956)，法国作曲家，以歌剧《露易丝》闻名。——译注

③ 皮尔内(1863—1937)，法国作曲家，作有芭蕾舞剧《塞达里斯和森林之神》等。——译注

尾 声

肖邦的心脏被送回了华沙，装在圣十字教堂的一个骨灰瓮中。卢德维卡带回波兰的肖邦遗物有些于1863年被哥萨克人毁坏，另一些则毁于第二次世界大战中。

乔治·桑此后一直居住在诺昂，不停地写作，也到处旅行。1854年12月16日，索朗热和克莱辛格正式离婚。乔治·桑成了他们第二个女儿的法定监护人。这个孩子取名为让娜－加布里埃尔，昵称"妮妮"。1855年1月15日，妮妮死于猩红热。乔治·桑1876年去世。

妮妮死后，索朗热再次被乔治·桑拒之门外，此后一生都未能摆脱母亲对她的仇恨。她继承父亲的遗产后买下了舅舅家位于蒙特吉夫赖附近的房产，接连结交了数位男友后均未能再组成家庭，最终于1899年去世。

莫里斯1862年结婚。他的长子马克－安托瓦尼一岁时夭折，他此后有了两个女儿：奥罗尔（1866年出生）和加布里埃尔（1868年出生）。他在诺昂木偶剧院当了一名木偶制作师，亲自雕刻、绘制木偶，制作布景，设计灯光。他1889年去世。

简·斯特林买下了肖邦的大部分遗产，并且收集了许多手稿、书信、文件和其他物品，然后或者将它们送给密友，或者自己保存，或者将它们寄给华沙的肖邦家人。她与卢德维卡一直保持着亲密关系，并且负责了肖邦遗作的出版工作。肖邦去世10年后，她也离开了人世。

朱利安·冯纳塔于1852年回到巴黎。他（违背肖邦的遗愿，但得到了肖邦母亲和姐妹的同意）出版了肖邦的遗作，Op.66—Op.74。1869年，肖邦去世20年后，他自杀身亡。

肖邦毕生都与中学时代的朋友和知己提图斯·伏伊切霍夫斯基保持着联系，但自肖邦定居巴黎后，两个人似乎再也未能相见。提图斯过着乡绅生活，管理着自己的庄园。遗憾的是，肖邦在自己的最后岁月里曾恳求提图斯去看望他，但提图斯虽然当时就在离巴黎很近的奥斯坦德[①]，却未能重视这一请求。提图斯1879年去世，享年71岁。

卢德维卡·耶德热耶维奇1855年去世，时年48岁。肖邦的母亲尤斯蒂娜在她去世后又生活了6年，81岁时离世。她妹妹伊莎贝拉·巴津斯卡1881年去世，时年70岁。

至于肖邦早年的两位恋人，康斯坦丝·格瓦德科夫斯卡1889年去世时79岁，玛丽亚·沃津斯卡1896年去世时也是79岁。

① 奥斯坦德：比利时城市。——译注

作品年表

题献给——作品的题献对象;出版——首次出版年份

如果某首作品在最终发表之前历经数年创作时间(如《第一谐谑曲》Op.20),或者某个作品编号所包含的作品耗时数年才得以完成(如《练习曲》Op.10),本年表只列出最终完成的时间。

由于篇幅所限,对每首练习曲、玛祖卡舞曲、歌曲等的详细介绍只好作罢。对于这些作品,本书将在某个关键时间节点(如《练习曲》见 1833 年;《玛祖卡舞曲》见 1832 年;《歌曲》见 1826 年)给予一个总的介绍。一些次要作品没有评论。

注意:编号 Op.66—Op.74 的作品是肖邦去世后由他朋友朱利安·冯纳塔出版的。这些钢琴作品全都创作于肖邦的早年,因而并非所有这些作品都有着与肖邦本人授权出版的作品相同的水准。

1817

《降 B 大调波洛奈兹舞曲》

出版:1947

《g 小调波洛奈兹舞曲》

题献给:维克多利亚·斯卡尔贝克伯爵夫人

出版:未公开发行,华沙,1817

1821

《降 A 大调波洛奈兹舞曲》

题献给:阿达尔伯特·兹维尼

出版:1902

1822

《升 g 小调波洛奈兹舞曲》

题献给:都彭夫人

出版:1864

1824

《E 大调德国民歌 < 瑞士少年 > 变奏曲》

题献给:卡塔尔捷娜·索温斯卡

出版:1851?

《瑞士少年》有着提洛尔民歌的所有标志性特点。尽管它的最后几小节有着演变成约德尔调的倾向,它的开头几小节却与奥芬巴赫的《宪兵骑士二重唱》(这首曲子在美国是更为人所知的《海军陆战队颂歌》)有着相同之处。卡塔尔捷娜·索温斯卡(娘家姓施罗德)生于德国,是索温斯基将军的妻子。这位将军在1830–1831年波兰反抗俄国沙皇统治的起义之后名噪一时。索温斯基夫妇对肖邦一家非常友好(肖邦在他们家写出了《波兰曲调大幻想曲》Op.13)。《瑞士少年》是卡塔尔捷娜最喜欢的歌曲,“起来,起来,你这瑞士少年”,而且是她一再要求极不情愿的肖邦创作了这首变奏曲。据说他不到一小时就匆匆写出了这首作品。

这是肖邦首次尝试变奏曲这种曲式。虽然只是一首受到其反复的主调—属调—主调主题束缚的次要作品,它依然很迷人,引子与五个对比强烈的变奏反映了少年肖邦在钢琴音乐方面与生俱来的流畅性和创造性。

1825

《c小调回旋曲》Op.1

题献给:博古米尔·琳德夫人

出版:1825;改编为钢琴四手联弹曲:1834

肖邦的Op.1题献给了琳德夫人,她丈夫是华沙中学的校长,也是米古拉耶·肖邦的朋友。肖邦经常与她一起弹奏钢琴二重奏。对于这首回旋曲的成就,人们的看法大相径庭。舒曼不敢相信这是Op.1:“我坚信这应该是他的第十首作品……女士们会说它很优美、很活泼,几乎是莫谢莱斯式的(即伊格纳茨·莫谢莱斯风格的)。”这首作品中也有韦伯和胡梅尔的影子,因为不出所料,此时的肖邦尚未形成自己独特、让人立刻能听出来的声音。另一些人对它的评论却要苛刻得多。莫利茨·卡拉索夫斯基是肖邦最早的传记作家之一,他认为这是肖邦最弱的作品;后来的一位评论家W.H.哈多发现“许多乐段乃至许多页乐谱中都有埃尔斯纳修改的痕迹”。但是尽管如此, 正如詹姆士·赫尼克所言:“我们还是会情不自禁地喜欢这首《c小调回旋曲》。”

1826

《三首科赛兹舞曲,D大调、G大调和降D大调》Op.72之3

出版:1855

科赛兹舞曲最初是一种$\frac{2}{4}$拍子的苏格兰快步舞曲,风格化的例子出现在贝多芬和舒伯特的作品中。肖邦现存的三首科赛兹舞曲虽说只是大师的零星之作,却并不妨碍它们成为许多钢琴大师的返场曲目。每一首都不到一分钟,却都有着极其动人的旋律。

《降B大调和G大调玛祖卡舞曲》

出版:华沙,1826(修订稿);1875(第一版)

《降b小调波洛奈兹舞曲》

题献给:威廉·科尔贝格

出版:1879

威廉·科尔贝格(1807—1891)是肖邦学生时代的朋友。这首遗作的一个注脚告诉我们,这首波洛奈兹舞曲创作于“肖邦动身去雷内尔兹之时”,而且完成于启程前几天。这两位朋友一起去观看了罗西尼的歌剧《贼鹊》。

这就解释了它的标题“与威廉·科尔贝格作别”以及三重奏部分的注解：“再见！改编自《贼鹊》中的一段旋律。”

《别让我看见！》，Op.74 之 6（词作者：密兹凯维奇）

出版：1857

肖邦一生创作的歌曲不到 30 首，其中一些从未记录下来，另一些只是草稿，还有一些则是伪托的或者已经遗失。这些歌曲在他生前一首也没有发表，这一事实或许说明了肖邦对它们艺术成就的看法。如果严格遵从肖邦的遗嘱，这些歌曲的手稿可能都会在他去世后销毁。

总之，在他去世后，朱利安·冯纳塔在得到肖邦家人的同意后，将他的十七首歌曲收集在一起，于 1857 年在华沙和柏林同时出版。

肖邦的所有歌曲都采用了波兰语诗作为歌词，大多数作者都是与他同时代的熟人。其中十首歌曲的歌词出自华沙浪漫主义早期诗人斯特凡·维特维茨基的笔下，选自他的诗集《田园牧歌》（1830）。维特维茨基是肖邦家的朋友，热衷于民歌和波兰民族主义。肖邦将自己的《玛祖卡舞曲》Op.41 题献给了他。行伍出身的诗人约瑟夫·波丹·扎雷斯基（1802—1886）是肖邦 19 世纪 40 年代谱写的三首歌曲的词作者。扎雷斯基的民歌风格依据于乌克兰歌曲和舞曲。文森蒂·波尔（1807—1872）是十一月起义中的另一名自由战士，他出版了当时非常流行的起义诗集——《雅努什之歌》（1836）。据冯纳塔说，这本诗集出版时，肖邦为其中的 10 首至 12 首诗作谱了曲，但只有一首幸存了下来：《来自坟墓的颂歌》。

波兰最重要的浪漫主义诗人是肖邦的另一位密友——亚当·密兹凯维奇(1798—1855)。肖邦为其诗作写了两首极为动人的爱情歌曲,其中这首《别让我看见!》或许是作曲家首先完成的。肖邦创作的最后一首歌曲(即我们今天所熟知的《旋律》),歌词出自另一位波兰浪漫主义大师西格蒙特·克拉辛斯基(1812—1859)。

肖邦的歌曲分为两类:浪漫歌曲与民族主义歌曲。这些歌曲的创作似乎是对那些描绘出他本人情绪或情感的诗作的一种反应,同时也是为了满足社交需要与友情。没有任何记录显示他曾在公开场合表演过这些歌曲,而这进一步加深了人们的怀疑,即这些歌曲原本只是半私下里创作的东西,肯定不应该被当做一个整体来演唱。这些歌曲无疑有着迷人的旋律和真诚的情感,但其中任何一首都没有得到歌唱家们的青睐,因而几乎不为人所知。

具有讽刺意味的是,《少女的愿望》和《我的欢乐》经李斯特改编成钢琴独奏曲后却一直是钢琴家们非常喜欢的返场曲(李斯特改编了 17 首歌曲中的 6 首)。

《F 大调玛祖卡舞曲风格的回旋曲》Op.5

题献给:亚历山德琳·德·莫里奥尔斯女伯爵

出版:华沙,1828

肖邦总共写过五首回旋曲,其中这首 Op.5 是唯一没有采用传统 $\frac{2}{4}$ 拍子的作品(传统玛祖卡舞曲风格或者玛祖卡舞曲采用的是 $\frac{3}{4}$ 拍子)。与之前的《c 小调回旋曲》

Op.1 相比，它的主题与结构均显示出了惊人的进步，而这或许也是肖邦第一次明确无误地展现自己的独特性与民族性。“那些还不熟悉肖邦的人最好从这首作品开始了解他，”罗伯特·舒曼写道，他认为这首作品，“自始至终都带着肖邦的特点，优美、充满激情与优雅。”这是非常个性化的作品，有着肖邦独特的和声与半音化进行，以及他典型的对大跨度和弦的喜爱。

亚历山德琳·德·莫里奥尔斯是康斯坦丁大公私生子的家庭教师。

《为钢琴四手联弹而作的 D 大调托马斯·摩尔主题变奏曲》

出版：1965

1824 年 8 月，肖邦与他的中学同学多米尼克·杰瓦诺夫斯基一家在他们家的庄园中度假。他在 10 日从扎法尼亚致父亲的信中写道：“求求您，去桦树林（华沙的一家书店）买几本（费迪南德·）里斯改编的《摩尔民歌钢琴四手联弹》。”托马斯·摩尔（1779—1852）是爱尔兰民族诗人，也是拜伦和雪莱的朋友，还是一位出色的作曲家。这首民歌被描述为：“托马斯·摩尔的爱尔兰民歌旋律之一。”尽管摩尔收集的这些民歌在整个欧洲（包括波兰）都十分受欢迎，肖邦却很可能是通过里斯知道它的。

肖邦的姐姐卢德维卡将这首变奏曲列入了计划在 1854 年出版的肖邦遗作名单中，并且将它的创作年份定为 1826 年。它的手稿直到 1964 年才被发现，但是缺少了引子的第二部分以及尾声的第一部分。人们今天演奏时通常采用所缺几页的“复原”版。

这首曲子在波兰仍然广为流传，尽管它的歌词内容有些令人毛骨悚然：

一条小狗进了厨房，偷吃了一块肉，

厨子大为恼火，一刀将它砍成了两半。

1827

《c 小调葬礼进行曲》Op.72 之 2

出版：1855

这首短小的葬礼进行曲可以被视为他十年后创作的《降 b 小调钢琴奏鸣曲》Op.35 中著名的葬礼进行曲的一个预先尝试，而且与后者有着相同的附点节奏动机。肖邦本人弹奏过的贝多芬的《降 A 大调钢琴奏鸣曲》中的葬礼进行曲也有着相同特点。

《a 小调玛祖卡舞曲》Op.68 之 2

出版：1855

《d 小调波洛奈兹舞曲》Op.71 之 1

出版：1855

《为钢琴与乐队而作的莫扎特歌剧〈唐璜〉中“把手给我”降 B 大调变奏曲》Op.2

题献给：提图斯·伏伊切霍夫斯基

出版：维也纳，1830；伦敦和巴黎，1833

这首变奏曲的主题是莫扎特的歌剧《唐璜》第一幕中唐璜与村姑采琳娜所唱的著名二重唱“把手给我”。在华丽的引子以及主题呈示过后，肖邦写了五段灵感来自胡梅尔对比强烈的变奏，段与段之间由乐队齐奏分开。我们可以在这里轻而易举地看到肖邦这位即兴演奏大师的能力，尽管它的音乐布局与当时所写的许多其他变奏曲非常相似，每段变奏分别运用了三连音、八度、左手炫技、令人眼花缭乱的大跳、小调慢速变奏（第五变奏）以及才华横溢的结尾。这里的结尾是对主题波洛奈兹舞曲风格的处理。钢琴部分出神入化，乐队部分也相当精彩。

正是这首作品让罗伯特·舒曼说出了那句名言：“脱帽吧，先生们！向天才致敬！”虽然这无疑只是一首习作，是肖邦超凡技术的一个前奏，舒曼却从中看到了闪光点，以至于他在评论结尾处写道：“在肖邦浑然天成的才气、远大的目标和过人技术面前，我鞠躬致敬。”

1828

《为钢琴与乐队而作的 A 大调波兰曲调大幻想曲》Op.13

题献给：约翰尼·彼得·皮克赛斯

出版：1834

Op.2 是依据一段歌剧旋律、为钢琴与乐队而作的轻松作品，而肖邦为他的下一首钢琴与乐队作品选择了一组波兰民歌，他本人甚至将 Op.13 戏称为“波兰民歌主题大杂烩”。缓慢的引子过后，我们听到了哀伤的“小行板”以及两段华丽的变奏，之后便是卡罗尔·库宾斯基

(1785—1857)某部歌剧中一个主题的各种变奏,直至在欢快的库亚维亚克舞曲中结束。库亚维亚克也是一种颇受欢迎的民间舞曲,类似于玛祖卡舞曲。

乐队部分再次只起到伴奏的作用，所有的焦点都集中在钢琴独奏声部上,而且不同乐段被笨拙地连接在了一起。不过,肖邦显然很喜欢这首作品,许多年里一直将它列在自己的演奏曲目中。我们今天很少在音乐会上听到它。这首作品的题献对象皮克赛斯(1788—1874)是一位受人尊敬和广受欢迎的德国钢琴家兼作曲家,肖邦在巴黎与他成了朋友(另见李斯特的《六日》)。皮克赛斯将自己的一组变奏曲题献给了肖邦。

《g 小调钢琴三重奏》Op.8

题献给:安东尼·拉吉维乌亲王

出版:1832

这是肖邦创作的四首大提琴室内乐作品之一，也是他唯一涉及小提琴的作品。这首温暖柔和的四乐章作品并不完全符合这种体裁的要求:例如,在第一乐章“火热的快板”中,小提琴声部就很平庸,三种乐器之间并没有人们在贝多芬、舒伯特和胡梅尔的钢琴三重奏中所见到的那种真正意义上的相互交替和应答。肖邦似乎对这首作品的缺点心知肚明。他在 1830 年 8 月的一封信中(他很少谈论音乐技术问题)说,他应该将其中的小提琴声部改为中提琴:“因为小提琴的一弦最为重要,而我的钢琴三重奏几乎没有运用小提琴一弦。我认为中提琴会与大提琴配合得比较好。”这首三重奏完成十年之后,肖邦的一位学生施特赖歇尔夫人告诉我们,她在跟肖邦学琴时,他给她看了一些他不满意的乐段,并且说如果他现在写的话,会非常不同。

许多介绍室内乐的书籍都对肖邦的这首钢琴三重奏只字不提,但有些评论家却比较热情:“钢琴声部无可比拟的色彩与变化,以及三种乐器的地道运用,让我们百思不得其解。为什么如此优雅、如此动人的作品未能成为音乐会上的主要曲目之一呢?”(钢琴家伊曼努尔·埃克斯)

《降 B 大调波洛奈兹舞曲》Op.71 之 2

出版:1855

《为钢琴与乐队而作的 F 大调克拉科维亚克舞曲风格的回旋曲》Op.14

题献给:安娜·扎尔托里斯卡公主

出版:1834

肖邦在创作第三首钢琴与乐队作品时,没有将目光放在歌剧或者民歌上,而是将目光转向了一种民间舞曲。克拉科维亚克舞曲是克拉科夫地区独有的一种$\frac{3}{4}$拍子欢快舞曲,重音常常出现在小节中非重音部分,尤其是在乐句结尾处。这是肖邦唯一采用克拉科维亚克舞曲的作品(他的同胞帕德雷夫斯基写了六首较短的克拉科维亚克舞曲,包括曾经风靡一时的《奇妙的克拉科夫》),不过他的《e 小调第一钢琴协奏曲》Op.11 的终乐章有点像这种舞曲。这又是一首光彩夺目的炫技作品,却比前面几首钢琴与乐队作品更紧凑，乐队部分的质量也更高。肖邦在他的艺术生涯早期经常弹奏这首作品，但是在离开波兰后似乎将它完全打入了冷宫。这首作品题献给了安娜·扎尔托里斯卡公主（娘家姓萨皮耶哈，1799—1864），亚当·扎尔托里斯基亲王的妻子。

《C大调回旋曲》Op.73a（Op.73最初的版本）

题献给：阿洛伊斯·福克斯

出版：?

《C大调双钢琴回旋曲》Op.73

出版：1855

“它充满了烈火般的激情，”詹姆士·赫尼克写道，“各种装饰音完全失控，根本见不到任何肖邦诗情画意的迹象。”事实上，这首《C大调回旋曲》因其风格上的特点而妙趣横生，它也是肖邦学生年代的技术进一步提高的例子：它的引子以及其他部分带有明显的贝多芬色彩——肖邦对贝多芬的态度很暧昧，他的其他作品中很少能见到贝多芬的影子。当然，当时没有一位作曲家能够完全逃脱贝多芬的影响，就连胡梅尔和韦伯也一样，尽管这首作品中也能见到这两位作曲家的影响，尤其是在火花四溅的回旋曲主题中。

《c小调第一钢琴奏鸣曲》Op.4

题献给：约瑟夫·埃尔斯纳

出版：1851

肖邦写过四首奏鸣曲——三首钢琴奏鸣曲，一首大提琴与钢琴奏鸣曲。1827 年开始的第一次尝试远远低于其他三首的水准。他将它与《“把手给我”变奏曲》Op.2 一起寄给了维也纳的出版商哈斯林格,但哈斯林格非常精明,一眼就看出了哪一首更好,于是便拒绝了这首奏鸣曲。这是一首习作,肖邦在其中一直与奏鸣曲曲式结构相抗争,结果便是它含有一些他最凝重的音乐。这一点在第一乐章中尤为明显,不仅技术笨拙,难以弹奏,而且在不止一位评论家的眼中是肖邦所有作品中真正最枯燥乏味的一首。“虽然有几首早期作品可以被称作比较弱,但它们始终充满了才气,”G.C.阿什顿·琼森写道,“可是这个‘快板’真是冗长乏味。”从中衍生出来的优美的“小步舞曲”刚刚激发起人们的兴趣,但这种兴趣又立刻被迂回曲折的“小广板”完全驱散。这段“小广板”异乎寻常地采用了$\frac{5}{4}$拍——这种节拍曾经被柴可夫斯基出神入化地运用在《“悲怆”交响曲》的第二乐章中,也被阿连斯基运用在他的《f 小调钢琴协奏曲》的终乐章中。这首奏鸣曲的终乐章(急板)在四个乐章中最为成功,不断出现的八分音符进行几乎到了“无穷动”的地步。只要不是一流钢琴家,任何其他人弹奏这段音乐都会让它听上去显得冷酷无情。

1829

《f 小调第二钢琴协奏曲》Op.21

题献给:黛尔菲娜·波托茨卡伯爵夫人

出版:1834

“(《f 小调协奏曲》的)第一乐章‘快板’只有少数人能够理解;这里是有一些炫技乐段,但我认为他们完全被弄糊涂了——这是什么?却还得摆出行家的架子来!‘柔版’和‘回旋曲’有着更强的效果;人们可以听到自然流露的呐喊声。”肖邦在 1830 年 3 月 27 日致提图斯的信中写道,而五天前这首协奏曲刚刚第二次公开演奏。从那时起,这首作品就一直为钢琴家和听众所珍爱。他们非常明智地对音乐学家和评论家向这首作品所泼的污水置之不理。这些音乐学家和评论家批评它结构不符合传统要求,素材的展开部较弱,配器苍白无力。我们或许可以认为,肖邦这种“严重欠缺的”配器正是他独特钢琴作品风格所要求的,任何更为详尽或者凝重的织体都与之相悖。总之,整部作品的确是一首伴奏谨慎的辉煌的钢琴独奏曲。

第一乐章中开头处的“庄严地”钢琴旋律只可能出自肖邦的笔下,但他的创作手法并非空穴来风。他吸收并改编了比他年长的同时代作曲家在他们“华丽的”协奏曲风格中所运用的许多音型和节奏技法。肖邦对这类大型作品的第一次尝试显然是发展了胡梅尔、菲尔德、卡尔克布雷纳、莫谢莱斯和其他人的协奏曲。缠绵的第二乐章的灵感来自康斯坦丝。“六个月过去了,我依然还没有和她说过一句话,但我每晚都会梦见她,”他在 1829 年写道,“我在思念她的时候创作了协奏曲的‘柔版’乐章。”主部主题有着夜曲的特质,但它却被弦乐颤音伴奏的一个引人注目的乐段所打断(莫谢莱斯在其 1825 年完成的《g 小调钢琴协奏曲》慢板乐章的同一处运用过完全相同的手法)。欢快的终乐章是一首胡梅尔式的回旋曲,肖邦在这里展示了更加富有想象力的配器手法。例如,凸显副部主题的技法便是小提琴的“弓杆击弦”——即运用琴弓的弓背来演奏。尾声的进入也采用了另一种效果突出的技法——一个圆号独奏乐段,不仅进入了 F 大调,而且开始了这部协奏曲最后几页的音乐。

这首 f 小调协奏曲题献给了黛尔菲娜·波托茨卡伯爵夫人,她也是极少数肖邦题献过一部以上作品的人之一(另一位是提图斯)。见第七章。

《她所爱的地方》,Op.74 之 5(词作者:维特维茨基)

出版:1857

《哪些鲜花?》(词作者:马切约夫斯基)

出版:1856

《a 小调玛祖卡舞曲》Op.7 之 2a(Op.7 之 2 的最初版本)

出版:1902

《D 大调玛祖卡舞曲》

出版:1880

《e 小调夜曲》Op.72 之 1

出版:1855

《f 小调波洛奈兹舞曲》Op.71 之 3

出版:1855

《降 G 大调波洛奈兹舞曲》

出版:1870

《b 小调圆舞曲》Op.69 之 2

题献给:威廉·科尔贝格

出版:1852

《降 D 大调圆舞曲》Op.70 之 3

出版:1855

《E 大调圆舞曲》

出版:1871

《少女的愿望》Op.74 之 1(词作者:维特维茨基)

出版:1837

1830

《e 小调第一钢琴协奏曲》Op.11

题献给:弗里德里希·卡尔克布雷纳

出版:1833

《e 小调钢琴协奏曲》虽然作于《f 小调钢琴协奏曲》之后,却被定为肖邦的《第一钢琴协奏曲》,因为它先于《f 小调钢琴协奏曲》出版。尽管它的配器、结构与展开像 Op.21

一样遭到了音乐学家和评论家的攻击，但这两首作品自问世之日起就一直备受钢琴家和公众的青睐，背后的原因主要在于旋律素材的魅力和肖邦地道的钢琴表现力。

这首协奏曲的乐队引子比《f小调钢琴协奏曲》的引子长了一倍，人们以前演奏它时常常对其进行删减处理，这种做法在今天肯定会被视为不可理喻。有多少人认为第一乐章（“庄严的行板”）太长、反复太多，就有多少人认为它充满活力、效果神奇。感人的第二主题完全是肖邦的风格，第一次在钢琴上出现时异常优美动人。第二乐章（“小广板”）的标题为“浪漫曲”。正如本书第三章所述，它的灵感来自肖邦心中的浪漫理想——康斯坦丝·格瓦德科夫斯卡。它有着一个优美、忧郁的E大调夜曲主题以及一个B大调第二主题，均由极具装饰风格、类似即兴演奏的外表所掩盖。终乐章（“火热的”）是一段极具感染力、活泼的回旋曲，与克拉科维亚克舞曲有几分相似。尽管这首协奏曲的调号为e小调，终乐章却与“浪漫曲”乐章一样，采用了E大调。

弗里德里希·（威廉迈克尔·）卡尔克布雷纳（1785—1849）是这首协奏曲的题献对象。肖邦1824年7月15日第一次与杰瓦诺夫斯基一家在扎法尼亚度假时就弹奏过卡尔克布雷纳的一首钢琴协奏曲（很可能是他的《d小调钢琴协奏曲》Op.61）。后来，21岁的肖邦在巴黎见到了卡尔克布雷纳（见本书第五、六、七章）。

《巫术》（词作者：维特维茨基）

出版：1910

《降E大调华丽大圆舞曲》Op.18

题献给:劳拉·霍斯福德小姐

出版:1834

肖邦生前只出版了八首圆舞曲,这是其中的第一首,创作于维也纳,与他的所有其他圆舞曲截然不同,人们几乎可以随之起舞。他后来所写的圆舞曲更像“舞蹈诗”,远离这首圆舞曲所模仿的施特劳斯和兰纳。这也是肖邦最受人喜爱的作品之一,舒曼曾形容它为“灵感来自肖邦身心两方面的圆舞曲”。它又因为出现在芭蕾舞音乐《仙女》中而为人们所熟悉。一些版本将这首作品的题献对象写成肖邦的学生劳拉·哈斯福德,另一些版本则将它写成艾玛·霍斯福德。《变奏曲》Op.12的题献对象是艾玛·霍斯福德。

《寻欢作乐》Op.74之4(词作者:维特维茨基)

出版:1857

《为钢琴与大提琴而作的C大调引子与华丽波洛奈兹舞曲》Op.3

题献给:约瑟夫·梅尔克

出版:1831

肖邦在1829年11月14日致提图斯的信中透露:“我在拜访拉吉维乌亲王期间写了一首大提琴伴奏的‘波洛奈兹舞曲风格的’作品。那充其量只是一首适合女士们聆听的华丽客厅小品。我希望万达公主能够练一练。他们期望我给她上课。她很年轻(17 岁),风姿绰约,将她纤细的手指放在键盘上真是件快事。”这位公主的琴技一定不错,否则不会敢弹奏如此艰难的钢琴声部。不过,她父亲肯定不会觉得大提琴声部过于艰难。

翌年(1830 年),肖邦在维也纳与奥地利大提琴家约瑟夫·梅尔克(1795—1852)建立了深厚的友情,于是又给这首作品添加了一个引子。车尔尼将它改编成了钢琴独奏版(他的 Op.3),但波兰音乐学家扬·韦伯却于 20 世纪 80 年代发现了肖邦本人改编的一个钢琴独奏版本。

《升 c 小调有表情的慢板》

题献给:卢德维卡·肖邦

出版:1875

《C 大调玛祖卡舞曲》Op.68 之 1

出版:1855

《F 大调玛祖卡舞曲》Op.68 之 3

出版:1855

《降 A 大调圆舞曲》

出版:1902

《e 小调圆舞曲》

出版:1868

1831

《为钢琴与大提琴而作的E大调迈耶贝尔歌剧〈恶魔罗勃〉主题大二重奏》Op.遗作

题献给:阿黛尔·福瑞斯特小姐

出版:1833

《恶魔罗勃》1831年11月21日在巴黎歌剧院的首演可以被称作歌剧史上最为轰动的首演之一,它给迈耶贝尔带来了名声与财富。不过,尽管这部歌剧在19世纪极为流行,今天却很少上演。塔尔贝格、赫尔茨、卡尔克布雷纳和李斯特均以其中的主题写过钢琴改编曲和幻想曲。肖邦受他的出版商施莱辛格之托写了这首大二重奏。这是他唯一一次与人合作进行创作,这次的合作者是他的朋友、大提琴家奥古斯特·弗朗肖姆。弗朗肖姆还重写了肖邦早期的《波洛奈兹舞曲》Op.3的大提琴声部,并且将肖邦的两首夜曲改编成了大提琴与钢琴曲。

这是肖邦生前出版的四首没有作品编号的作品之一,运用了取自《恶魔罗勃》不同部分的多个旋律,并且采用了当时典型的沙龙风格。赫尼克认为:"这是一首应景之作,很可能是他当时急需现钱。"

《新郎》Op.74之15(词作者:维特维茨基)

《立陶宛之歌》Op.74之16(词作者:奥辛斯基)

《信使》Op.74之7(词作者:维特维茨基)

《伤心的小溪》Op.74之3(词作者:维特维茨基)

出版:1857

《勇士》Op.74 之 10(词作者:维特维茨基)

出版:1837

1832

《降 B 大调、A 大调、F 大调、降 A 大调和 c 小调玛祖卡舞曲》Op.7之 1—5

作于 1830—1832

出版:1832

《升 f 小调、升 c 小调、E 大调和降 E 大调玛祖卡舞曲》Op.6 之 1—4

作于 1830—1832

题献给:保莉娜·普拉特伯爵夫人

出版:1832

《降 B 大调玛祖卡舞曲》

作于 1832 年 6 月 24 日

题献给:亚历山德琳·沃洛夫斯卡

出版:1909

人们常说玛祖卡舞曲是最具肖邦特点的作品，比他的任何其他作品更加直接地反映出他的个性与情感的方方面面。这是他从少年时期直至去世始终念念不忘的体裁。

肖邦总共写过 62 首玛祖卡舞曲(如果你将一些来路不明或者伪造的作品算在内的话，这个数字还会更大)。肖邦生前出版了 41 首。尽管肖邦吩咐将另外八首(列为

Op.67 和 Op.68)销毁,但他的朋友朱利安·冯纳塔出版了它们。另外 13 首没有作品编号:其中一些是早期作品,或者由肖邦生前单独出版,或者在肖邦去世后出版,1834 年创作的《降 A 大调玛祖卡舞曲》直到 1930 年才出版。

这些玛祖卡舞曲的长度很少超过四分钟,大多数都非常短。玛祖卡舞曲的曲名来自华沙周边马佐维亚地区的一种舞曲,其主要特点是三拍子,第二和第三拍为重音,外加附点节奏。肖邦融入了与玛祖卡舞曲相关的其他民间舞曲元素,如玛祖尔舞曲、奥贝雷克舞曲和库亚维亚克舞曲,每一种的速度与节奏模式都略有不同。

肖邦将原本一种时尚的沙龙曲式改变成了一种微型音诗——一种全新、形式明确的钢琴音乐类型。除了都具有变化莫测的旋律和情感表现之外,肖邦的玛祖卡舞曲还有另一个明显特点:情绪的突然转变——从忧郁转为欢快,从精力旺盛和乐观转为动情、沮丧的沉思。

令人难以预料的不只是每首作品的情绪。许多玛祖卡舞曲都有着大胆新颖的和声,当初肯定让肖邦同时代的人备感困惑。圆舞曲中可以预见且(大多)四平八稳的伴奏在玛祖卡舞曲中极少出现——其中一些有着精妙的对位处理,另一些有着嘲笑传统和声法则的半音模进,还有一些则有着简单的单调低音,让人联想起这种舞曲的乡土特性。

《降 b 小调、降 E 大调和 B 大调夜曲》Op.9 之 1—3

作于 1830—1832

题献给:卡米尔·普莱耶尔夫人

出版:1832

夜曲是另一种必然与肖邦联系在一起的音乐形式。“夜曲”一词最初出现在《祈祷书》的前言中,原本指教会在夜间举行的宗教仪式。钢琴家兼作曲家约翰·菲尔德发明并传播了夜曲这一钢琴作品类型,任由一段优雅的旋律在轻柔的伴奏声中歌唱,很像贝利尼歌剧中那种舒缓悠长的抒情短歌。

肖邦将夜曲提升到了一个全新的高度。他的夜曲会依次出现缠绵、多愁善感、富于戏剧性、沉思、性感的和忧郁的情绪。肖邦在这些曲子中最为内敛,创作出的音乐具有深邃的诗意。肖邦生前出版了 18 首夜曲,但他最早的夜曲(e 小调)创作于 1829 年,却是在他去世后才出版的。他年轻时创作的另一首升 c 小调夜曲(即人们熟知的“被遗忘的夜曲”)1895 年被人发现,虽然优美动听,却被学者们视为伪作。

Op.9 这组夜曲中的第二首不仅是最著名的夜曲,也是肖邦所有作品中最脍炙人口的一首。它比肖邦当时已经出版的任何其他作品都更加奠定了他在巴黎的地位。具有讽刺意味的是,无论是曲式还是内容,它都更接近菲尔德的一首夜曲!

Op.9 中的三首夜曲题献给了杰出的青年钢琴家卡米尔·普莱耶尔(娘家姓玛丽·莫克,1811—1875)。她是赫尔茨、莫谢莱斯和卡尔克布雷纳的学生,曾在 1830 年与柏辽兹订婚,可是当柏辽兹滞留在罗马时,她决定嫁给钢琴制造商普莱耶尔。柏辽兹在回忆录中记载,他怒气冲冲地赶往巴黎,化装成某位夫人的女仆,携带了一把手枪，打算杀死玛丽及她丈夫。可是他的行李弄丢了，他在随后的耽搁期间冷静了下来，温顺地回到了罗马。

《F 大调和升 C 大调夜曲》Op.15 之 1 和 2

题献给：费迪南德·希勒

出版：1833

我们显然能够从 Op.15 的这三首作品（第三首次年完成）中看到夜曲在肖邦的手中所经历的发展过程。第一首有着宁静、温柔的“行板”，随后便是一个标有 con fuoco（火热地）的暴风雨般的主题，最后返回到开始处的主题上——“一个平静、美丽的湖面，被突如其来的暴风雨掀起涟漪后复归于平静”（西奥多·库拉克）。第二首是肖邦最杰出的作品，“像祝福一样打动每个人”（库拉克）。

《降 G 大调圆舞曲》Op.70 之 1

出版：1855

1833

《a 小调波莱罗舞曲》Op.19

题献给：艾米利亚·德·弗拉奥伯爵夫人

出版：1834

波莱罗舞曲当然是西班牙国舞，但这却是一首“波洛奈兹舞曲风格的”波莱罗舞曲。肖邦通过“热情的快板”标记，赋予了它与波兰国舞相同的节奏，甚至比真正的波洛奈兹舞曲还要更快、更轻盈一点。事实上，这首作品除了标题外，与西班牙几乎没有任何关系。肖邦的灵感可能来自奥柏的歌剧《波尔蒂契的哑女》,因为其中含有一首波莱罗舞曲。这虽说不是肖邦的主要作品,却极其活泼优雅,值得人们多听。

各种文献中提到的这首波莱罗舞曲的调性不尽相同,有些认为是 C 大调(引子部分),有些认为是 a 小调(主部主题),还有一些认为是 A 大调(最后的和弦)。这首作品题献给了艾米利亚·德·弗拉奥伯爵夫人,即后来的谢尔伯恩夫人。她是肖邦的贵族学生之一。

《12 首练习曲》Op.10

作于 1829—1833

题献给:“挚友 F.李斯特”

出版:1833

C 大调,Op.10 之 1

a 小调,Op.10 之 2

E 大调,Op.10 之 3(“离别”)

升 c 小调,Op.10 之 4

降 G 大调,Op.10 之 5(“黑键”)

降 e 小调,Op.10 之 6

C 大调,Op.10 之 7

F 大调,Op.10 之 8

f 小调,Op.10 之 9

降 A 大调,Op.10 之 10

降 E 大调, Op.10 之 11

c 小调,Op.10 之 12(“革命”)

这 12 首短小的练习曲与 1837 年出版的第二组 12

首(Op.25)练习曲共同构成了浪漫主义钢琴技巧的宝典,也是肖邦演奏风格的大全。在它们之前曾经出现过无数钢琴练习曲,每一首都针对钢琴弹奏技巧的某个方面——音阶、琶音、三度、八度等等。肖邦本人肯定熟悉车尔尼、克莱门蒂和克拉默的练习曲。他的这些练习曲之所以能够出类拔萃,在于每首曲子虽然都是某种技术挑战,却充满了音乐的诗意。

帕格尼尼无疑对肖邦产生了影响,驱使这位二十岁的波兰人试图像帕格尼尼的《小提琴随想曲》Op.1 那样将出神入化的技巧与抒情表达合二为一。肖邦的 Op.10 和 Op.25——钢琴界很熟悉这两个作品编号——将钢琴音乐的范围扩展到了音色的极限上,顺带着对指法进行了革命性的创新。一些大胆鲁莽的和声在音效方面是全新的概念,其中许多后来都成为了印象主义音乐的根本。在所有钢琴练习曲中,肖邦的练习曲是对演奏者(或许除了李斯特)最具挑战性同时又让听众心旷神怡的作品。

与他同时代的其他作曲家也写过练习曲,而且他们的练习曲也各有所长,但是与肖邦的这些练习曲相比,他们的作品显得苍白、不统一,其中包括莫谢莱斯 1827 年出版的《练习曲》Op.70、胡梅尔 1833 年创作的《练习曲》Op.125 以及亨泽尔特 1838 年创作的 Op.2 和 Op.5。话虽这么说,某些早期的钢琴练习曲与肖邦的一些练习曲之间明显存在着联系:莫谢莱斯的《G 大调练习曲》Op.70 之 4 与肖邦的《a 小调练习曲》Op.10 之 2 中的半音乐句;或者克莱门蒂《朝圣进阶》之 60 与肖邦 Op.10 之 6 中几乎完全相同的和声进行。

肖邦的练习曲最初曾被批评为难度过大。莫谢莱斯抱怨说他的手指不断在一些艰难、缺乏艺术性且(在他看来)莫名其妙的转调上出错。德国评论家兼作家路德维希·雷尔斯塔博(1799—1860)说:“那些手指变形的人可以通过弹奏这些练习曲将手指矫正好;但那些手指没有变形的人不应该弹奏这些练习曲,除非身边有一位外科大夫。”

今天,Op.10 和 Op.25 已经成为了钢琴曲库的基石,也是每一位职业钢琴家必须征服和吸收的东西。第一组练习曲中最著名的几首都有各自的绰号:第三首“离别”于 1939 年被改编成了歌曲《夜深几许》;第五首“黑键”得名于右手弹奏的全是黑键;第十二首“革命”据说灵感来自 1831 年的华沙沦陷,不过许多后人是通过 1957 年发行的一张儿童唱片《斯帕基的神奇钢琴》了解这首乐曲的。

《降 E 大调引子与回旋曲》Op.16

题献给:卡洛琳·哈特曼

出版:1834

引子部分优美、忧郁的旋律丝毫不会让人想到此后韦伯式的回旋曲会那么火花四射。虽然这首曲子华丽、优雅,而且含有一些令人难忘的乐思,但这首回旋曲却是肖邦当时屈从于公众品位的作品。被题献的对象卡洛琳·哈特曼曾是肖邦少数几个职业钢琴家学生之一,据说非常有天赋,只可惜 1834 年英年早逝。

《降 B 大调、e 小调、降 A 大调及 a 小调玛祖卡舞曲》Op.17

题献给:丽娜·弗雷帕小姐

出版:1834

《g 小调、C 大调、降 A 大调和降 b 小调玛祖卡舞曲》Op.24

题献给:德·佩尔忒斯伯爵

出版:1836

《g 小调夜曲》Op.15 之 3

题献给:费迪南德·希勒

肖邦几乎从未透露过这首曲子的灵感来源,也没有透露过音乐背后的含义。因此他在这首夜曲手稿上所写的文字就显得尤为重要,"看了《哈姆雷特》的演出之后,"但他随后又想了想,潦草地写道,"不!让他们自己去揣摩吧。"库拉克(见 1832,Op.15 之 1 和 2)再次出神入化地对它进行了描述:"一幅失去心爱之人后的悲恸画面,唯一的安慰便是宗教。"

《根据埃罗尔的歌剧〈路德维克〉中"我出售修士们穿的肩衣"而作的降 B 大调华丽变奏曲》Op.12

题献给:艾玛·霍斯福德

出版:1833

这些变奏曲所依据的是一首名为《我出售修士们穿的肩衣》的咏叹调。这首咏叹调取自歌剧《路德维克》,由比才的岳父弗洛芒塔尔·阿莱维在埃罗尔 1833 年去世后完成，并于同一年在巴黎首演。

这被普遍视为肖邦最弱的作品："如果肖邦曾经在哪一首作品中失去自我的话，那就是在这些变奏曲中"（尼克斯）；"这是掺了水的肖邦，而且是高卢人的甜水"（赫尼克）；"美丽但质地极其糟糕的绣品"（哈多）。但如果这首作品出自另一位作曲家之手，它肯定会被视为光芒四射、精心创作、完全符合当时巴黎矫揉造作时尚的范例。这首作品最了不起的一点在于肖邦居然能够将如此枯燥的主题变成这样腻人的糖果。它的一个独特之处是最后一页上有一个小节含有降 C 大调音阶——这是任何作曲家都极少使用的调。

1834

《G 大调平滑的行板》Op.22

（见《华丽大波洛奈兹舞曲》，1835）

《降 B 大调如歌的》

出版：1931

《升 c 小调幻想即兴曲》Op.66

题献给：德斯特男爵

出版：1855

这是朱利安·冯纳塔出版的肖邦遗作中最优美动听的一首，也是所有即兴曲中最出色的一首，当然也是肖邦最受人喜爱的作品之一。他为什么决定不将其出版始终是一个谜,或许他忽略了。尽管一些妄自尊大的评论家批评它的首尾两部分过于“四平八稳”,中间乐段过于娇媚。此类观点构成了一个更大的谜团。这是一首极为精致的作品,其优美的中间旋律不仅是肖邦最优美的乐段,后来还于1919年被两位美国人改编成了一首流行歌曲——《我永远追逐彩虹》。

《降A大调玛祖卡舞曲》

作于1834年7月

出版:1930

《降A大调轻快的急板》

作于1834年7月

题献给:皮埃尔·沃尔夫

出版:1918

《b小调第一谐谑曲》Op.20

题献给:托马斯·阿尔布雷希特

出版:1835

我们很容易想象肖邦在夜深人静的时候即兴演奏这种音乐,在“格拉夫声音发闷的钢琴上”排解自己的孤独与沮丧。它一开始便是两个压倒一切的不协和和弦——它们在肖邦同时代的人眼里显得非常大胆。在开头几页的愤怒与痛苦过后,肖邦在宁静的中间乐段引入了一首波兰圣诞歌曲,这也是肖邦极为罕见地直接引用别的音乐的例子。这段旋律叫《安睡吧,小耶稣》,今天在波兰仍然很流行。狂怒式的尾声有着一个半音音阶,李斯特(以及此后的许多炫技钢琴家)都会以相互交织的八度弹奏。

托马斯·阿尔布雷希特是一位酒商，也是萨克森驻巴黎的领事,肖邦是他女儿的教父。

1835

《g 小调第一叙事曲》Op.23

题献给:德·斯托克豪森男爵

到 19 世纪初,叙事曲已经成为了一种抒情诗形式和一个声乐类型。没有人能够确定肖邦为何采用这一术语来描述这种全新的钢琴音乐曲式。它之所以吸引肖邦,或许是因为它的音乐有着与文学中的民谣相同的混合特点,同样有着抒情、史诗和戏剧乐段。与夜曲、玛祖卡舞曲、圆舞曲以及肖邦花费了大量精力的其他小型作品不同,他的叙事曲篇幅要长得多。他在 1831 年至 1842 年间总共写了四首叙事曲，它们的灵感来自他的朋友亚当·密兹凯维奇(1798—1855)的民族主义诗歌。肖邦希望通过这种新的音乐形式创造出等同于文学中民谣的音乐,即便这些音乐的灵感来自某一特定诗作,他也不会完全被动地仅仅展示它的叙事性。

这首《g 小调叙事曲》所享有的声誉实至名归,因为它是最早的迹象,表明肖邦将从年轻时代外向的炫技作品转向他成熟期情感丰富的作品。我们几乎可以肯定它的初稿于 1831 年在维也纳完成,但他又用了四年的时间才将它打造成自己完全满意的作品。罗伯特·舒曼形容它为肖邦“最疯狂、最创新的作品之一”。舒曼在致朋友海因策希·多恩的信中写道，当他告诉肖邦他最喜欢这首叙事曲时，肖邦沉默了良久后才说："我很高兴你这样说，这也是我最喜欢的作品。"

德·斯托克豪森男爵是汉诺威公使，也是肖邦在巴黎除波兰人之外的挚友之一。

《为钢琴与乐队而作的降 E 大调辉煌大波洛奈兹舞曲，平滑的行板》Op.22

题献给：德斯特男爵夫人

出版：1836

这首作品完成于他来到巴黎前不久，是肖邦第六首也是最后一首钢琴与乐队作品。1834 年，他又在它之前添加了一个引子式的 G 大调钢琴独奏《平滑的行板》。"Spianato"（平滑的）来自意大利语的"Spiana"——木匠所用的刨子，是对这段"四平八稳、波澜不惊、柔滑的"音乐最贴切的描述。"它让人想起风和日丽的夏日所见到湖面。"一位评论家写道。今天，这两个部分常常以钢琴独奏的形式一起演奏，而肖邦则喜欢单独弹奏《平滑的行板》。事实上，自他 1835 年在巴黎独自弹奏过一次《辉煌的大波洛奈兹舞曲》之后便没有任何他再次弹奏这首曲子的记录。

这首波洛奈兹舞曲虽然炫技却缺乏深度，完全是为了展示肖邦杰出的钢琴技巧而作。他在这方面的成就也体现在这首作品自出版后便备受钢琴家青睐这一点上。

《G 大调玛祖卡舞曲》Op.67 之 1

题献给:安娜·米洛克谢维茨

出版:1855

《C 大调玛祖卡舞曲》Op.67 之 3

题献给:霍夫曼夫人

出版:1855

《升 c 小调和降 D 大调夜曲》Op.27 之 1 和 2

题献给:特蕾莎·达庞尼伯爵夫人

出版:1836

“这首作品与菲尔德的作品相比可谓天壤之别,”一位评论家(克雷津斯基)写道,“深邃的诗意以神奇的形式出现。”这两首夜曲中的第二首有着肖邦最精致、最感人的旋律,深受钢琴家们的喜爱。Op.27 题献给了奥地利驻巴黎的女大使。

《升 c 小调和降 e 小调波洛奈兹舞曲》Op.26 之 1 和 2

题献给:约瑟夫·德索尔

出版:1836

肖邦早期的波洛奈兹舞曲更多注重乐曲的舞蹈性及曲式的炫技性。他在这里将这种波兰民间舞曲发展成了微妙地表达情感的载体。正如我们在他的圆舞曲发展过程中所见,这里的舞曲节奏带有抒情的诗意。《升 c 小调波洛奈兹舞曲》Op.21 之 1 中的三重奏几乎可以单独成为一首夜曲，它的第二部分是高音与低音之间的一段二重奏，也是《升 c 小调练习曲》Op.25 之 7 的雏形。激情四射的《降 e 小调波洛奈兹舞曲》Op.26 之 2 也被称作“西伯利亚”或“起义”波洛奈兹舞曲。它的三重奏中的旋律与贝多芬《“槌子键”钢琴奏鸣曲》的开头部分以及柴可夫斯基《第五交响曲》的开头部分有几分相似。

约瑟夫·德索尔（1798—1876）是一位大提琴家兼作曲家，也是肖邦的朋友。

《降 A 大调圆舞曲》Op.34 之 1

题献给：约瑟芬·冯·图恩 – 霍恩施泰因

出版：1838

这首圆舞曲作于 1835 年 9 月 15 日，是 Op.34 中的第一首（另外两首圆舞曲见 1838 年条目），曾受到舒曼的热烈欢迎：“（它们）首先会给人带来愉悦，与普通圆舞曲截然不同，属于只有肖邦才会大胆创作乃至发明的类型，同时傲视所有的舞者……它们充满了活力，仿佛完全是在舞厅中即兴创作出来的。”这首圆舞曲的尾声中的一个乐段（18—24 小节）与舒曼《狂欢节》“前奏曲”中的一个乐段之间有着饶有趣味的相似性。也许是肖邦在向舒曼致意？

这首作品的题献对象约瑟芬·冯·图恩 – 霍恩施泰因（1815—1895）是肖邦以前的一个学生，也是肖邦的朋友弗朗兹·安东·图恩霍恩施泰因伯爵（1786—1873）的女儿。肖邦 1835 年曾在他们位于特申的城堡做客。

《降 A 大调圆舞曲》Op.69 之 1

不同手稿分别题献给了夏洛特·德·罗斯柴尔德、佩卢奇夫人和玛丽亚·沃津斯卡

出版:1855

这首温柔、沉思的精美小品的原始手稿上写有“题献给玛丽小姐”几个字,以及“F.肖邦,德累斯顿,1835年”。它还有一个绰号——“离别”。

1836

《戒指》Op.74 之 14(词作者:维特维茨基)

《来自坟墓的颂歌》Op.74 之 17(词作者:波尔)

出版:1857

1837

《12 首练习曲》Op.25

题献给:玛丽·达古伯爵夫人

出版:1837

降 A 大调,Op.25 之 1(“牧童”或“风鸣琴”)

e 小调,Op.25 之 2

F 大调,Op.25 之 3

a 小调,Op.25 之 4

a 小调,Op.25 之 5

升 g 小调,Op.25 之 6

升 c 小调,Op.25 之 7

降 D 大调,Op.25 之 8

降 G 大调,Op.25 之 9(“蝴蝶”)

b 小调，Op.25 之 10

a 小调，Op.25 之 11（“冬风”）

c 小调，Op.25 之 12

肖邦的前一组练习曲（Op.10）既为当时的钢琴素材提供了概略，也为他准备后期音乐提供了一个作坊。Op.25 在巩固前一组练习曲所取得的成就的同时，“探索了同一片区域，稍稍延伸了一些小径，并顺带着看到了一些新的景色”（桑松）。一些评论家认为 Op.25 比 Op.10 更具创新性。不过，舒曼对此持不同看法，尽管他承认“第一首降 A 大调及辉煌的最后一首 c 小调……展现了高超的技艺”。虽然每个人都有自己的偏爱，谁也无法否认这两组练习曲的重要性及其对钢琴艺术发展所作的贡献。这组练习曲所包含的技术难度有节奏（第 2 首）、断奏（第 4 首）、六度（第 8 首）、八度（第 10 首）和琶音（第 12 首）。

Op.25 中的三首都有各自的绰号。肖邦曾向一位学生解释过其中第 1 首（“牧童”或“风鸣琴”）的含义：“想象一位牧童因暴风雨即将到来而躲避在一个安全的山洞中。远处风雨大作，牧童却轻轻取出笛子，吹出一段旋律。”这是肖邦极为罕见地向人解释自己作品的例子。第 9 首（“蝴蝶”）的确让钢琴家的双手像蝴蝶一样在键盘上掠过。第 11 首（“冬风”）是这组练习曲中最长的一首，与其说是冬风，却更像一场冬日风暴。

评论家詹姆士·赫尼克对此进行了很好的总结，他说这些练习曲“反映了肖邦的方方面面，既有神圣的一面，也有世俗的一面。即便他的大部分钢琴音乐像所有凡人创造出的一切那样被人遗忘，这些练习曲将流传后世，将代表整个19世纪，就如同贝多芬在其钢琴音乐中浓缩了18世纪、巴赫在其钢琴音乐中浓缩了17世纪一样。肖邦是位古典音乐家”。

《葬礼进行曲》

（见《降b小调第二钢琴奏鸣曲》Op.35，1840）

《降A大调第一即兴曲》Op.29

题献给：卡洛琳·德·洛堡伯爵夫人

出版：1837

即兴曲是让人联想起即兴演奏的短小作品，该术语1822年前后被人首次运用，但舒伯特和肖邦将它变成了自己独特的音乐形式。如果我们将肖邦较早前创作的《幻想即兴曲》排除在外的话，这是他创作的三首即兴曲中的第一首，也被许多人视为肖邦所有作品中最优美、最自然流露的作品之一。卡洛琳·德·洛堡是肖邦的一名学生。

《c小调、b小调、降D大调和升c小调玛祖卡舞曲》Op.30

题献给：玛丽亚·扎尔托里斯卡伯爵夫人

出版：1837

《我的心上人》Op.74之12（词作者：密兹凯维奇）

出版：1857

在李斯特的改编曲中，它也被称作“我的欢乐”。

《B 大调和降 A 大调夜曲》Op.32 之 1 和 2

题献给：卡米尔·德·比林男爵夫人

出版：1837

《降 b 小调第二谐谑曲》Op.31

题献给：阿黛尔·德·福尔斯腾施泰因伯爵夫人

出版：1837

这是肖邦四首谐谑曲中最著名的一首，也是肖邦最受人喜爱的作品之一，曾经被人贬抑为“家庭女教师的谐谑曲”，因为每一位受过良好教养的年轻女士似乎都在弹奏它。按照威廉·冯·伦兹的说法，引人注目的开头几小节——一个天真的问题，随后便是一个果断的回答——在任何人弹奏时都一直无法让肖邦满意。人们的弹奏质问性不够，轻柔度不够，圆润度不够，分量不够。“它必须像一座死屋，”他曾经说，“这便是整首作品的关键。”至于其抒情的降 D 大调中间乐段，他说：“你应该想起（歌唱家）帕斯塔，想起意大利歌曲，不是法国轻歌舞剧！”

这首《降 b 小调谐谑曲》题献给了肖邦的另一名学生，而且像其他三首谐谑曲一样有着 A—B—A 结构，但它丰富的内涵、多样的变化以及辉煌的尾声让它位列谐谑曲之首。

《E 大调变奏曲》，选自《音乐会作品——六日，根据贝利尼歌剧〈清教徒〉中的进行曲创作的炫技钢琴曲，由李斯特、塔尔贝格、皮克赛斯、亨利·赫尔茨、车尔尼和肖

邦先生为贝尔吉奥乔索公主的慈善音乐会而作》

题献给:克丽丝汀·德·贝尔吉奥乔索公主

为了给意大利难民筹款，贝尔吉奥乔索公主说服李斯特汇集一组歌剧变奏曲,由塔尔贝格、皮克赛斯、赫尔茨、车尔尼和肖邦创作。所选定的主题是贝利尼的最后一部歌剧《清教徒》中的男中音和男低音二重唱《让号角响起来》,最后完成的作品将由李斯特添加一个引子、间奏曲和尾声,并且将在三月份由这六位钢琴家在六架钢琴上演奏。一些资料说这场音乐会的确在 3 月 30 日举行了，但是经过钢琴家及学者雷蒙德·列文塔尔的刻苦研究,这场音乐会被证实并没有举行。从每位作曲家那里拿到手稿变得异常艰难,等到李斯特终于完成“编辑”工作并且给这首作品取名为《六日》时,音乐会举办的日期已过。它的扉页已经说明了真相,因为它上面写着“为贝尔吉奥乔索公主的音乐会而作”,而非“在贝尔吉奥乔索公主的音乐会上演奏”。我们还应该注意,乐谱封面上以大号字体印着李斯特和塔尔贝格的名字,肖邦和其他三位钢琴家的名字则字体小一号。

这首作品充分体现了 1837 年巴黎的各种音乐风格,极其宝贵地(且让人心旷神怡地)反映了当时六位最伟大的钢琴家构思、创作和弹奏的方式。每一个变奏都华丽而艰难——除了肖邦,他的夜曲般宁静、沉思的《E 大调变奏曲》(其他人采用的全是降 A 大调)凭借其轻描淡写、精致的特点而独占鳌头。李斯特精明地将肖邦的这首变奏曲排在倒数第二的位置上(随后便是他本人所写的令人眼花缭乱的尾声)。

《六日》成为了李斯特最喜欢演奏的曲目，曾经凭借它让里斯本、圣彼得堡、斯德哥尔摩和君士坦丁堡的听众如痴如醉。

1838

《g小调小行板》

由歌曲《春之歌》，Op.74之2（见下文）改编的钢琴独奏曲

出版：1968

《升g小调、D大调、C大调和b小调玛祖卡舞曲》Op.33之1—4

题献给：罗扎·莫斯托夫斯卡伯爵夫人

出版：1838

《B大调玛祖卡舞曲》Op.41之2

作于1838年11月28日

题献给：斯特凡·维特维茨基

出版：1840

《g小调夜曲》Op.37之1

出版：1840

舒曼在评论Op.37的两首夜曲（第二首见1839年）时写道："它们与肖邦之前的夜曲完全不同，装饰更为简单，曲风更为优雅。我们都知道肖邦之前的作品挂满了珍珠、亮片和金光闪闪的装饰品。他已经有所改变，显得

有些老气横秋;他仍然喜欢装饰,可是如今的装饰音更为高贵,其中的诗意更加透明。”

《A大调波洛奈兹舞曲》Op.40之1

题献给:朱利安·冯纳塔

出版:1840

作为肖邦最著名的作品之一,这首也被称作“军队”的波洛奈兹舞曲是在不折不扣地号召人们拿起武器。它自始至终充满了乐观主义,活力四射,华丽动人。作曲家在这里充分展现了他的爱国主义,“波兰骑兵勇敢前进,每个人的眼神和动作都透着坚毅”(尼克斯)。奇怪的是,这样一首英雄气概十足的作品居然没有尾声,只是在简单地反复开始处的主题后便突然结束。

《24首前奏曲》Op.28

题献给:(莱比锡版本)J.C. 凯斯勒;(伦敦和巴黎版本)卡米尔·普莱耶尔

这组24首前奏曲由于所用调的顺序而形成了一个有机的整体。它完全采用了五度圈的顺序,每个大调作品都与其关系小调作品成对。例如,《C大调第一前奏曲》之后出现的第二前奏曲则采用了它的关系小调——a小调;从合乎逻辑的角度来看,下一首肯定是高出一个五度的G大调——以及G大调的关系小调(第4首e小调)……以此类推。调性越远,音乐就越复杂。

这些前奏曲中的大多数都是在肖邦与乔治·桑及其子女动身去马略卡岛之前完成的。尽管他在瓦尔德莫萨度日如年,还是在那里完成了所有这组作品。他喜欢用旧名称创造新曲式。前奏曲通常指一段引子式的音乐(比如某个组曲的第一首),但这些前奏曲却并不是任何其他作品的引子——它们只是独立的思绪，探索各种情感和情绪的微型音诗。其中 8 首的长度都不超过一分钟;只有三首的长度超过三分钟。

这组前奏曲包含一些最受人喜爱的肖邦作品，如第 15 首“雨滴”;c 小调第 20 首曾激发拉赫玛尼诺夫和布索尼分别创作了一组变奏曲(它还曾被巴瑞·曼尼洛用来创作他的热门歌曲《难道是魔力？》);e 小调和 b 小调前奏曲在肖邦葬礼上由管风琴奏出,而降 b 小调第 16 首虽然简短，却难到了令人胆战心惊的地步——每一位职业钢琴家都可以证明这一点。肖邦是否打算让钢琴家们从头至尾连续演奏这些前奏曲,这是一个争论未决的问题,也是个人所好问题。他本人或弹奏其中的某首曲子或几首曲子。

即便肖邦没有写过任何其他作品,这 24 首前奏曲也足以确保肖邦名垂千古。库拉克觉得“尽管简洁得像警句,但(它们)是一流的杰作”。

《a 小调圆舞曲》Op.34 之 2

题献给:德伊芙里男爵夫人

《F 大调圆舞曲》Op.34 之 3

题献给:A.德艾奇塔尔小姐

出版:1838

作为“肖邦圆舞曲中最不像圆舞曲的一首”,Op.34之2刚开始便是一段令人难忘、充满了慵懒倦怠的大提琴般忧郁咏叹调。据说肖邦当时正在出版商家做客,斯蒂芬·赫勒突然来访,预定所有圆舞曲。肖邦问他最喜欢哪一首,赫勒提到了这一首,于是肖邦便说:“我很高兴你喜欢这一首,它也是我的最爱。”

在它之后问世的这首F大调圆舞曲狂风暴雨般的开头乐段与之2形成了强烈对比。在它的中间乐段中,右手声部有各种倚音,因而有了“小猫圆舞曲”的绰号。据说肖邦在进行即兴创作时,他的小猫跳到了键盘上,让他产生了写出这一独特音型的想法。

《春之歌》Op.74之2(词作者:维特维茨基)

(也被改编成钢琴独奏曲出版:《g小调小行板》)

出版:1857

1839

《F大调第二叙事曲》Op.38

题献给:罗伯特·舒曼

出版:1840

《第二叙事曲》可谓钢琴曲库中的杰作,非同寻常的是它以F大调开始,却以a小调结束。但更为重要的是音乐本身的内容。听者首先被带入一个纯真的田园风景中,这是由轻声弹奏出的摇摆的西西里节奏营造出来的。人们以为这似乎将讲述一个童话故事。但是第一主题刚刚淡去,随即便爆发出一个噩梦般的情节,乐谱上的记号也变成了 ff，presto con fuoco（火热的急板）。这个乐段与《“冬风”练习曲》Op.25 之 11 极为相似。最后，第一主题再次出现，或许让人们联想到奥赛罗对伊阿古所说的那句台词：“可是，真可惜……啊，真是可惜。”它的题献对象舒曼认为它是“肖邦最疯狂、最具创新性的作品之一”。

《升 F 大调第二即兴曲》Op.36

出版：1840

虽然标题为“即兴曲”，Op.36 却有着较浓的叙事曲风格。梦幻般的开头过后，乐曲很快发展成一段 D 大调进行曲（赫尼克将这里仅仅用了两个小节就完成的转调形容为“铰链的嘎吱声”）。但它最出色的乐段却是尾声，法国人所称的“珍珠游戏”的典型范例：用最轻盈、平稳的触键弹奏快速音阶乐句的艺术。

《e 小调、降 A 大调和升 c 小调玛祖卡舞曲》Op.41 之 1、3、4

出版：1840

《G 大调夜曲》Op.37 之 2

（另见 1838 年的《g 小调夜曲》Op.40 之 1）

这首夜曲完成于肖邦第一次在诺昂居住期间，但初稿可能是在马略卡岛上写成的。有一种理论认为这首乐曲的灵感来自去马略卡岛的夜航。不止一位评论家认为它的第二主题可能改编自一首诺曼底歌曲，是肖邦最优美的旋律之一。

《c 小调波洛奈兹舞曲》Op.40 之 2

（另见 1838 年的《A 大调波洛奈兹舞曲》）

伟大的俄国钢琴家兼作曲家安东·鲁宾斯坦认为《A 大调波洛奈兹舞曲》描绘了波兰的伟大，却也在这首阴郁的《c 小调波洛奈兹舞曲》中看到了波兰在沦落。左手弹出的心酸主题将高贵、遗憾与苦难融合在一起，并且在乐曲快要结束时由装饰处理过的主题再现进一步凸显这些情感。

《升 c 小调第三谐谑曲》Op.39

题献给：阿道尔夫·古特曼

出版：1839

这首《第三谐谑曲》又是钢琴曲库的一个基石，并且像《第二叙事曲》一样，也有着对比强烈的乐段，只是这里的对比是通过其他手段实现的。它的第一主题是一种“暴躁的、狂怒的、充满轻蔑的”（尼克斯）八度爆发。中间的降 D 大调乐段则是一首肃穆的众赞歌，每隔四小节就被细腻的下行分解和弦打断一次，从而营造出神奇的效果。在猛烈的第一主题再次出现之后，中间乐段也重新响起，但肖邦在这里出人意料地对这首众赞歌进行了令人心悸的转调处理。这是一个美到极致的乐段。

这首谐谑曲是肖邦唯一题献给一名男学生的作品。所有史料显示，尽管古特曼是最早在巴黎师从肖邦的学生之一，而且始终是肖邦忠心耿耿的挚友，他却不是最杰出的钢琴家。肖邦不知何故对这位学生的缺点视而不见。“(肖邦)呕心沥血,试图将这块木头疙瘩打造成一个光辉形象。(伦兹)”

1840

《梦幻》(词作者:扎雷斯基)

出版:1910

《a 小调玛祖卡舞曲》

题献给:埃米尔·盖拉德

出版:1841

《降 E 大调绵延的》

出版:1955

《f 小调、降 A 大调和降 D 大调新练习曲》

作于 1839—1840

出版:1840

虽然是应他人请求而作（为莫谢莱斯和费蒂斯的《钢琴演奏法》而作),这三首简短的练习曲仍然能够与 Op.10 和 Op.25 那两组练习曲相媲美，但是将它们视为前奏曲也很合适。这三首练习曲优雅、甜美的旋律之下都隐藏着极其艰深的技巧挑战。有意思的是,当它们与李斯特、门德尔松、亨泽尔特和塔尔贝格同样受托为《钢琴演奏法》创作的那些超高技巧练习曲放在一起时,肖邦的这三首练习曲简直像冒失闯进来的天真汉。

《降 b 小调第二钢琴奏鸣曲》Op.35

出版：1840

1839 年 8 月 8 日，肖邦从诺昂致信朱利安·冯纳塔："我正在写一首降 b 小调奏鸣曲，其中将包含你已经熟悉的进行曲（即 1837 年单独创作的著名的《葬礼进行曲》）。这首奏鸣曲将有一个'快板'、一个降 e 小调谐谑曲、进行曲和一个简短的终乐章——在我的乐谱中，这个终乐章只有三页。进行曲过后，左手与右手如流水潺潺般地齐奏同音。"

在肖邦的所有作品中，这首独特的奏鸣曲或许是引起最广泛讨论的一首。有位评论家认为，这是"音乐界的无价之宝，必须永远位列古往今来所有杰作之中"。在舒曼看来："肖邦只是将他四个最疯狂的孩子捆绑在一起，以他的名义将它们塞进一个地方（即一首自称为奏鸣曲的作品中），它们否则别无它法可以进入。"

在一段标有 grave 记号的简短引子过后，第一乐章首先引入一个激动的第一主题，与肖邦用一段最优美、悠长的旋律构成的第二主题形成对比。第一乐段经过一次反复后才进入到松散的主题展开部，最后在兴奋有力的尾声中结束。谐谑曲乐章有着同样冲动、有力、阴沉的开头，与另一段天籁般的旋律对比后形成中央乐段。随后出现的葬礼进行曲有着令人心碎的丧钟声——肯定是全世界最著名（当然也是改编最多的）主题之一——以及一个肃穆的中间三重奏。这个三重奏在进行曲再次响起之前给人带来了安慰，将我们"带入奢华的痛苦中"，直至最后几小节淡化成虚无。

这首奏鸣曲引起人们最多讨论的是它的终乐章，上面的记号为“presto, non tanto”(不过分的急板)。它的75小节(演奏时长只有一分十五秒，而前面三个乐章时长二十分钟)完全由双手相隔一个八度奏出相同音构成。舒曼对此无法理解(“这不是音乐……这首奏鸣曲的结尾如同它的开始一样，像带着嘲笑的狮身人面像一样令人费解”)；库拉克认为它刻画了“秋风卷起落叶，将它们撒在新坟上”；许多其他评论家则认为这个终乐章是钢琴奏鸣曲史上最了不起的乐章。今天，几乎没有人不认为这首奏鸣曲是一个非常成功的统一体。它一直是每位大钢琴家的保留曲目。

《降A大调圆舞曲》Op.42

出版：1840

伦兹写道：“按照肖邦本人的说法，这首圆舞曲以八小节颤音开始，应该能让人联想到一个音乐钟。他本人演奏时将他伸缩速度风格发挥到了极致；他会在让低音保持一个稳定节拍的情况下将它弹奏成一个连续的stretto prestissimo(最急板紧凑乐段)。这是在一对对舞伴中蜿蜒的花环！”这是肖邦最优美的圆舞曲，也是唯一没有题献的圆舞曲。

1841

《A大调音乐会快板》Op.46

题献给：弗里德里克·穆勒–施特赖歇尔

出版:1841

这首迷人的作品一直受人冷落，令人颇感意外。它的题献对象是肖邦最有天赋的学生之一。这是肖邦于1830年在维也纳开始创作的《第三钢琴协奏曲》中已经完成的第一乐章。在他的注意力渐渐远离钢琴与乐队作品之后,他放弃了创作协奏曲的想法,将幸存下来的第一乐章修改、扩充后打造成现在的形式出版——没有乐队的协奏曲。它在风格上比较接近他早期创作的两首协奏曲，但这里的钢琴旋律有着更多成熟肖邦的东西,对演奏者的技术要求特别高。

让-路易·尼科德(1853—1919)在19世纪80年代将它改编成了钢琴与乐队作品,并且添加了70小节他本人的音乐。安德烈·梅萨杰改编出了第二个版本,第一次世界大战之前由帕德雷夫斯基演奏过。第三个版本的改编者是波兰人卡兹米尔兹·维尔科米尔斯基(1900—1995),时间为两次世界大战之间。由于该版本毁于第二次世界大战，维尔科米尔斯基毫不气馁地又改编出了一个版本,而且效果非常好,只是乐队地位远比肖邦本人作品中的乐队地位重要得多。

《降A大调第三叙事曲》Op.47

题献给:保莉娜·德·诺雅尔斯公主

出版:1841

我们很难见到第二叙事曲与这首温馨感人的音诗之间的强烈对比。“我们一眼就能从中认出这位习惯于在法国首都最上等社交圈中交际的波兰知识精英。”舒曼说,同时他拒绝“进一步分析其中的诗意”。确实如此。

这首作品是温斯顿·丘吉尔爵士的最爱，他每次见到他的朋友、大钢琴家本诺·莫伊塞维奇时,总是会请他弹奏“这匹奔腾的烈马”(丘吉尔给这首叙事曲起的名字)。虽然它的第二主题更像一匹慢跑的骏马,莫伊塞维奇还是托人雕刻了一尊骑手骑在马背上的小塑像,并且在其底座上刻上了相应的乐谱,将它放置在丘吉尔位于海德公园大门 28 号官邸的壁炉架上。这首叙事曲的题献对象保莉娜·德·诺雅尔斯公主是肖邦的一名学生。

《f 小调幻想曲》Op.49

题献给:凯瑟琳·德·索佐公主

出版:1841

这首“肖邦的天才最完美的表现之一”题献给了他的另一名公主学生。

任何喜欢钢琴音乐的人都不会怀疑,这首《f 小调幻想曲》不仅是肖邦最伟大的作品之一,而且也是所有钢琴作品中最伟大的作品之一。它始终未能像与之非常相似的几首叙事曲那样受人欢迎。它的背后有段故事,只是它的可信度完全由听者自己去判断。李斯特(转述他的话)说这首曲子代表着肖邦与乔治·桑之间一次争吵并和解的过程。这首作品确实是在诺昂创作的,而且是在两个人最幸福的时期——然而它最显著的气氛却是忧郁,尽管有些乐段极其高贵、富有戏剧性,而且(其中间乐段)极其温柔。

《a 小调赋格》

出版:1898

肖邦在诺昂写的一首简短的赋格练习曲，听上去很像巴赫的作品,丝毫没有肖邦的风格。

《a 小调玛祖卡舞曲》

出版:1841

《c 小调和升 f 小调夜曲》Op.48 之 1 和 2

题献给:洛尔·杜贝尔小姐

出版:1841

《c 小调夜曲》是肖邦所有夜曲中最辉煌(笔者认为也是最伟大)的一首。库拉克觉得它的"构思与诗意……使它成为肖邦最重要的作品之一；主部主题出神入化地表达了极度的悲伤，比如某人心爱的祖国遭遇重大不幸之时"。他将第二主题视作一群勇士庄严地聚集在一起,准备参加一场神圣的战争或者为自己的祖国捐躯。

肖邦对于如何弹奏令人难忘的开头几小节非常苛刻。"他对此从不满意。"伦兹说。他是在"长时间刻苦练习之后"才终于弹奏出令肖邦满意的头两个小节,然后再次接受后两个小节的考验。

与之相配的《f 小调夜曲》是一首比较轻盈但"泪水涟涟的"优美作品(尼克斯)。当古特曼跟肖邦学习这首作品时，肖邦告诉他中间乐段应该被弹奏成一首宣叙调:"'一道专制的命令'(前两个和弦),他说,'另外几个和弦则是在请求原谅。'"

《升 f 小调波洛奈兹舞曲》Op.44

题献给:德·布瓦公主

出版:1841

这一首以及此后的 Op.53 是肖邦创作的最伟大的波洛奈兹舞曲。它的开头带着“恼怒与惊讶——然后是愤怒的休止——最后是怒吼”(阿什顿·琼森),随后在中途变成忧郁动人的、轻柔的玛祖卡舞曲。借用赫伯特·维恩斯托克的话,整首作品沐浴在一种奇妙的“半明半暗的亮光中”。

《升 c 小调前奏曲》Op.45

出版:1841

《英俊少年》Op.74 之 8(词作者:扎雷斯基)

出版:1857

《降 A 大调塔兰泰拉舞曲》Op.43

出版:1841

Tarantelle(塔兰泰拉舞曲)是意大利语 tarantella 一词的波兰语翻译,而这正好体现了这首作品的本质:从罗西尼到肖邦的嬗变。这首欢快、多少有一点严肃的乐曲是对罗西尼的歌曲《跳舞》所表达的敬意,但其中却没有任何拿波里风格。这是一首怡人的沙龙曲,也是 1841 年夏天他在诺昂所写的另一首作品。有件事非常耐人寻味,肖邦在请朱利安·冯纳塔将这首作品抄写出来时还请他核查一下罗西尼那首歌曲所用的是$\frac{6}{8}$还是$\frac{12}{8}$拍子。“至于我的作品,不管它采用了何种形式,我还是希望它听上去比较像罗西尼。”他怎么会不知道所有塔兰泰拉舞曲均采用$\frac{6}{8}$拍呢?

1842

《降G大调第三即兴曲》Op.51

题献给:让娜·巴迪亚尼 – 艾斯特哈齐伯爵夫人

出版:1843

这是肖邦三首即兴曲中最不受青睐的一首,不止一位评论家形容它的情感“具有病态”。据他的学生伦兹说,这是一首怪异、沉闷的作品,肖邦本人却对它极为偏好。

《G大调、降A大调、升c小调玛祖卡舞曲》Op.50之1—3

题献给:列昂·斯密特科夫斯基

出版:1842

《f小调和降E大调夜曲》Op.55之1和2

作于1842—1844

题献给:简·斯特林

出版:1844

《f小调夜曲》是肖邦最受欢迎的夜曲之一,极为罕见地给人一种即兴创作的印象——肖邦一时兴起,悠闲地坐在钢琴前。评论家汉斯立克认为它代表着“一种忧伤，随后演变成一种绝望的呐喊，然后再在希望中复归于平静”。与它相伴的降 E 大调夜曲今天听到的次数远不如它,却由于缺少一个对比性的中间乐段而异乎寻常。

《降 A 大调波洛奈兹舞曲》Op.53

题献给:奥古斯特·列奥

出版:1843

这是最著名的波洛奈兹舞曲，也是所有钢琴作品中最杰出的之一,常常被称作“英雄”或“军队”波洛奈兹舞曲,而这一称号完美地描述了它的特点,因为它“具有最辉煌高贵的风格……是对过往历史的一种光荣的神圣化祭奠”(克雷津斯基)。主题的独创性和乐思的丰富变化在短短的六分钟内以令人惊叹的史诗般方式一一展现。聆听某位大钢琴家——比如常常将这用作独奏音乐会最后一首乐曲的阿图尔·鲁宾斯坦——弹奏会是一次令人难忘的经历。

中间部分让人耳目一新，其低音声部有着一个下行十六分音符八度音型,通常被视为代表着骑兵的冲锋或者马蹄的嗒嗒声;但肖邦坚持说,只要弹奏时速度正确,它更像一支骑兵队伍在慢慢逼近。哈勒回忆了自己当着肖邦的面弹奏这首作品时的情景:“他轻轻将手放在我的肩膀上,说他感到非常不高兴,因为他听到自己的降 A 大调‘大波洛奈兹舞曲’变成了快速的游戏！因此破坏了这首高贵乐曲中的所有辉煌与庄严。”

《f 小调圆舞曲》Op.70 之 2

（不同的手稿）分别题献给：玛丽·德·克鲁德纳、奥利夫人、阿什利·加瓦尔、艾斯特哈齐伯爵夫人

出版：1852

这是创作于不同时期、在肖邦去世后以 Op.70 出版的三首圆舞曲之一。

1843

《f 小调第四叙事曲》Op.52

题献给：夏洛特·德·罗斯柴尔德男爵夫人

出版：1843

人们一致认为这首《f 小调第四叙事曲》是肖邦艺术的巅峰或者接近于巅峰之作。在这首长达十一分钟的音诗中，他的各种出神入化的技巧被汇集到了一起：庞大的结构、令人难忘的主题、大胆且充满智慧的键盘旋律、亲密感、忧郁。“如同《蒙娜丽莎》和《包法利夫人》是绘画和文学的杰作一样，这也是钢琴音乐的杰作。”（赫尼克）

评论家琼·齐塞尔曾恰当地将缠绵的开头形容为“给人带来的奇妙感就如同一位盲人见到光明后第一次发现世界之美时的感觉”。它的最后几页有着一个微型华彩段、对第一主题的卡农式处理以及闪光的尾声，是肖邦写出的最神奇的音乐。

《E 大调中板》

题献给：德·切利梅蒂夫伯爵夫人

出版：1910

《E 大调第四谐谑曲》Op.54

题献给：让娜·德·卡拉曼

出版：1843

在前面三首充满戏剧性与矛盾冲突的谐谑曲之后，肖邦的最后一首谐谑曲是四首谐谑曲中唯一采用大调的一首，与之富有歌唱性、几乎是门德尔松式的情绪完全相符。它显然比其他三首更像谐谑曲。这首作品是圣桑的最爱，他选取了其中的一个乐句（以及《降 A 大调圆舞曲》Op.42 中对比的二拍子和三拍子节奏），用在了他本人的《g 小调协奏曲》的谐谑曲乐章中。有些乐段显示肖邦似乎在回顾自己之前的一些作品，但才华横溢的最后几页驱散了这种感觉。

1844

《降 D 大调摇篮曲》Op.57

题献给：阿什利·加瓦尔

出版：1845

在肖邦将夜曲、练习曲、波洛奈兹舞曲和玛祖卡舞曲提升到更高的艺术形式上之后，他又在这首摇篮曲中展现了自己的魔力。它的灵感或许来自保莉娜·维亚尔多的小女儿，维亚尔多去外地演出时曾将女儿留在诺昂，由肖邦和乔治·桑照顾。简朴的摇摆音型在长达四分半钟的整首作品中始终保持不变，低音声部的每个小节都以同一个低音降 D 音开始，除了接近结尾处的两小节外，交替出现的轻柔的主调与属调和声没有任何变化，而右手声部则在其之上弹奏出各种纤细的音型。肖邦的一位传记作家查尔斯·威尔比认为在最后八小节中，就连一直在晃动摇篮的保姆也被这令人昏昏欲睡的音乐带入了梦乡。

《B 大调、C 大调和 c 小调玛祖卡舞曲》Op.56 之 1—3

作于：1843—1844

题献给：凯瑟琳·梅贝里

出版：1844

《b 小调第三钢琴奏鸣曲》Op.58

题献给：艾米利亚·德·佩尔忒斯伯爵夫人

出版：1845

任何学术分析都会集中在肖邦的三首钢琴奏鸣曲上。第一首远比后两首逊色；第二首虽然与古典奏鸣曲曲式的联系不大，却是一首杰作；第三首虽然更接近奏鸣曲曲式，却不如第二首成功……对于大多数音乐爱好者而言，这些学术性的分析丝毫不重要。教授们的“假如”和“但是”（或者应该是“不屑”和“啧啧声”？）根本无法将天才禁锢在紧身衣中。这首《b 小调奏鸣曲》是伟大作品吗？当然是的。

第一乐章或许主题过多，可它们是多么神奇的主题啊！谐谑曲乐章简洁明了、熠熠生辉、优雅迷人。夜曲般的慢乐章是三首奏鸣曲中最弱的，有着迂回曲折、有些自恋式的旋律。不过，这种弱点却让人们对之后辉煌的欢快终乐章更加充满了期待——这段风驰电掣般的回旋曲将整首作品带入了令人血脉偾张的结尾。从技术的角度来看，这是肖邦所有作品中难度最大的乐章之一。有意思的是，它的第二主题也是他极少以音阶进行创作的例子之一（其他例子为《即兴曲》Op.36 的结尾和《船歌》）。

1845

《死之分歧》Op.74 之 11（词作者：扎雷斯基）

出版：1857

《a 小调、降 A 大调和升 f 小调玛祖卡舞曲》Op.59 之 1—3

出版：1845

《没有必要》Op.74 之 13（词作者：扎雷斯基）

出版：1857

1846

《升 F 大调船歌》Op.60

题献给：德·斯托克豪森男爵夫人

出版：1846

与《摇篮曲》、《波莱罗舞曲》和《塔兰泰拉舞曲》一样，肖邦也只写了一首《船歌》。威尼斯船歌——贡多拉船夫之歌——由于其独特的$\frac{6}{8}$拍节奏（肖邦的记谱为 12/8 拍子）反映了贡多拉在水面上上下波动的节奏，早在 18 世纪就吸引了许多游客。在肖邦这首《船歌》问世之前最著名的器乐船歌便是门德尔松《无词歌》中的“威尼斯船歌”。几十年后,福莱将创作一组 13 首船歌。

据哈勒回忆,肖邦在他的最后一场音乐会上“弹奏了《船歌》的后半部,从它对体力要求最严苛的地方——与 pianissimo 截然相反的风格——开始,但是充满了神奇的细微差别,让人怀疑这种全新的诠释是否比人们所习惯的诠释更好。只有肖邦才能展现出这样的技艺”。

《降 A 大调马基加洛普舞曲》

出版:?

《B 大调、f 小调和升 c 小调玛祖卡舞曲》Op.63 之 1—3

题献给:劳拉·佐斯诺夫斯卡伯爵夫人

出版:1847

《a 小调玛祖卡舞曲》Op.67 之 4

出版:1855

《f 小调玛祖卡舞曲》Op.68 之 4

作于 1846(?),或许更晚

出版:1855

由弗朗肖姆于 1852 年根据草稿完成

《B 大调和 E 大调夜曲》Op.62 之 1 和 2

题献给:R. 德·科内利兹小姐

出版:1846

人们对肖邦最后两首夜曲的看法截然不同。尼克斯认为“它们之所以问世与其说是由于灵感,还不如说是由于甜美的活动习惯”,而且它们反映了肖邦糟糕的健康状态。赫尼克认为 B 大调夜曲有着“成熟的魅力”。许多人认为 E 大调夜曲中有着告别的意味，主要是由于它缠绵的尾声,仿佛肖邦不愿意与最后一首夜曲的灵感告别。

《降 A 大调波洛奈兹舞曲幻想曲》Op.61

题献给:A.维勒夫人

出版:1846

肖邦在将波洛奈兹舞曲提升到新的高度之后，还想在这里进一步提高这种曲式。它的情绪和结构与早期作品有着很大的不同。的确,它从多个角度来说都是自成一体的作品。虽然独特的波洛奈兹舞曲节奏在第一主题中非常明显，它在作品的其他部分却消失得无影无踪，因此才有了“幻想曲”的标题。

这首作品的结构乍听上去很难捉摸，因为肖邦似乎想再现狂想曲式即兴演奏的感觉;但是通过主题再现以及肖邦下意识的曲式、速度和比例感,他成功地制造出了一个连贯的整体。这首作品的手稿显示肖邦想完成一个令人满意的最终版本有多么艰难。或许这在如此具有探索性、创新性的作品中是难以避免的。

《g 小调大提琴与钢琴奏鸣曲,Op.65》

题献给:阿黛尔·福瑞斯特

出版：1847

这是肖邦的最后一首主要作品，也是他生前出版的最后一首。与他同时代的一些作曲家觉得很难理解它的结构。莫谢莱斯研究乐谱后认为“一些乐句在我看来很像有人在钢琴上弹奏前奏曲，演奏者在敲打每个调和谱号的门，以验证任何旋律是否动听”。不过，他后来将它改编成了一首钢琴四手联弹，而且称其为“对耐心的考验”。安那托利·莱金在这首作品的第一个乐汇中发现了与舒伯特声乐套曲《冬之旅》的主要动机之间的关联性——它最早出现在套曲第一首《晚安》中。《冬之旅》的主题描述了一位失意的恋人绝望地离别心上人，完全体现了肖邦在创作这首奏鸣曲时的生活状况。莱金有证据证明肖邦在与乔治·桑分别时曾研究过舒伯特的《冬之旅》。难道这就是他在这首作品首演时省略第一乐章的原因吗？难道巴黎的听众会理解隐藏在其背后的含义？难道这就是他在临终前不忍心听到开头几个乐句的原因？

从平衡的角度来说，第一乐章是对演奏者的挑战。在舞曲般的谐谑曲乐章、复调的“广板”乐章以及最终的“快板”乐章中，这不再是一个难题。尽管它有时反映出了肖邦在创作它时的怀疑，并且缺乏流畅性，它至少也是一首非常有意思的作品，属于浪漫主义大提琴奏鸣曲的杰出代表。

1847

《降 E 大调广板》

出版：1938

《旋律》Op.74 之 9(词作者:克拉辛斯基)

出版:1857

《c 小调夜曲》

出版:1938

《降 D 大调圆舞曲》Op.64 之 1

题献给:黛尔菲娜·波托茨卡伯爵夫人

《升 c 小调圆舞曲》Op.64 之 2

题献给:夏洛特·德·罗斯柴尔德男爵夫人

《降 A 大调圆舞曲》Op.64 之 3

题献给:卡塔尔捷娜·布兰妮奇卡伯爵夫人

出版:1847

《降 D 大调圆舞曲》也被称作"一分钟"圆舞曲,是肖邦圆舞曲中最著名的一首,也是所有钢琴作品中最为人们熟悉的一首。即便是急速弹奏抒情的中间乐段,人们也无法在一分钟内弹完全曲。肖邦这首"一分钟"圆舞曲的平均演奏时长约为九十秒。据说它的灵感来自乔治·桑的小狗,它喜欢转圈追逐自己的尾巴。有天晚上,乔治·桑对肖邦说,如果她有这种天分的话,一定会为这条小狗即兴创作一首曲子;于是肖邦坐到钢琴前,即兴演奏出了它的主题,因此它有时也被称作"小狗圆舞曲"。这首圆舞曲有几十首改编曲,包括至少三个歌曲版本,几首巧妙地将两个主题同时弹奏出的钢琴改编曲(见附录)。

颇受欢迎的《升 c 小调圆舞曲》在充满相思的第一主

题、圆舞曲式的第二主题(尽管人们感觉到舞者的心思其实并不在其中)以及温柔安慰的第三主题之间交替反复。这是一首简练、富有诗意的杰作。与之形成对比的《降A大调圆舞曲》虽然不如另外两首那么著名,却也是一首轻松活泼的曲子,让人联想到吊灯与香槟。

《a 小调圆舞曲》

出版:1955

1848

《g 小调玛祖卡舞曲》Op.67 之 2

出版:1855

人物简介

Alkan,Charles-Valentin

夏尔－瓦朗坦·阿尔康(1813—1888):一位喜欢幻想的钢琴与管风琴作品作曲家。作为肖邦的毕生挚友以及肖邦在奥尔良广场的邻居,阿尔康是唯一一位让李斯特在其面前弹奏时感到不安的钢琴家。肖邦将自己毫无价值的《钢琴演奏法》遗赠给了他。

Bellini,Vincenzo

温琴佐·贝利尼(1801—1835):西西里歌剧作曲家(创作过《诺尔玛》、《梦游女》和《清教徒》等作品),肖邦的朋友,他那悠长的旋律对肖邦的钢琴曲产生了很大的影响。

Berlioz,Hector

埃克托·柏辽兹(1803—1869):浪漫主义巅峰时期的作曲家,他那动荡、充满激情、傲慢自尊的生活全都反映在了他的音乐中。他是肖邦在巴黎的熟人。

Bialoblocki,Jan

扬·比亚沃布沃茨基(1805—1827):肖邦年轻时的挚友,英年早逝。

Chopin,Emilia

艾米利亚·肖邦(1812—1827):肖邦的小妹妹,14岁时死于肺结核。

Chopin,Lzabela(later Barcinska)

伊莎贝拉·肖邦(后为伊莎贝拉·巴津斯卡)(1811—1881):肖邦的大妹妹,也是肖邦直系亲属中最后一位离世的。

Chopin,Justyna(née Krzyzanowska)

尤斯蒂娜·肖邦(娘家姓克日扎诺夫斯卡)(1780—1861):肖邦的母亲。

Chopin,Ludwika(later Jedrzejewicz)

卢德维卡·肖邦(后为卢德维卡·耶德热耶维奇)(1807—1855):肖邦的姐姐。

Chopin,Nicolas

尼古拉斯·肖邦(1771—1844):肖邦的父亲,后改名为更具波兰味的米古拉耶。

Clésinger, Jean-Baptiste Auguste

让－巴蒂斯特·奥古斯特·克莱辛格(1814—1883)：法国雕塑家，迎娶了乔治·桑之女索朗热。肖邦死后的面模及肖邦墓穴上的大理石雕塑均由他完成。

Clésinger, Solange (née Dudevant-Sand)

索朗热·克莱辛格(娘家姓杜德望－桑)(1828—1899)：乔治·桑之女。

Custine, Astolphe, Marquis de

阿斯托夫·德·屈斯蒂纳男爵(1790—1857)：法国作家和社交名流，其母德尔芬·德·萨勃兰曾是夏多布里昂的情妇。屈斯蒂纳作为巴黎社交界的(同性恋)名人，对肖邦及其音乐极为热衷。

Czerny, Carl

卡尔·车尔尼(1791—1857)：备受尊重的奥地利钢琴家和作曲家，创作过大量钢琴练习曲和其他作品。他是贝多芬的学生、李斯特的老师。

d'Agoult, Marie de Flavigny, Comtesse

玛丽·德·弗拉维尼·达古伯爵夫人(1805—1876)：法国作家(笔名为丹尼尔·斯特恩)，乔治·桑的朋友，以惊艳美貌著称。她于1827年嫁给达古伯爵后与弗朗茨·李斯特私奔，他们的女儿柯西玛嫁给了理查德·瓦格纳。

Delacroix,(Ferdinang Victor) Eugène

(费迪南德·维克多·) 欧仁·德拉克洛瓦(1798—1863):或许是19世纪法国美术界最伟大的人物,也是历史上最成功的色彩运用大师。他是肖邦和乔治·桑的密友,为他们绘制过肖像画。

Dudevant,Casimir,Baron

卡西米尔·杜德望男爵(1795—1871):乔治·桑的丈夫。

Dudevant-sand,Maurice

莫里斯·杜德望 – 桑(1823—1889):画家,乔治·桑之子。

Elsner,Józef

约瑟夫·埃尔斯纳(1769—1854):(德裔)波兰作曲家,肖邦在华沙的老师,曾在华沙创办过一所管风琴学校,后来成为了华沙音乐学院。他在25年里一直是华沙的歌剧泰斗。

Field,John

约翰·菲尔德(1782—1837):爱尔兰钢琴家和作曲家,几乎只创作钢琴音乐,发明了钢琴夜曲的名称及风格——后来由肖邦发展到很高的地步。菲尔德嗜酒如命,在莫斯科死于癌症。

Filtsch, Carl

卡尔·费尔奇(1830—1845):肖邦最有天分的学生,十五岁死于肺结核。

Fontana, Julian

朱利安·冯纳塔(1810—1869):出生于华沙,像肖邦一样也是埃尔斯纳的学生。他于1830年定居巴黎,在那里和伦敦以教钢琴为生。他替肖邦打理事务,当肖邦身处诺昂时,经常受肖邦差遣。他在得到肖邦家人的许可后负责出版了肖邦的遗作,四年后自杀身亡。

Franchomme, August-Joseph

奥古斯特-约瑟夫·弗朗肖姆(1808—1884):法国著名大提琴家,肖邦多年的挚友,1846年后一直在巴黎音乐学院任教,创作过许多大提琴曲。

Grzymala, Albert (Wojciech)

阿尔伯特·(沃捷奇·)戈尔吉马拉(1793—1871):侨居巴黎的波兰爱国志士,乔治·桑和肖邦的密友。戈尔吉马拉一生丰富多彩,早在华沙时就认识年轻的肖邦。他有着良好教养,曾因政治活动两次被俄国人抓住入狱,但更为出名的是他的经济头脑。他抵达巴黎后靠证券交易为生,很快就成了巴黎社交界的核心人物之一。

Gutmann, Adolf

阿道尔夫·古特(1819—1892):德国钢琴家,肖邦最喜欢的学生之一(尽管许多听过他弹奏的人都对此百思不得其解)。他的《特点练习曲集》在19世纪颇为流行。

Hallé, Sir Charles

查尔斯·哈勒爵士(1819—1895):出生于德国威斯特伐利亚,原名为卡尔·哈勒,他在巴黎时与肖邦和李斯特保持着友好关系,后成为著名钢琴家和指挥家。他定居英国曼彻斯特后创建了哈勒乐团。

Heine, (Christian Johann) Heinrich

(克里斯蒂安·约翰·)海因策希·海涅(1797—1856):德国诗人、散文家。1830年,当他由于革命观点无法在德国谋到职位时,他自愿流亡巴黎,转向政治,成为了都市民主运动的领袖。他后来由于脊柱麻痹卧病在床。舒曼和舒伯特将他的许多诗作谱写成了歌曲,他也是肖邦的朋友和崇拜者。

Herz, Henri

亨利·赫尔茨(1803—1888):杰出的奥地利钢琴家和作曲家,他的作品的售价是许多水平比他更高的同时代作曲家的三至四倍,销量也远远大于他们。他还是一位成功的钢琴制造商。

Hiller, Ferdinand

费迪南德·希勒(1811—1885):德国钢琴家(胡梅尔的学生)、指挥家、作曲家、评论家和教师。他侨居巴黎时

(1828–1835)是肖邦、李斯特、柏辽兹和许多其他人的密友,也是门德尔松的挚友,风格深受门德尔松的影响。

Hugo, Victor (Marie)

维克多·(玛丽·)雨果(1802—1885):法国诗人和作家,法国浪漫主义运动的泰斗,主要作品包括《巴黎圣母院》《悲惨世界》和《逍遥王》(威尔第的歌剧《弄臣》的原作)。

Hummel, Johann Nepomuk

约翰·尼波默克·胡梅尔(1778—1837):伟大的奥地利钢琴家和作曲家(曾师从海顿和莫扎特),创作过钢琴协奏曲和其他钢琴作品,以及教会音乐和歌剧。他和他的儿子对肖邦十分友好,肖邦的早期作品受到了胡梅尔的影响。

Kalkbrenner, Friedrich Wilhelm Michael

弗里德里希·威廉迈克尔·卡尔克布雷纳(1785—1849):杰出的德国钢琴家和作曲家,年轻的肖邦曾对他佩服得五体投地(他将自己的《e小调钢琴协奏曲》题献给了他,但是谢绝了卡尔克布雷纳主动提出的收他为徒的美意)。他的许多作品虽然比较肤浅,却都精心打造,效果突出。他也是普莱耶尔钢琴公司的合伙人之一。

Lamartine, Adolphe Marie Louis de

阿道尔夫·玛丽·路易·德·拉马丁(1790—1869):法

国诗人、政治家和史学家。

Lind, Jenny

詹尼·林德(1820—1887): 被誉为“瑞典夜莺”的著名女高音。她在其漫长的艺术生涯中(她于1870年告别舞台)索要巨额报酬,然后慷慨地将其捐献给瑞典的许多慈善基金会。她在英格兰的马尔文维尔斯去世,伦敦的西敏寺有她的半身塑像。

Liszt, Franz

弗朗茨·李斯特(1811—1886): 匈牙利作曲家和钢琴家,当时最著名、最受人尊敬和最具影响力的人物之一。他的12首交响诗开创了一种全新的管弦乐曲式。他是第一位独自举办钢琴独奏音乐会的钢琴家,对年轻钢琴家和作曲家也常常慷慨相助。他于1848年放弃了钢琴演奏生涯,定居德国魏玛,在那里进行创作、教学和指挥活动,将这座城市变成了德国的音乐中心。他最后数年中的作品具有探索性,预示着20世纪后期的音乐发展。

Mathias, Georges-Amédée-Saint-Clair

乔治-阿梅迪-圣克莱尔·马蒂亚斯(1826—1910): 肖邦非常重要的学生,1862至1893年间为巴黎音乐学院的钢琴教授。他的学生包括特蕾莎·卡雷诺、保罗·杜卡、伊希夫·菲力普、拉乌尔·普格诺、埃里克·萨蒂和欧内斯特·谢林。

Matuszyński, Jan

扬·马图辛斯基(1809—1842):肖邦在华沙时的中学同学,他的毕生挚友。马图辛斯基在德国完成医学学业后在巴黎医学高等学校任教,与肖邦合住在一起。他因肺结核死在肖邦的怀中。

Mendelssohn (-Bartholdy), (Jakob Ludwig) Felix

(雅各布·路德维希·)费利克斯·门德尔松-(巴托尔迪)(1809—1847):钢琴神童和作曲家,后成为19世纪最具创新、最受人欢迎的作曲家之一,将浪漫主义激情与古典主义规范结合在了一起。他于1841年定居柏林。1843年,他又在莱比锡创办了一所音乐学校。他姐姐范妮1847年去世后,他一直未能从悲痛中恢复过来,他本人不到半年后也离开了人世。

Merk, Joseph

约瑟夫·梅尔克(1795—1852):奥地利大提琴家,年轻肖邦的灵感来源之一。他从1818年起一直是维也纳歌剧院的首席大提琴,1828年在音乐学院任教。

Meyerbeer, Giacomo (originally Jakob Liebmann Beer)

贾科莫(原名为雅各布·利布曼·比尔)·迈耶贝尔(1791—1864):德国著名歌剧作曲家,他那浮华、悲喜剧式的风格为他赢得了很大的声誉。他最著名的作品为

《恶魔罗勃》、《胡格诺教徒》、《先知》和《非洲女郎》。

Mickiewicz, Adam Bernard

亚当·贝纳德·密兹凯维奇(1798—1855):他被视为波兰民族诗人，曾因革命活动被捕后流放至西伯利亚，波兰起义(1830-1831)失败后,他逃往西方。他自 1840 年起在巴黎任教,毕生通过自己的作品来激励波兰精神。

Mikuli, Karol

卡罗尔·米库里(1821—1897):波兰钢琴家和教师。他最初学医,后转向音乐,去巴黎师从肖邦。1848 年革命爆发后,他离开法国,定居在伦伯格(今乌克兰利沃夫城),出任那里的音乐学院院长。他编订了肖邦音乐的第一个全真版。他的一名学生便是伟大的莫里兹·罗森塔尔。

Moscheles, Lgnaz

伊格纳茨·莫谢莱斯(1794—1870):德高望重的波希米亚作曲家、钢琴家和教师。早年在这三个领域功成名就之后,他定居在了伦敦(1821),后于 1846 年移居莱比锡,成为门德尔松新音乐学院的教师。他对钢琴技巧做出了非常宝贵的贡献,也是深受来自世界各地的一大群学生热爱的教师。

Paër, Ferdinand

费迪南多·帕埃尔(1771—1839):帕埃尔出生在意

大利，是当时非常重要的作曲家和指挥家，对巴黎音乐界产生了一定的影响。除了法国偶尔上演《教堂乐正》外，他创作的 43 部歌剧已经完全被人遗忘。

Paganini, Nicolò

尼科洛·帕格尼尼（1782—1840）：伟大的小提琴天才，他那灵活的手指以及高潮的技巧让他成为了一个传奇（许多人认为他与魔鬼结盟）。他来华沙时，令人眼花缭乱的演奏给年轻的肖邦留下了深刻的印象。

Pixis, Johann Peter

约翰尼·彼得·皮克赛斯（1788—1874）：德国钢琴家和作曲家，1825 年定居巴黎后成为了肖邦－李斯特圈子中的一员。他与肖邦、塔尔贝格、车尔尼和赫尔茨一起为李斯特的《六日》创作了一首曲子。他那些如今已经被遗忘的作品（主要为钢琴作品）编号多达 150。

Potocka, Countess Delfina (née Komar)

黛尔菲娜·波托茨卡伯爵夫人，娘家姓柯马尔（1807?—1877）：这位伯爵夫人凭借美若天仙的容貌和优美动听的女高音嗓音而名噪一时，成为了巴黎以及波兰贵族社交圈的核心人员之一，并且以她与诗人西格蒙特·克拉辛斯基保持多年的关系而著称。她曾跟肖邦学习钢琴，在肖邦此后的岁月里一直与肖邦保持着密切关系。肖邦将《f小调钢琴协奏曲》和《“一分钟”圆舞曲》题献给了她。肖邦去世前两天最后听的音乐就包括这位伯爵夫人演唱的亨德尔《德廷根感恩赞》中的“赐恩吧，主啊”。

Ries, Ferdinand

费迪南德·里斯(1784—1838)：德国钢琴家和作曲家，曾师从贝多芬(1801—1804)，此后事业如日中天，先定居伦敦(1813—1824)，后自1827年起定居德国法兰克福。

Rossini, Gioachino(Antonio)

焦阿基诺·(安东尼奥·)罗西尼(1792—1868)：伟大的意大利歌剧作曲家，1824年至1836年侨居巴黎，1855年后定居巴黎。肖邦与他很熟，也非常喜欢他的音乐，至少有一次与罗西尼同台献艺。

Sand, George(pseudonym); Amandine Aurore Lucie Dupin, Baronne Dudevant

乔治·桑(笔名)；阿芒迪娜·奥罗尔·露西·迪潘，杜德望男爵夫人(1804—1876)：法国小说家、肖邦的十年伴侣。她18岁时嫁给了卡西米尔·杜德望男爵并与之育有一对儿女——莫里斯和索朗热，但9年后离开男爵，在巴黎过上了波希米亚式的生活。她的第一位情人是作家于勒·桑杜(1811—1883)，并根据他的名字取了自己的笔名。在成为普洛斯珀·梅里美和阿尔弗雷德·德·缪塞的情人之后，她与肖邦生活在了一起。此后，她又与几位不同的哲学家和政治家发生过关系，最终选择以“诺昂女城堡主”的身份过起了平静的生活，继续写作，也继续旅行。她的主要作品包括《安蒂亚娜》(1832)《瓦朗蒂娜》(1832)《莱丽亚》(1833)《雅克》(1834)《斯匹里底翁》(1838)《魔沼》(1846)《坎蒂尼小姐》(1863)及其自传《我的生活》(1855)。她的全部作品多达 100 多卷。

Schumann,Robert (Alexander)

罗伯特·(亚历山大·)舒曼(1810—1856):十九世纪最伟大的作曲家之一,其音乐以最个人化的方式体现了整个浪漫主义时期。他是第一位认同肖邦天才的重要评论家,并且之后一直不遗余力地宣传肖邦的音乐,尽管肖邦对此不以为然。他的钢琴组曲《狂欢节》就包括对肖邦的动人描绘。舒曼最终因精神失常在精神病院里度过了人生的最后两年。

Stirling,Jane Wilhelmina

简·威尔赫米娜·斯特林(1804—1859):简·斯特林注定要与肖邦最后的岁月密不可分。她出身于苏格兰一个显赫家族,1843 年底专程去巴黎跟肖邦学习钢琴,不过也有一些资料认为他们可能几年前就已经认识。她姐姐厄斯金太太与她形影不离，两个人精心安排了肖邦在伦敦和苏格兰的音乐会及生活的方方面面。如果说她与肖邦的关系背后的动机是(没有得到回报的)爱情,那么她在肖邦弥留之际的所作所为可谓慷慨之至，而且在肖邦去世后对自己所承担的事务也竭尽全力。她买下了肖邦大部分的遗产,然后将之与肖邦的家人和她的密友分享。

Thalberg, Sigismond

西伊斯蒙德·塔尔贝格(1812—1871): 名噪一时的钢琴家和作曲家,出生于维也纳,他那贵族气质以及在弹奏最艰难的技巧时仍然在键盘前处乱不惊的能力使他成为了上层社交圈的宠儿。他尤其擅长用拇指弹奏中央旋律,并且用华丽的阿拉伯风格和琶音围绕旋律周围。

Viardot, Pauline (née García)

保莉娜·维亚尔多,娘家姓加西亚(1821—1910): 有着罕见音域的法国杰出女中音歌唱家,也是肖邦和乔治·桑的密友。她在迈耶贝尔的歌剧《先知》首演中扮演了菲德斯一角,并在古诺的歌剧《萨福》首演中扮演女主角。她于1863年告别舞台。她也创作过歌剧,并且将肖邦的一些作品改编成了歌曲。

Witwicki, Stefan

斯特凡·维特维茨基(1800—1847): 波兰诗人,尽管人们认为他的诗作远逊于密兹凯维奇(见前文),但肖邦更喜欢他的作品:肖邦去世后出版的17首歌曲中,10首的歌词来自维特维茨基。

Maria, Wodzińska

玛丽亚·沃津斯卡(1819—1896): 肖邦儿时认识的一个朋友家的女儿。两个人于1835年相识并相爱,但这段恋情无果而终。她后来嫁给了肖邦教父的儿子,但不久便以离婚结束。

Woyciechowski, Tytus

提图斯·伏伊切霍夫斯基(1808—1879):肖邦中学时的朋友、地主。他所保留的书信显示他与肖邦之间存在着一种柏拉图式的爱情。作为肖邦小时候的知己,伏伊切霍夫斯基给肖邦提供了他急需的关爱和兄弟般的忠告。他们一直保持着联系,但似乎自肖邦定居巴黎后就未能再见面。

Żywny, Adalbert

阿达尔伯特·兹维尼(1756—1842):波希米亚小提琴家、肖邦的第一位老师。他于18世纪来到波兰,先是在一个私人乐队中谋到一个职位,后来成为华沙一位自由音乐家。

附 录

下列清单虽说不太全面，却力图列出所有灵感来自肖邦及其音乐的最重要的电影、芭蕾、歌剧、歌曲和戏剧作品。

肖邦的音乐被几十次改编成钢琴曲。由于篇幅有限，这里只列出了那些特别有意思的作品（即改编者出人意料，或者改编形式非同寻常、对原作进行了颇有价值的点评，或者改编曲怪异、风趣、有意思）。其中许多改编曲尚未有录音问世。

银幕上的肖邦

《告别圆舞曲》

法国，1928

以肖邦生平为题材拍摄的默片，皮埃尔·勃朗夏扮演肖邦，亨利·罗塞尔执导。该影片当初有几次在巴黎电影院中上演时，每当银幕上出现勃朗夏坐下来“弹奏”钢琴时，美国钢琴大师沃尔特·莫斯·鲁梅尔（1887—1953）便会现场弹奏肖邦的音乐。

《告别圆舞曲》

德国,1934

沃尔夫冈·里本奈纳在这部虚构的传记片中扮演肖邦。这部影片由于其意识形态和民粹主义内涵而备受纳粹政府的青睐。一旦其中包含“我对祖国的热爱胜于我的生命”以及“您的帝国就是音乐！”这样的台词,人们很容易理解这背后的原因。这部影片以肖邦和乔治·桑动身前往马略卡岛这一浪漫场景结束。

《一曲难忘》

美国,1945

这部由查尔斯·维多执导的影片是20世纪40年代最成功的传记片之一，只是与传记片这一伟大传统相比,它与事实相去甚远。他的剧本出自恩斯特·马利什卡之手,最初应该被拍摄成《告别圆舞曲》(德国版,见上文)。保罗·穆尼以夸张的表演诠释了肖邦的老师埃尔斯纳教授一角,而考内尔·瓦尔德和梅尔·奥贝隆这对俊男靓女分别扮演肖邦和乔治·桑。钢琴家何塞·伊图尔比担任银幕上手指画面的替身，并且为该影片录制了音乐。他录制的《降A大调波洛奈兹舞曲》Op.53因此成为了超过百万张的畅销唱片。

《肖邦的童年》

波兰,1952

切斯拉夫·维勒捷科扮演其中的肖邦，该影片介绍了欧洲革命运动背景下的肖邦的早年生活——有着强烈的共产主义色彩。肖邦被描绘成了“波兰民族伟大的革命音乐家”。

《即兴曲》

英国,1991

朱迪·戴维斯所扮演的乔治·桑在一场令人难忘的嬉闹追逐中追求休·格兰特扮演的肖邦，但这部影片仍然聚集了一些才华出众的演员:朱利安·桑兹(李斯特)、安东·罗杰斯、安娜·马赛和艾玛·汤普森。

《肖邦之谜——黛尔菲娜·波托茨卡的悬案》

英国,1999

通常非常严谨的托尼·帕尔默执导了这部恐怖的文献片。它试图探究一些充满色情和反犹太主义的信件背后的谜团——这些信件据称由肖邦所写,1945年由黛尔菲娜·波托茨卡的曾孙女交给波兰当局时为世人所知。该文献片包括瓦伦汀娜·伊格西娜弹奏的长达一小时的肖邦音乐,以及他对肖邦作品的解说。保罗·莱斯所扮演的带有威尔士口音的肖邦以及试图在键盘上模仿动作的可笑之举增加了该影片的荒诞性。

《肖邦:爱之欲望》

波兰,2002

皮奥特利·亚当切克和达努塔·斯腾卡在这部波兰奢华电视剧中扮演男女主人公，它以肖邦和乔治·桑之间不幸的爱情为主线。马友友、伊曼努尔·埃克斯、帕梅拉·弗兰克和其他音乐家为该电视片配乐。

电影中出现的肖邦音乐

配乐中运用了肖邦音乐的影片不胜枚举，无法一一列出，以下是一些较为著名的影片。

《月光奏鸣曲》(1936):《波洛奈兹舞曲》Op.53(演奏者为伊格纳斯·帕德雷夫斯基)。

《青春珊瑚岛》(1980):《夜曲》Op.9 之 2。

《影子大地》(1993):《前奏曲》Op.28 之 15。

《楚门的世界》(1998):《第一钢琴协奏曲》Op.11 中的浪漫曲乐章。

《钢琴家》(2002):《前奏曲》Op.28 之 4 和《叙事曲》Op.23。

舞台作品中的肖邦

歌　剧

《肖邦》。作曲:贾科莫·奥勒费斯(1865—1922);歌剧脚本:安吉奥洛·奥维艾托。首演:米兰,1901 年 11 月 25 日。该剧将精选的肖邦最著名的作品与肖邦生活中的真实和虚构情节交织在了一起。

《萤火虫》。作曲:曼努尔·德·法雅(1876—1946)。以肖邦音乐为蓝本的三幕歌剧,未完成。其中十九段音乐分别选自《谐谑曲》第二、三和四;《波莱罗舞曲》;《塔兰泰拉舞曲》;《摇篮曲》;《船歌》以及几首练习曲、圆舞曲和玛祖卡舞曲。安东尼·洛斯·马尔巴将其中的九个乐章改编成了管弦乐组曲（1976 年出版）。

芭　蕾

《肖邦风格》（1907），由亚历山大·格拉祖诺夫配器的五首钢琴曲（见下文管弦乐作品）；1908 年版增加了莫里斯·凯勒配器的一首作品。

《仙女们》（1909），《肖邦风格》的最终版本（《波洛奈兹舞曲》Op.40 之 1——有些芭蕾舞团用《A 大调前奏曲》替代这首波洛奈兹舞曲，《夜曲》Op.32 之 2，《圆舞曲》Op.18 之 1，Op.64 之 2 和 Op.70 之 1，《玛祖卡舞曲》Op.33 之 2 和 Op.67 之 3，《前奏曲》Op.28 之 7）。伊戈尔·斯特拉文斯基为夜曲以及《圆舞曲》Op.18 之 1 配器。其他配器作曲家为安那托利·里亚多夫、尼科莱·索科洛夫和谢尔盖·塔尼耶夫。

《秋叶》（1918），专门为巴普洛娃改编。

《魔法师之夜》（日期不详），改编者为路易·奥柏（《第三和第十四练习曲》，《第十四夜曲》，《第十、十一和二十二前奏曲》，《第十七玛祖卡舞曲》，《第四圆舞曲》，《回旋曲》Op.14）。

《仙女们》（1936），改编者：道格拉斯。

《肖邦协奏曲》（1937），配乐为《e 小调第一钢琴协奏曲》。

《古典芭蕾》（1837），配乐为《f 小调第二钢琴协奏曲》，修改后定名为《康斯坦丝》（1944）。

《协奏曲》（1956），钢琴作品，其中一些由 H.凯伊配器。

《聚会上的舞蹈》(1969),配乐为一些精选的钢琴作品。

《夜晚》(1970),配乐为四首夜曲。

《乡间一月》(1976),故事情节改编自屠格涅夫的剧作;音乐由兰切贝里改编。

《茶花女》(1978),配乐包括《f 小调钢琴协奏曲》全曲以及一些独奏作品。

《茶花女》(1990,佛罗里达芭蕾舞团表演),配乐包括《e 小调第一钢琴协奏曲》、《波兰民歌主题幻想曲》、《克拉科维亚克舞曲回旋曲》、《"把手给我"变奏曲》以及《平滑的行板与辉煌的大波洛奈兹舞曲》中的片段。

戏　剧

《大马士革玫瑰》(1930),小说及音乐改编:乔治·克拉斯坦。由于该作者前一年介绍舒伯特及其音乐的热门剧《百合时节》(美国为《花开时节》)大获成功,他便趁机推出这部介绍肖邦生平与爱情的剧作,希望也能大赚一把,结果没有成功。

《没有结局的圆舞曲》(1942),编剧:埃里克·马什维茨;肖邦音乐改编:贝纳德·格吕恩。这部戏在伦敦演了181 场,令人惊叹,但是据说它对肖邦性格、生平以及对他音乐的处理"相互激烈竞争,都想看看谁会更加低俗"。詹姆士·阿加特在《星期日泰晤士报》上写道:"改变作曲家的节奏、调和速度是对作曲家的谋杀。让人声唱出登峰造极的庸俗歌词简直是在摧毁肖邦的声誉。"

被剽窃的肖邦

“他们迟早会剽窃那些旋律的。”

埃尔斯纳在《一曲难忘》中对他的学生肖邦说道。

以下是选取的一些根据肖邦的音乐创作的声乐作品：

《爱我》（词作者：路易·蓬梅；编曲：保莉娜·维亚尔多），改编自《玛祖卡舞曲》Op.33 之 2。

《渴望》（日期不详），改编自《夜曲》Op.9 之 2。

《摇篮曲》（词作者：蓬梅；编曲：维亚尔多），改编自《玛祖卡舞曲》Op.33 之 3。

《梦之城堡》（1919），改编自《“一分钟”圆舞曲》Op.64 之 1 的中间乐段。

《风骚》（词作者：蓬梅；编曲：维亚尔多），改编自《玛祖卡舞曲》Op.7 之 1。

《爱的魔力》（巴瑞·曼尼洛，1973），改编自《前奏曲》Op.28 之 20。

《舞蹈》（词作者：蓬梅；编曲：维亚尔多），改编自《玛祖卡舞曲》Op.50 之 1。

《柔弱的心》（编曲：维亚尔多），改编自《玛祖卡舞曲》Op.7 之 3。

《节日》（编曲：维亚尔多），改编自《玛祖卡舞曲》Op.6 之 4。

《晚安，亲爱的》（编曲：莫里斯·贝斯利），改编自《夜曲》Op.9 之 2。

《吉卜赛情歌》（1898），选自《算命人》（维克多·赫伯特），改编自《e 小调第一钢琴协奏曲》。

《要我如何爱你》(词作者:伊丽莎白·巴瑞特·布朗宁;编曲:列奥 胡赛因),合唱曲,改编自《练习曲》Op.10之3。

《我在雨中寻找到你》(1941),改编自《前奏曲》Op.28之7。

《我永远追逐彩虹》(1918),改编自《幻想即兴曲》Op.66的中间乐段。

《祖国颂》(词作者:戈林斯基),1949年由歌唱家吉利演唱并录音,改编自《玛祖卡舞曲》Op.67之3。

《小女孩》(词作者:蓬梅;编曲:维亚尔多),改编自《玛祖卡舞曲》Op.24之2。

《爱意》(编曲:布奇－佩奇亚,1919年或更早),改编自《"一分钟"圆舞曲》Op.64之1。

《"一分钟"圆舞曲》(1966?),芭芭拉·史翠珊演唱了Op.64之1的每个音符。

《"一分钟" 圆舞曲》(词作者: 理查德·斯蒂尔戈,1975年前后),歌曲内容为肖邦的生平故事,曲调为Op.64之1。

《我的黎明之梦》(1939),改编自《夜曲》Op.9之2。

《小鸟》(词作者:蓬梅;编曲:维亚尔多),改编自《玛祖卡舞曲》Op.68之2。

《向贝利尼致敬》(词作者:戈林斯基),1949年由歌唱家吉利演唱并录音,改编自《六日》中的E大调变奏曲。

《爱的抱怨》(编曲:维亚尔多),改编自《玛祖卡舞曲》Op.6之1。

《演奏吧》(1932),改编自肖邦《e 小调第一钢琴协奏曲》的第一主题。

《为了他子民的罪过》(编曲:拉尔夫·阿尔伍德),合唱曲,改编自《前奏曲》Op.28 之 20,歌词取自据称为雅克蓬涅·达·托蒂所作的《圣母悼歌》。

《十六岁》(词作者:蓬梅;编曲:维亚尔多),改编自《玛祖卡舞曲》Op.50 之 2。

《夜深几许》(1939;词作者:米勒;编曲:梅尔菲),改编自《练习曲》Op.10 之 3。

《直至天老地荒》(1945;词作者:凯伊;编曲:莫斯曼),改编自《第六波洛奈兹舞曲》Op.53。

肖邦作品的改编曲

管弦乐作品

《音乐会快板》,由尼科德改编为钢琴与乐队。

《音乐会快板》,由梅萨杰改编为钢琴与乐队。

《音乐会快板》,由维尔科米尔斯基改编为钢琴与乐队。

《肖邦风格》,其中格拉祖诺夫改编的有:《波洛奈兹舞曲》Op.40 之 1、《夜曲》Op.15 之 1、《玛祖卡舞曲》Op.50 之 3、《圆舞曲》Op.64 之 2、《塔兰泰拉舞曲》Op.43。

《肖邦风格》,其中洛加尔 – 列维茨基改编的有:《练习曲》Op.10 之 12、《夜曲》Op.48、《玛祖卡舞曲》Op.33 之 4、《e 小调圆舞曲》(1830)、《波洛奈兹舞曲》Op.53。

《肖邦风格》,其中由巴拉基列夫改编成四个乐章的有:《练习曲》Op.10 之 6、《降 B 大调玛祖卡舞曲》、《夜曲》Op.37 之 1、《谐谑曲》Op.39。

《e 小调第一钢琴协奏曲》,配器:巴拉基列夫。

《e 小调第一钢琴协奏曲》,改编与配器:陶西格。

第二乐章(浪漫曲),由巴克豪斯改编为钢琴独奏曲(1918)。

第二乐章(浪漫曲),由巴拉基列夫改编为钢琴独奏曲(1905)。

第二乐章(浪漫曲),由布莱德利－基勒改编为钢琴独奏曲。

第二乐章(浪漫曲),由莱内克改编为钢琴独奏曲。

《f 小调第二钢琴协奏曲》,配器:查尔斯·克林德伍德(钢琴声部得到加强)。

《f 小调第二钢琴协奏曲》,配器:理查德·布尔迈斯特(添加了第一乐章的华彩段)。

《f 小调第二钢琴协奏曲》,配器:阿尔弗雷德·科托特。

《"把手给我"变奏曲》,由茱莉亚·里夫－金改编为钢琴独奏曲。

钢琴作品

《叙事曲》Op.23,由伊萨伊改编成小提琴与钢琴曲。

《摇篮曲》Op.57,由切尔内改编成小提琴与钢琴曲。

《练习曲》Op.10 之 6,由格拉祖诺夫改编成大提琴与钢琴曲。

《练习曲》Op.10 之 10,由里奇改编成小提琴与钢琴曲。

《练习曲》Op.25 之 1,由 W.博赛改编成竖琴独奏曲。

《练习曲》Op.25 之 7，由格拉祖诺夫改编成大提琴与钢琴曲。

《幻想即兴曲》Op.66，由法尔农配器后改编成管弦乐曲。

《第二钢琴奏鸣曲》Op.35 中的《葬礼进行曲》，由亨利·利贝尔配器并改编成管弦乐曲（这也是肖邦葬礼上演奏的版本），但是此后无数次被改编成管弦乐曲、军乐队曲等。（另见下文中的“奏鸣曲”词条）。

《玛祖卡舞曲》Op.7 之 3，由胡贝尔曼改编成小提琴与钢琴曲。

《玛祖卡舞曲》Op.7 之 3，由巴拉基列夫改编成管弦乐曲。

《玛祖卡舞曲》Op.17 之 4，由斯托科夫斯基改编成管弦乐曲。

《玛祖卡舞曲》Op.33 之 2，由克莱斯勒改编成小提琴与钢琴曲。

《玛祖卡舞曲》Op.33 之 4，由斯托科夫斯基改编成管弦乐曲。

《玛祖卡舞曲》Op.67 之 4，由克莱斯勒改编成小提琴与钢琴曲。

《玛祖卡舞曲》Op.68 之 2，由 D.亚伯拉姆改编成四把大号曲。

《玛祖卡舞曲》Op.68 之 4，由弗兰切斯卡蒂改编成小提琴与钢琴曲。

《夜曲》Op.9 之 2，由萨拉萨蒂改编成小提琴与钢琴曲。

《夜曲》Op.9 之 2，由波佩尔改编成大提琴与钢琴曲。

《夜曲》Op.27 之 2，由萨拉萨蒂改编成小提琴与钢琴曲。

《夜曲》Op.27 之 2，由威尔海姆耶改编成小提琴与钢琴曲。

《夜曲》Op.37 之 2，由胡贝尔曼改编成小提琴与钢琴曲。

《夜曲》Op.55 之 1 和 2，由弗朗肖姆改编成大提琴曲。

《夜曲》Op.55 之 2，由海菲茨改编成小提琴与钢琴曲。

《夜曲》Op.55 之 2，由马涅改编成小提琴与钢琴曲。

《夜曲》Op.55 之 2，由圣桑改编成小提琴与钢琴曲。

《夜曲》Op.62 之 2，由圣桑改编成小提琴与钢琴曲。

《夜曲》Op.72 之 1，由奥伯改编成小提琴与钢琴曲。

《升 c 小调夜曲》遗作，由米尔斯坦改编成小提琴与钢琴曲。

《升 c 小调夜曲》遗作，由皮亚提戈尔斯基改编成大提琴与钢琴曲。

《前奏曲》Op.28 之 4，由斯托科夫斯基改编成管弦乐曲。

《前奏曲》Op.28 之 4，由李斯特改编成管风琴曲。

《前奏曲》Op.28 之 9，由李斯特改编成管风琴曲。

《前奏曲》Op.28 之 15，由西维金改编成大提琴与钢琴曲。

《前奏曲》Op.28 之 24，由斯托科夫斯基改编成管弦乐曲。

《第二钢琴奏鸣曲》Op.35（肖邦在致家人的信中写道：

“弗朗肖姆……将我那首带进行曲的奏鸣曲改编成了管弦乐曲。”)。

《圆舞曲》Op.34 之 2，由萨拉萨蒂改编成小提琴与钢琴曲。

《圆舞曲》Op.34 之 2，由列夫·金斯堡改编成大提琴与钢琴曲。

《圆舞曲》Op.34 之 3，由萨拉萨蒂改编成小提琴与钢琴曲。

《圆舞曲》Op.64 之 1，由莫德·鲍威尔改编成小提琴与钢琴曲。

《圆舞曲》Op.64 之 2，由胡贝尔曼改编成小提琴与钢琴曲。

《圆舞曲》Op.64 之 3，由萨拉萨蒂改编成小提琴与钢琴曲。

《圆舞曲》Op.70 之 1，由胡贝尔曼改编成小提琴与钢琴曲。

《e 小调圆舞曲》Op.遗作，由伊萨伊改编成小提琴与钢琴曲。

其他作品

李斯特将《十七首波兰歌曲》Op.74 中的六首歌曲改编成了钢琴独奏版的《六首波兰歌曲》:《少女的愿望》，Op.74 之 1;《春》，Op.74 之 2;《戒指》，Op.74 之 14;《狂饮》，Op.74 之 4;《我的欢愉》，Op.74 之 12;《归来》，Op.74 之 15。

科什纳将其中一些改编成了钢琴独奏版的《弗雷德

里希·肖邦的十首歌曲》,包括 Op.74 之 1、4、5、8、10—14 和 16。

车尔尼将《为大提琴与钢琴而作的引子与辉煌波洛奈兹舞曲》Op.3 改编成了钢琴独奏曲。

奥伯将《立陶宛歌曲》Op.74 之 16 改编成了小提琴与钢琴曲。

斯甘巴蒂将《立陶宛歌曲》Op.74 之 16 改编成了钢琴独奏曲。

本德尔将《立陶宛歌曲》Op.74 之 16 改编成了钢琴独奏曲。

科托特将《大提琴奏鸣曲》Op.65 中的"广板"改编成了钢琴独奏曲。

福尔曼修改了《C 大调华丽波洛奈兹舞曲》Op.3 中的大提琴声部。

莫谢莱斯将《大提琴奏鸣曲》Op.65 改编成了钢琴四手联弹曲。

麦克米伦将《少女的愿望》Op.74 之 1 改编成了小提琴与钢琴曲。

肖邦钢琴作品的钢琴改编曲、自由改编曲等

对肖邦作品改编最多的是波兰裔美国人利奥波德·戈多夫斯基(1870—1938)。除了一首练习曲外,他将肖邦所有的练习曲改编成了 53 首练习曲(如果我们将 Op.25 之 2 的 A、B 版本算在内的话,应该是 54 首)。唯一的例外是 Op.25 之 7(戈多夫斯基的《练习曲之 37》),我们几乎可以肯定他写了,但不知出于什么原因没有发表。

这组练习曲有着许多新颖、甚至革命性的处理,将钢琴技巧提升到了新的高度。一些练习曲甚至有三个不同的版本(戈多夫斯基为 Op.10 之 5 写了七个版本!),其中 22 首将原本为双手而作的练习曲改编成了纯左手练习曲。在他的两首作品中,这位钢琴复调音乐的创新大师将肖邦的两首练习曲合并成了一首作品。由于篇幅有限,下列清单省略了戈多夫斯基根据肖邦练习曲改编的 53 首练习曲,但是列出了所有其他自由改编曲。

同样比较有意思的是法国爵士钢琴演奏家雅克·露西耶 2004 年录制的对肖邦 21 首夜曲的半即兴式处理,该唱片的标题为《肖邦夜曲的印象》。

《音乐会快板》Op.46 由米库里改编成了双钢琴曲。

《叙事曲》Op.47 由拉维奇和兰道尔改编成了双钢琴曲。

弗里德里希·乌尔勒对肖邦练习曲“反向进行”改编的十八首练习曲。

《练习曲》Op.10 之 2 由菲利普改编成了他的《第五音乐会练习曲》。

《练习曲》Op.10 之 2 由苏廷改编成了左手练习曲。

《练习曲》Op.10 之 5 由约瑟非改编成了他的《第二音乐会练习曲》。

《练习曲》Op.10 之 5 由菲利普改编成了他的《第四音乐会练习曲》。

《练习曲》Op.10 之 5 由苏廷改编成了左手练习曲。

《练习曲》Op.10 之 7 由苏廷改编成了左手练习曲。

《练习曲》Op.25 之 2 由勃拉姆斯改编。

《练习曲》Op.25 之 2 由菲利普改编成了左手练习曲(《第三音乐会练习曲》)。

《练习曲》Op.25 之 2 由苏廷改编成了左手练习曲。

《练习曲》Op.10 之 6 由瑞格尔改编。

《练习曲》Op.10 之 6 由格里高利·斯通改编(“分解三度”)。

《练习曲》Op.10 之 8 由菲利普改编成了他的《音乐会练习曲》(1944)。

两首《降 G 大调练习曲》由迈耶尔合二为一改编成了双钢琴练习曲。

两首《升 g 小调练习曲》(Op.25 之 6+Op.10 之 12)由迪恩波合二为一进行了改编。

三首练习曲(Op.10 之 2+Op.25 之 4+Op.25 之 11)由哈梅林合在一起进行了改编。

三首练习曲(Op.10 之 1 和 8+Op.25 之 1)由曼合在一起进行了改编。

五首练习曲 (Op.10 之 1、2、5、7 以及 Op.25 之 9)由卡洛斯·查弗斯改编成了《左手转位练习曲》。

《幻想即兴曲》Op.66 由莫顿·古尔德改编成了双钢琴曲。

《即兴曲》Op.29 由瑞格尔改编。

《即兴曲》Op.51 由马尔什纳改编成了钢琴四手联弹曲。

《即兴曲》Op.29 由米卡沃夫斯基改编成了练习曲。

《玛祖卡舞曲》Op.50 之 1—3 由车尔尼改编成了钢

琴四手联弹。

《夜曲》Op.9之2由路易·格鲁恩贝格改编成了《爵士面具》第一号（1928）。

《夜曲》Op.9之2由乔·富尔斯特改编成了“现代改编曲”（1949）。

《第二钢琴奏鸣曲》由圣桑改编成了双钢琴曲。

《波洛奈兹舞曲》Op.40之1由格扎·齐奇改编成了左手练习曲。

《波洛奈兹舞曲》Op.44由车尔尼改编成了钢琴四手联弹曲。

《波洛奈兹舞曲》Op.53由卡尔·布尔哈德改编成了双钢琴八手联弹曲。

《谐谑曲》Op.31由沙尔文卡改编成了双钢琴曲。

《回旋曲》Op.16由戈多夫斯基改编。

《圆舞曲》Op.18由戈多夫斯基改编。

《圆舞曲》Op.42由瑞格尔改编。

《圆舞曲》Op.64之1的改编者包括约瑟非、舒特、米卡沃夫斯基、瑞格尔、西罗塔、索拉波吉、戈多夫斯基、菲力普、罗森塔尔、费拉塔、莱斯特纳、霍夫曼、查多拉、哈伯曼、潘纳里奥；将之改编成双钢琴曲的有路易·瑞和阿维德·塞缪尔森。

《圆舞曲》Op.64之2，分别有瑞格尔和格鲁恩贝格改编。

《圆舞曲》Op.64之3由戈多夫斯基改编。

《圆舞曲》Op.69之1由戈多夫斯基改编。

《圆舞曲》Op.70之1由罗杰茨基改编。

《圆舞曲》Op.70 之 2 由戈多夫斯基改编。

《圆舞曲》Op.70 之 3 由戈多夫斯基改编。

灵感来自肖邦的作品

《F.肖邦的亡灵：挽歌与葬礼进行曲》Op.71（斯蒂芬·赫勒）。

《肖 – 钢琴》（创新钢琴独奏曲，亨利·兰吉，1922）。

“肖邦”，选自《狂欢节》Op.9（舒曼）。

《肖邦幻想曲》（维纳和杜塞特）。

《消瘦的雏形》之 2“埃德利奥夫塔尔玛”，对肖邦《葬礼进行曲》的滑稽模仿（萨蒂）。

《两个对比》中的“向肖邦致敬”，依据于《前奏曲》Op.28 之 7（卡塞拉）。

《片段组曲》中的“向肖邦致敬”，Op.46 之 9（莱谢蒂茨基）。

《肖邦两首前奏曲主题即兴曲》（巴拉基列夫，1907）。

钢琴独奏曲《圆舞曲面具》之 7——“肖邦侧记”（戈多夫斯基），后改编为小提琴与钢琴曲《十二印象》之 2。

《前奏曲 Op.28 之 20 的十个变奏》（布索尼，1922）。

“肖邦的瞬间”，选自《十八首小品》Op.72 之 15（柴可夫斯基）。

《Op.64 之 2 圆舞曲自由改编曲》双钢琴曲（舒特）。

《前奏曲 Op.28 之 20 变奏曲与赋格》（布索尼，1885）。

《肖邦主题变奏曲》，依据于肖邦的《前奏曲》Op.28 之 20（拉赫玛尼诺夫）。

肖邦的出生地热拉佐瓦沃拉

尽管肖邦只在这里度过了他人生中最初七个月的时光，而且他的出生地多年来经历了多次翻修，这里每年还是吸引来了大量朝觐者。

最初的领主宅邸早在16世纪就有记载，后来在19世纪初成为了斯卡尔贝克家族的产业。肖邦在那里生活时，只有三栋建筑：主楼和一左一右两个附楼——左边的附楼建于1800年前后。主楼1812年在拿破仑入侵时被烧毁后再也没有重建，在幸存的两栋附楼中，斯卡尔贝克一家住在右边的附楼内，肖邦家有可能住在左边的附楼中。肖邦家搬至华沙后仍经常回来看望斯卡尔贝克一家，有时带上肖邦，有时没有带他同来。1834年前，他们偶尔会在那里度假，甚至在那里为他们家的一个女儿举行了婚宴。

米凯尔·斯卡尔贝克1834年自杀身亡。之后，热拉佐瓦沃拉几经易手，最终于1859年由亚当托维安斯基买下。他重建了两个附楼，到他1879年将它出售给阿列克桑德·帕夫洛夫斯基时，这里已经有11栋建筑和一个水磨坊。帕夫洛夫斯基根本没有在意“肖邦的出生地”，而是将它用作了储藏室。右边的附楼毁于第一次世界大战。这样一来，斯卡尔贝克家的三栋住宅中只有“肖邦出生的地方”幸存了下来，但状况堪忧。1918年，这片土地分给了不同的农民家庭。十年后，肖邦委员会在教育部的资助下买下了这些建筑以及三公顷土地。

1930—1931年间，左边的附楼重建后很像它1800

年时的模样，但是多了一个高耸的木瓦屋顶，还多了一个由两个柱子支撑的门廊。室内摆满了各种19世纪家具，其中许多后来都惨遭纳粹的偷窃。它目前的状态（包括它周围的公园）于1945年至1953年间建成。

由于没有了主楼以及右边的附楼，这栋又长又矮的“肖邦出生地”附楼似乎成了整个产业上的核心建筑。它坐落在一个大公园内，四周树木林立、小溪潺潺。

结束语

“他们回到音乐室时天色已晚，老乔利恩嘴角叼着雪茄，说：‘给我弹点肖邦的音乐吧。’

“借助他们所抽的雪茄，以及他们所热爱的作曲家，您大概能揣摩出这两个男人心灵深处的东西。老乔利恩最不能容忍的就是劲头特别大的雪茄或者瓦格纳的音乐。他喜欢贝多芬、莫扎特、亨德尔、格鲁克、舒曼的音乐，而且不知何故还喜欢迈耶贝尔的歌剧。不过，晚年的他迷上了肖邦的音乐，正如他迷恋上波提切利的绘画作品一样。”

《福赛特世家》，约翰·高尔斯华绥

“音乐老师每周来两次，以弥合多萝西与肖邦音乐之间的鸿沟。”

乔治·阿德

音乐术语

Adagio 柔板

缓慢的。

Allegro 快板

活泼的。

Andante 行板

字面意思为“行走”，即行走的速度。

Ballade 叙事曲

源自一种中世纪法国歌曲形式，19 世纪后通常指带有一定叙事性的器乐曲。肖邦的四首叙事曲在这方面与之格格不入。

Barcarolle 船歌

最初为威尼斯贡多拉船夫们演唱的划船歌，如今是专指任何带摇晃节奏的声乐或器乐作品的术语（通常为 $\frac{6}{8}$ 拍）。

Baritone 男中音

音域介于男低音与男高音之间的男声声部。

Bass 男低音

音域最低的男声声部。

Bel canto 美声

字面意思为“优美的歌唱”。这种歌剧风格强调悠长、流畅的旋律线,代表人物有贝利尼和罗西尼。

Bolero 波莱罗舞曲

一种三拍子西班牙舞曲,常常使用响板。

Cantabile 如歌的

“以歌唱般的风格”——一种演奏提示,要求演奏者以旋律般流畅的方式演奏。

Cantilena 坎蒂莱那

无论是声乐还是器乐,一种平稳的歌唱般旋律线。

Chamber music 室内乐

为少数几位演奏者而作的音乐,如弦乐四重奏或钢琴三重奏;因此类音乐最初在“室内”或家中演奏而得名。

Concerto 协奏曲

一种非常复杂的独奏乐器与乐队作品，常常（但并非永远）为三乐章，第一乐章经常采用奏鸣曲式。独奏者与乐队相对，经常需要演奏技巧极高的音乐。

Contralto 女低音

音域最低的女声声部

Counterpoint 对位法

一种音乐写作风格，其中每个声部相互独立却又有着自己的意义，并且在整个织体中有着重要性。对位法的最高形式是赋格。

Etude 练习曲

来自法语，等于英语中的“study”，通常为旨在训练某一独特技巧的独奏器乐作品。最出色的练习曲会将这一特点与美妙的音乐结合在一起，如肖邦、李斯特、斯克里亚宾和德彪西的钢琴练习曲。

Fantasy, Fantaisie 幻想曲

放弃人们所熟悉的曲式或者以非常自由的方式处理这种曲式的作品，与奏鸣曲或交响曲等严格按照固有曲式结构创作的作品正好相对。

Finale 终乐章

某首作品的最后（最终）乐章。

Fugue 赋格

完全围绕模仿对位构建的作品或乐章。赋格通常有三个或四个器乐或声乐部分(称作声部)构成,其核心为一个简短的曲调(主题),由一个声部在作品开始处首先呈示,然后再由其他声部在整首作品中连续快速反复。

Harmony 和声

乐音同时响起后形成的和弦。和声经常充当具有表现力或渲染气氛的“形容词”,描绘一段旋律或者给一段旋律增加含义。作曲家的独特风格可以依据他或她构建以及运用和弦的方式来确定。

Impromptu 即兴曲

一首简短的、歌曲般的器乐小品(通常为钢琴作品),给人一种由性而发的感觉。舒伯特和肖邦创作的即兴曲是最著名的例子。

Improvisation 即兴创作/演奏

当场即兴演奏或创作(而不是弹奏根据乐谱演奏)。

Key,key signature 调,调号

一首调性音乐的调由创作过程中用作主要素材的一组音所确定,其中最主要的音便是“调”,而所有其他使用的音均与该音相关。调号表明音乐的精确调性——通常涉及作品将运用哪个大调或小调音阶(以及依据该音阶所构建的和弦)。

Larghetto 小广板

慢，但是比“广板”快。

Largo 广板

慢且非常庄严。

Legato 连奏

“连在一起”——一种演奏提示，表明应该连贯地演奏出音符，而不是断奏。

Major 大调

如果某首作品被描述为（比如说）D 大调，这意味着这首作品将主要采用该调，即运用 D 大调音阶中的音。

Mazurka 玛祖卡舞曲

通常为$\frac{3}{4}$拍或$\frac{3}{8}$拍的波兰乡间舞曲。肖邦将它引入到了音乐会音乐中。

Mezzo-soprano 女中音

中间音域的女声声部。

Minor 小调

与大调（见上文）原理相同，但运用某小调（如 b 小调、升 c 小调等）音阶上的音。与大调作品相比，小调作品经常听上去更为忧伤。

Movement 乐章

与某部书的章节相似；某部大型作品的自然分段，每个乐章都有不同的速度。

Nocturne 夜曲

一首让人联想到夜晚的作品，情绪通常宁静。虽然这类音乐也会被用作交响乐章（如沃恩·威廉姆斯）或者声乐套曲（如布里顿），人们最常联想到的还是简短的钢琴抒情小品，其鼻祖为约翰·菲尔德，但让它达到登峰造极地步的却是肖邦。

Opera 歌剧

一种将语言、戏剧和音乐（包括歌手与乐队）结合在一起的舞台戏剧作品，常常伴有华丽的布景。

Opus 作品编号

拉丁语“作品”，通常缩写为“Op.”。这是对某位作曲家的作品进行编号的体系，通常（但并不绝对）按时间顺序排列。

Polonaise 波洛奈兹舞曲

一种$\frac{3}{4}$拍的波兰民族舞曲。肖邦创作的大多数波洛奈兹舞曲都热情奔放、英勇豪迈。

Prelude 前奏曲

某首较长作品开始前简短的乐队前奏——或者肖邦、

德彪西、斯克里亚宾、拉赫玛尼诺夫等人创作的简短独立的器乐曲。它还可以与某首赋格配对,比如巴赫的《十二平均律》。

Romance,Romanze 浪漫曲

有时被用来形容某个温柔、亲密的乐章,也可以指一个独立成章的作品。

Rondo 回旋曲

一种曲式,主旋律在同一个乐章中会以相同调至少反复出现三遍。这是奏鸣曲或协奏曲最后一个乐章的标准曲式,也可以是一首单独作品。

Rubato 伸缩速度

来自意大利语,意为“夺去的时间”。这是一种演奏或演唱方式,在伴奏节奏保持不变的情况下,一些音符被处理得较快,而另一些音符的速度则被刻意放慢。这也给作品带来了灵活多变、充满诗意的表情。肖邦本人弹奏时对伸缩速度的运用到了出神入化的地方。

Scherzo 谐谑曲

本意为“玩笑”,一般指交响曲或室内乐作品中最欢快的乐章,每小节三拍,从最初更为庄重的小步舞曲发展而来。肖邦和勃拉姆斯都写过一些他们称作“谐谑曲”的钢琴独奏曲。

Score 总谱

将所有(声乐或器乐)声部系统地分行排列抄写在谱纸上之后形成的乐谱。“为 x、y 和 z 而作”表示该作品专门为声乐或器乐的某种特殊组合而作。

Sonata,Sonata form 奏鸣曲,奏鸣曲式

较长的器乐作品,通常有一个以上的乐章,最常见的形式为键盘乐器或者另一种独奏乐曲与键盘乐器。标准的奏鸣曲式乐章包含三个明显的乐部:呈示部(呈示主题),展开部(对主题进行展开变化处理),再现部(主题以第一次出现时的形式再现)。

Soprano 女高音

音乐最高的女声声部。

Subject 主题

一段乐曲或一个主题。

Staccato 断奏

以短促、不连贯的方式弹奏音符。

Symphony 交响曲

自海顿以来,交响曲被描述为由数个(三个、四个、有时甚至更多)乐章构成的严肃作品,是一种由管弦乐队演奏的奏鸣曲。

Tarantella 塔兰泰拉舞曲

一种$\frac{6}{8}$拍快速的意大利舞曲。

Tenor 男高音

自然音域最高的男声声部（假声男高音以及高男高音的音域虽然更高,却是通过一种名为“假声”的技巧实现的）。

Theme 主题

在作品中得到展开的乐思。

Transcription 改编曲

将一首音乐作品改编成不同乐器或多种乐器演奏的乐曲。

Trio 三重奏

为三位演奏家而作的乐曲，通常有三个或四个乐章。它也指小步舞曲或谐谑曲的中间对比乐段。

Valse 圆舞曲

法语,等于 waltz。

Variations 变奏曲

运用旋律装饰以及节奏、调、速度等的变化对某一独特主题进行的一组变化处理。

Virtuoso 炫技的

一位器乐演奏家展示自己高超的技巧和音乐能力。

Waltz 圆舞曲

一种$\frac{3}{4}$拍舞曲，19 世纪风靡全球。虽然它起源于舞厅，但肖邦和勃拉姆斯创作的音乐会圆舞曲却并非为舞者而作。

CD 曲目注解

请注意，除了 CD1 第 16 首外，两张 CD 上的所有其他乐曲都按作品完成的时间顺序排列。

CD1

1.《为钢琴与乐队而作的降 B 大调莫扎特〈唐璜〉中“把手给我”变奏曲》Op.2：波兰舞曲风格

肖邦创作这组由乐队伴奏的变奏曲时只有 17 岁，而它也标志着肖邦作曲生涯中的第一个重大成功。主题为莫扎特的歌剧《唐璜》第一幕中唐璜与乡村姑娘采琳娜之间的著名二重唱“把手给我”。在华丽的引子与主题呈示过后，肖邦写了五个对比强烈的变奏，变奏之间由乐队进行过渡。这里选取的是才华横溢的最后一个变奏，演奏提示为“Alla polacca”，肖邦在这里将主题改编成了一首波兰舞曲——即波洛奈兹舞曲。

当年轻的罗伯特·舒曼第一次听到这首乐曲时，他说出了如今已成为名言的一句话，“脱帽吧，先生们，向一位天才致敬！”肖邦 1829 年 8 月 12 日在维也纳首演这首作品时,他在给父母的信中写道:“昨天……我终于步入了这个世界中!……我刚走上舞台，观众中就响起了喝彩声;每一个变奏弹完后,雷鸣般的掌声都让我无法听到乐队的齐奏。整首曲子弹完后,他们掌声不绝,我只好再次出来谢幕。”

2.《e 小调第一钢琴协奏曲》Op.11,第二乐章:浪漫曲

肖邦《第一钢琴协奏曲》第二乐章的标题为“浪漫曲”,灵感来自肖邦的罗曼蒂克理想:他的初恋,康斯坦丝·格瓦德科夫斯卡。它有着一个非常优美、忧郁的 E 大调夜曲,以及一个 B 大调第二主题,均以极具装饰性、近乎即兴演奏的方式呈现。肖邦在 1820 年 5 月 15 日的一封信中描述了自己对该乐章的构思——他当时仍在创作这首协奏曲。这也是他极为罕见地试图对自己的音乐提供解释的情况:“弹奏时声音不应太大，因为它更像一首浪漫曲,静静的,带有一丝忧愁;它应该给人一种(羊儿)静静地在一个地方吃草的印象，唤醒我们的一千种甜蜜记忆。这是一种在美丽的春天气候中的冥想,而且是在月光下。这就是我让伴奏音响减弱的原因。”

3.《e 小调圆舞曲》(1830)

这首圆舞曲是肖邦去世后出版的作品之一（直到 1868 年才出版)。即便肖邦不太看重这首作品,它也已经成为了肖邦最流行的作品之一,由于其令人眼花缭乱的首尾乐段而经常被用作返场曲。出现在首尾乐段之间的是一段轻快的 E 大调旋律。

4.《降 E 大调夜曲》Op.9 之 2

5.《升 F 大调夜曲》Op.15 之 2

夜曲是一种与肖邦密不可分的音乐类型。虽然 18 世纪也有人创作过以夜曲为标题的管弦乐作品(如莫扎特的《月下小夜曲》),发明夜曲这种钢琴独奏曲并将之推广的却是爱尔兰钢琴家兼作曲家约翰·菲尔德。在这种曲式中,一段优雅的旋律会在轻柔的伴奏声中低声吟唱,很像贝利尼某部歌剧中的咏叹调。肖邦将夜曲提升到了新的高度。他的夜曲时而缠绵、多愁善感、充满戏剧性,时而沉思、给人带来感官愉悦、忧郁——这是肖邦最内敛的时刻,他创作出了极富诗意的音乐。

《降 E 大调夜曲》不仅是肖邦最著名的作品之一,也是所有钢琴作品中最受人喜爱的一首。一年多之后完成的《升 F 大调夜曲》题献给了他的朋友——钢琴家兼作曲家费迪南德·希勒。西奥多·库拉克形容它为肖邦最崇高的作品之一,“像祝福一样感动每个人”。

6.《C 大调练习曲》Op.10 之 1

7.《E 大调练习曲》Op.10 之 3(“离别”)

8.《降 G 大调练习曲》Op.10 之 5(“黑键”)

9.《c 小调练习曲》Op.10 之 12("革命")

肖邦的第一组简短的练习曲 Op.10 与 4 年后 1837 年出版的第二组 12 首练习曲 Op.25 构成了浪漫主义钢琴技巧的宝典。在它们之前已经出现过无数钢琴练习曲,每一首都专注于弹奏技巧的某个方面,例如音阶、琶音、三度和八度等。肖邦的练习曲与前人的练习曲的不同之处在于:虽然其中的每一首也针对某一特殊技术难点,但它的音乐却充满了诗意。

肖邦的 Op.10 和 Op.25 将钢琴音乐的范围扩展到了音色的极限上,顺带着对指法进行了革命性的创新。一些大胆鲁莽的和声在音效方面是全新的概念,其中许多后来都成为了印象主义音乐的根本。在所有钢琴练习曲中,肖邦的练习曲是对演奏者(或许除了李斯特)最具挑战性同时又让听众心旷神怡的作品。

这里收录的是第 1 组练习曲中最著名的四首。第一首是辉煌的右手练习曲,目的是提高琶音弹奏技巧(可是一定要仔细聆听暴风骤雨般音符背后的左手声部!)。第 3 首的绰号是"离别",原因显而易见。并非所有练习曲都只关注快如闪电的指法。它的优美旋律让人忘记这居然会是一首具有强调表现力的练习曲。这无疑是所有练习曲中最著名的一首,并且于 1939 年被改编成了歌曲《夜深几许》。第 5 首被称为"黑键"练习曲,因为它的右手弹奏的全是黑键。第 12 首也有绰号——"革命"。据说灵感来自 1831 年的华沙沦陷,但是从音乐上来看,它练习的是左手技巧的提高。许多后人是通过 1957 年发行的一张儿童唱片《斯帕基的神奇钢琴》了解这首乐曲的。

10.《a 小调玛祖卡舞曲》Op.17 之 4

玛祖卡舞曲是一种带附点节奏的三拍子舞曲，第二和第三拍为重音。它的曲名来自华沙周边的马佐维亚地区，从肖邦少年时期直至他去世，这种曲式始终给他带来灵感。在他总共创作的 57 首玛祖卡舞曲中，四十一首在他生前出版。这些玛祖卡舞曲的长度很少超过四分钟，大多数都非常短。这首 A 大调玛祖卡舞曲是所有玛祖卡舞曲中最尖锐、最个人化的一首，标志着肖邦这位天才能够以极其简约、极其简朴的方式传达动人的情感。

11.《升 c 小调幻想即兴曲》Op.66

肖邦为什么决定不将这首作品出版，这始终是一个谜。或许他原本打算将其出版，结果忘记了；或许他觉得它低于他自己的高标准；或许他认同一些苛刻评论家的说法，即歌曲般的中间乐段过于娇媚。总之，这首肖邦最脍炙人口的作品作于 1834 年，最终于 1855 年才出版。1919 年，那段优美的中间旋律被几位美国歌曲作者借用，改编成了歌曲《我永远追逐彩虹》。

12.《g 小调第一叙事曲》Op.23

肖邦在 1831 至 1842 年间创作了四首叙事曲。这种新型钢琴独奏曲的灵感来自他朋友亚当·密兹凯维奇的民族主义诗歌。肖邦希望通过这种新的音乐形式创造出等同于文学中民谣的音乐，即便这些音乐的灵感来自某一特定诗作，他也不会完全被动地展示它的叙事性。与夜曲、玛祖卡舞曲、圆舞曲以及肖邦花费了大量精力的其他小型作品不同,他的叙事曲篇幅要长得多。

这首《g 小调叙事曲》所享有的声誉实至名归,因为它是最早的迹象,表明肖邦将从年轻时代外向的炫技作品转向他成熟期情感丰富的作品。我们几乎可以肯定它的初稿于 1831 年在维也纳完成,但他又用了四年的时间才将它打造成自己完全满意的作品。当舒曼告诉肖邦他最喜欢这首叙事曲时,肖邦沉默了良久后才说:“我很高兴你这样说,这也是我最喜欢的作品。”

13.《降 A 大调练习曲》Op.25 之 1

14.《a 小调练习曲》Op.25 之 11

肖邦的 Op.25 是他的第二组十二首练习曲,1837 年出版。它在巩固前一组练习曲所取得的成就的同时,“探索了同一片区域,稍稍延伸了一些小径,并顺带着看到了一些新的景色”(桑松)。

这里所选的两首练习曲可谓冰火两重天。Op.25 之 1 有两个绰号:“牧童”和“风鸣琴”。这是一首讲究充满诗意的伸缩速度和微妙的踏板使用的练习曲。肖邦极为罕见地向人们解释了这首作品。他曾向一位学生解释说:“想象一位牧童因暴风雨即将到来而躲避在一个安全的山洞中。远处风雨大作,牧童却轻轻取出笛子,吹出一段旋律。”

Op.25 之 11 也被称作“冬风”。它是所有练习曲中最长的一首,既是最难弹奏的一首,也是给听者带来愉悦的一首。在左手进行曲式的音型之上,右手疾风暴雨般地弹奏出十六分音符(被安排为六个音符一组),使得这首练习曲听上去很像一首托卡塔。

15.《降A大调第一即兴曲》Op.29

这首即兴曲同样完成于1837年,是肖邦创作的三首即兴曲(如果我们将较早前创作的《幻想即兴曲》排除在外的话)中的第一首,也被许多人视为肖邦所有作品中最优美、最自然流露的作品之一。即兴曲是让人联想起即兴演奏的短小作品,该术语1822年前后被人首次运用,但舒伯特和肖邦将它变成了自己独特的音乐形式。

16.《升c小调玛祖卡舞曲》Op.30之4

舒曼在评论肖邦1835年出版的一组四首玛祖卡舞曲(Op.30)的文章中写道:“肖邦将玛祖卡舞曲提升到了一种小型艺术形式的地步;他写过许多首玛祖卡舞曲,但鲜有雷同现象。几乎每一首都有着一定的诗意,都有着新颖的形式和表现。”这首缠绵的升c小调玛祖卡舞曲是这组作品中最后、最重要的一首。

CD2

1.《降b小调第二谐谑曲》Op.31

肖邦的四首谐谑曲与贝多芬交响曲中的谐谑曲或者这个词的本意——玩笑或笑话——毫无共同之处。肖邦在采用这一标题来描述自己的新钢琴音乐形式时,也是在强调幽默中的讥讽、轻蔑和嘲讽成分。

这是肖邦四首谐谑曲中最著名的一首，曾经被人贬抑为“家庭女教师的谐谑曲”，因为每一位受过良好教养的年轻女士似乎都在弹奏它。按照威廉·冯·伦兹的说法，引人注目的开头几小节——一个天真的问题，随后便是一个果断的回答——在任何人弹奏时都一直无法让肖邦满意。人们的弹奏质问性不够，轻柔度不够，圆润度不够，分量不够。“它必须像一座死屋，”他曾经说，“这便是整首作品的关键。”至于其抒情的降 D 大调中间乐段，他说：“你应该想起（歌唱家）帕斯塔，想起意大利歌曲——不是法国轻歌舞剧！”

2.《e 小调前奏曲》Op.28 之 4

3.《降 D 大调前奏曲》Op.28 之 15（“雨滴”）

与“谐谑曲”一样，肖邦也是借用“前奏曲”这一名称来描述一种新的钢琴独奏曲曲式。这些前奏曲不仅不是序曲式的音乐（比如某个组曲的第一首曲子），反而是肖邦自己具有独立构思的微型音诗，探索着各种情感和情绪。其中八首的长度不到一分钟，只有三首超过三分钟。每一个大调和小调都有一首前奏曲。即便肖邦没有写过任何其他作品，这 24 首前奏曲也足以确保肖邦名垂千古。

这些前奏曲中的大多数都是在肖邦与乔治·桑及其子女动身去马略卡岛之前完成的。他在瓦尔德莫萨度日如年，却还是在那里完成了所有这组作品。这两首 e 小调和降 D 大调前奏曲是肖邦最受人喜爱的作品。前者让我们想起雪莱那句名言，“最甜美的歌诉说着最忧伤的思绪”，它也是在肖邦葬礼上用管风琴演奏的两首前奏曲之一。《降 D 大调前奏曲》也被称作“雨滴”，原因在于其中一直反复的降 A 音（或者它在阴沉的中间乐段中变成的升 G 音）。

4.《降 b 小调第二钢琴奏鸣曲》Op.35，第三乐章：葬礼进行曲：慢板

肖邦的《第二钢琴奏鸣曲》也因为它那著名的第三乐章而被称作“葬礼进行曲”奏鸣曲。我们不仅常常听到它最初的钢琴独奏版，也常常听到它改编后的军乐队版，其主题中令人心碎的丧钟声是最常演奏的葬礼进行曲。中间乐段有一个平静、慰藉性的降 D 大调主题，随后进行曲再次响起，将我们“带入奢华的痛苦中”，直至最后几小节淡化成虚无。这段葬礼进行曲两年前作为一个单独作品完成，却最终成为了这个四乐章奏鸣曲中的一个乐章。

虽然整首奏鸣曲阴沉压抑，奇怪的是演奏它却给人一种正好相反的感觉。

5.《降 A 大调圆舞曲》Op.42

开始处的降 E 颤音和弦是在召唤跳舞的人进入舞厅。不管是凑巧还是精心设计，此后出现的二拍子和三拍子节奏的结合，似乎在暗示拥挤的舞池中一对对舞者在旋转、调情、迟疑，然后再充满激情和活力地继续跳舞。肖邦的一位学生形容它为“在一对对舞伴中蜿蜒的花环！”这是肖邦最优美的圆舞曲，也是唯一没有题献的

圆舞曲。

6.《c 小调夜曲》Op.48 之 1

《c 小调夜曲》是肖邦所有夜曲中最辉煌(也很可能是最伟大)的一首。事实上,它在许多方面非常像一首叙事曲。肖邦对于如何弹奏令人难忘的开头几小节非常苛刻。“他对此从不满意。”伦兹说。他是在“长时间刻苦练习之后”才终于弹奏出令肖邦满意的头两个小节,然后再次接受后两个小节的考验。

库拉克认为“它的主部主题出神入化地表达了极度的悲伤”,并且将第二主题视作一群勇士庄严地聚集在一起,准备参加一场神圣的战争或者为自己的祖国捐躯。

7.《f 小调幻想曲》Op.49

这首《f 小调幻想曲》不仅是肖邦最伟大的作品之一,而且是所有钢琴作品中最伟大的作品之一。有些人认为肖邦只有在不受曲式结构(如奏鸣曲曲式)限制的情况下才能最好地展现他的才华,他们所列举的例子便是这首幻想曲。

它非常像叙事曲,而事实上它的背后也的确有一个故事——只是它的可信度完全由听者自己去判断。李斯特(转述他的话)说这首曲子代表着肖邦与乔治·桑之间一次争吵并和解的过程。这首作品确实是在诺昂创作的,而且是在两个人最幸福的时期——然而它最显著的气氛却是忧郁,尽管有些乐段极其高贵、富有戏剧性,而且(其中间乐段)极其温柔。

8.《降 A 大调波洛奈兹舞曲》Op.53(“英雄”)

肖邦这首最著名的波洛奈兹舞曲常常被称作“英雄”波洛奈兹舞曲,因为它“具有最辉煌高贵的风格……是对过往历史的一种光荣的神圣化处理”(克雷津斯基)。主题的独创性和乐思的丰富变化在短短的六分钟内以令人惊叹的史诗般方式一一展现。这是一首充满阳刚之气的音诗,聆听某位大钢琴家弹奏它会是一次令人难忘的经历。

中间部分让人耳目一新，通常被视为代表着骑兵的冲锋或者马蹄的嗒嗒声;但肖邦坚持说,只要弹奏时速度正确,它更像一支骑兵队伍在慢慢逼近。哈勒回忆了自己当着肖邦的面弹奏这首作品时的情景:“他轻轻将手放在我的肩膀上,说他感到非常不高兴,因为他听到自己的降 A 大调‘大波洛奈兹舞曲’变成了快速的游戏!因此破坏了这首高贵乐曲中的所有辉煌与庄严。”

9.《降 D 大调摇篮曲》Op.57

肖邦的《摇篮曲》(唯一采用摇篮曲这一名称的作品)的灵感或许来自保莉娜·维亚尔多的小女儿,维亚尔多去外地演出时曾将女儿留在诺昂，由肖邦和乔治·桑照顾。简朴的摇摆音型在长达四分半钟的整首作品中始终保持不变，低音声部的每个小节都以同一个低音降 D 音开始,除了接近结尾处的两小节外,交替出现的轻柔的主调与属调和声没有任何变化,而右手声部则在其之上弹奏出各种纤细的音型。肖邦的一位传记作家查尔斯·威尔比认为在最后八小节中，就连一直在晃动摇篮的保姆也被这令人昏昏欲睡的音乐带入了梦想。

10.《b 小调第三钢琴奏鸣曲》Op.58，终乐章：不过分的急板

与《第二钢琴奏鸣曲》相比，这首作品更像严格意义上的奏鸣曲，但有些人认为正是由于这一点，它才比《第二钢琴奏鸣曲》逊色。第一乐章有着各种乐思；谐谑曲简明扼要、令人眼花缭乱、却又非常优雅；慢乐章有着迂回曲折、有些自恋式的旋律。但终乐章却是名副其实的巨大成功。这段风驰电掣般的回旋曲将整首作品带入了令人血脉偾张的结尾。从技术的角度来看，这是肖邦所有作品中难度最大的乐章之一。有意思的是，它的第二主题也是他极少以音阶进行创作的例子之一（其他例子为《即兴曲》Op.36 的结尾和《船歌》）。最后几页辉煌的 B 大调乐段构成了令人激动不已的结尾。

11.《升 F 大调船歌》Op.60

与《摇篮曲》《波莱罗舞曲》和《塔兰泰拉舞曲》一样，肖邦也只写了一首《船歌》。它在你的脑海里浮现出什么样的画面？一条贡多拉正沿着威尼斯静谧的运河在有节奏的划桨声中缓缓前行？一对恋人坐在贡多拉上，完全沉浸在热恋之中？威尼斯船歌——贡多拉船夫之歌——由于其独特的$\frac{6}{8}$拍节奏（肖邦的记谱为$\frac{12}{8}$拍子）反映了贡多拉上下晃动的节奏，早在十八世纪就吸引了许多游客。在肖邦这首船歌问世之前最著名的器乐船歌便是门德尔松《无词歌》中的“威尼斯船歌”。音乐渐渐淡去，却

以四个 fortissimo 八度结束，仿佛肖邦在将这对恋人从梦境中唤醒，让他们回到现实世界中。